国家级一流本科专业建设点配套教材
21世纪高等院校财经管理系列实用规划教材

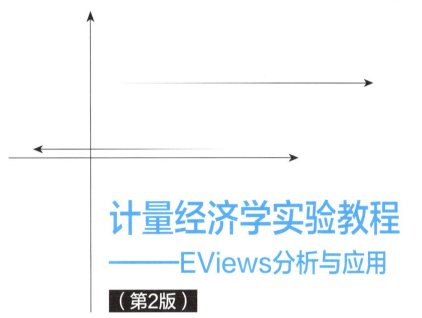

计量经济学实验教程
——EViews分析与应用
（第2版）

王爱民◎编著

内 容 简 介

本书以 EViews12.0 为基础，运用较新的数据，结合案例分析，突出 EViews 的操作方法，为经济计量模型学习提供指导。全书共分三大部分：第一部分为 EViews 基础，介绍了 EViews 的基本概念、操作，以及基本数据分析；第二部分为经典回归模型，主要介绍最基本的经济计量模型及其应用，包括一元线性回归模型、多元线性回归模型、非线性回归模型、回归模型的计量检验等内容；第三部分为扩展计量模型，主要介绍一些现代经济计量模型及其估计方法，包括虚拟变量模型、滞后变量模型、时间序列分析、联立方程模型、面板数据模型、二元选择模型、ARIMA 模型与 ARCH 模型。

本书适合作为各类高等院校经济、管理学科的实验教材或教学参考书，也可供具有一定数学、经济学、统计学和计算机基础的经济管理人员阅读和参考。

图书在版编目(CIP)数据

计量经济学实验教程：EViews 分析与应用 / 王爱民编著. --2 版. --北京：北京大学出版社，2025.1.（21 世纪高等院校财经管理系列实用规划教材）. --ISBN 978-7-301-35426-1

Ⅰ.F224.0-33

中国国家版本馆 CIP 数据核字第 20247P6G75 号

书　　　名	计量经济学实验教程——EViews 分析与应用（第 2 版） JILIANG JINGJIXUE SHIYAN JIAOCHENG——EViews FENXI YU YINGYONG（DI-ER BAN）
著作责任者	王爱民　编著
策划编辑	耿　哲
责任编辑	耿　哲
标准书号	ISBN 978-7-301-35426-1
出版发行	北京大学出版社
地　　址	北京市海淀区成府路 205 号　100871
网　　址	http://www.pup.cn　新浪微博：@北京大学出版社
电子邮箱	编辑部 pup6@pup.cn　总编室 zpup@pup.cn
电　　话	邮购部 010-62752015　发行部 010-62750672　编辑部 010-62750667
印 刷 者	河北文福旺印刷有限公司
经 销 者	新华书店
	787 毫米×1092 毫米　16 开本　17 印张　410 千字 2018 年 5 月第 1 版 2025 年 1 月第 2 版　2025 年 1 月第 1 次印刷
定　　价	52.00 元

未经许可，不得以任何方式复制或抄袭本书之部分或全部内容。
版权所有，侵权必究
举报电话：010-62752024　电子邮箱：fd@pup.cn
图书如有印装质量问题，请与出版部联系，电话：010-62756370

第 2 版前言

本书自 2018 年 5 月出版以来，承蒙广大读者厚爱，已经多次印刷。经过几年的使用，编者发现第 1 版存在一些不足之处，也收到了许多读者的宝贵意见和建议，听取了一些专家学者对本书的宝贵意见，因此，对第 1 版进行了修订与完善。

本书第 2 版在保留第 1 版基本结构的基础上，进行了修改、补充和完善，具体体现在以下几个方面。

（1）增加建模思路

结合当前经济社会发展特征，融入党的二十大精神，引导学生树立正确的价值观和强烈的时代责任感，并基于经济理论，简要总结建模思路要点和变量选取理由。从第四章开始，每节的计量实验操作都增加了建模思路。

（2）更新软件

EViews 软件发展很快，不断升级，已经推出了 EViews12.0、EViews13.0 等版本，与第 1 版所用的 EViews7.2 版本相比，新版本的操作界面更加丰富和实用，考虑到软件安装和使用的普遍性，第 2 版采用 EViews12.0 版本，以此为基础全面系统地介绍 EViews 软件的操作和使用方法，从第一章到第十四章，对所有的操作菜单、界面、窗口等进行了更新。

（3）更新案例和数据

社会科学类问题的研究更具时代感，因此，第 2 版坚持科学合理、紧扣时代旋律的原则，对案例进行了较大的调整（更换或更新）。一是增强模型设定和变量选取的合理性；二是增选科技创新、绿色发展、数字金融、高质量发展的案例；三是多渠道搜集最新数据，大部分数据更新到 2021 年或 2022 年（需要说明的是，本书中所有涉及中国数据均未包括香港特别行政区、澳门特别行政区和台湾省的数据）。按照此原则，对于第四章到第十四章的 22 个案例，力争引用最新的数据，增强案例的时效性，以便把握时代脉搏，更好地研究和分析当前社会经济问题。

（4）增加 ARIMA 模型和 ARCH 模型

第 2 版增加了第十四章，总结了 ARIMA 模型和 ARCH 模型的基本原理、模型识别和检验，利用案例详细介绍了 ARIMA 模型和 ARCH 模型的构建和估计，为计量经济学的拓展学习提供了有益的参考。

（5）补充部分内容

在第十一章中增加了联立方程的应用，在进行案例分析时详细讲解了模型构建和变量选取，以便读者更好地理解联立方程并灵活运用联立方程研究社会经济问题。

（6）修改完善部分内容

对第 1 版中不够准确和清晰之处进行了修改完善，包括软件命令、操作表达、界面描述等。

另外，本书中标星号的章节为扩展性内容，读者可根据需要选读。

本书的修订由王爱民负责。本书获得江苏师范大学本科教材建设立项，得到了江苏师范大学商学院金融工程国家级一流本科建设的支持。江苏师范大学李锦生教授、李因果教授、杜赛娟老师为本书的修订提供了很多帮助，蒋涛副教授、董梅副教授、孙勇老师，以及江苏师范大学科文学院高婷老师等对本书的修订框架提出了有益的建议，编者在此表示感谢。在本书的编写、审稿和出版过程中，北京大学出版社给予了大力支持，在此一并致谢！

由于编者知识水平和教学经验有限，本书难免有一些错误之处，恳请读者及专家批评指正。

编 者

2024 年 5 月

目　　录

第一部分　EViews 基础

第一章　EViews 入门 ... 3
第一节　EViews 简介 ... 3
第二节　EViews 窗口 ... 5
第三节　EViews 基本概念 ... 7
小结 ... 9
思考题 ... 9

第二章　EViews 操作入门 ... 10
第一节　工作文件操作 ... 10
第二节　对象操作 ... 18
第三节　序列操作 ... 22
第四节　组的操作 ... 29
小结 ... 35
思考题 ... 35

第三章　基本数据分析 ... 36
第一节　数据处理 ... 36
第二节　图形绘制 ... 43
第三节　数据描述性统计分析 ... 49
小结 ... 61
思考题 ... 61

第二部分　经典回归模型

第四章　一元线性回归模型 ... 65
第一节　知识准备 ... 65
第二节　一元线性回归模型的估计 ... 66
第三节　一元线性回归模型的预测 ... 70
第四节　跨时期结构变动的邹检验* ... 76

小结	79
思考题	80

第五章　多元线性回归模型　81

第一节　知识准备	81
第二节　多元线性回归模型的估计	83
第三节　受约束回归*	86
小结	91
思考题	91

第六章　非线性回归模型　92

第一节　知识准备	92
第二节　直接代换法估计非线性回归模型	95
第三节　间接代换法估计非线性回归模型	98
小结	101
思考题	101

第七章　回归模型的计量检验　102

第一节　知识准备	102
第二节　多重共线性的检验与处理	106
第三节　异方差的检验与消除	112
第四节　自相关的检验与消除	126
小结	133
思考题	133

第三部分　扩展计量模型

第八章　虚拟变量模型　137

第一节　知识准备	137
第二节　虚拟变量模型回归	139
小结	143
思考题	143

第九章　滞后变量模型　144

第一节　知识准备	144
第二节　分布滞后模型的估计	146
小结	151
思考题	151

第十章 时间序列分析 152

第一节 　知识准备 152
第二节 　单整与协整 157
第三节 　误差修正模型（ECM）* 175
第四节 　向量自回归（VAR）模型 182
小结 193
思考题 194

第十一章 联立方程模型 195

第一节 　知识准备 195
第二节 　联立方程的估计 200
小结 207
思考题 207

第十二章 面板数据模型* 208

第一节 　知识准备 208
第二节 　静态面板数据模型的估计 209
第三节 　动态面板数据模型的估计 218
小结 229
思考题 229

第十三章 二元选择模型* 230

第一节 　知识准备 230
第二节 　二元选择模型的估计 234
小结 238
思考题 238

第十四章 ARIMA 模型与 ARCH 模型* 239

第一节 　知识准备 239
第二节 　ARIMA 模型的估计 242
第三节 　GARCH 模型的估计 249
小结 262
思考题 263

第一部分
EViews基础

第一章 EViews入门

第一节 EViews 简介

计量经济学应用软件有很多个，EViews 是其中之一。EViews 提供了基于 Windows 平台的复杂数据分析、回归与预测工具。它与我们平常所用的办公软件 Office 具有较强的相似性和兼容性，使用方法较为简便，分析功能强大，所以在计量经济分析中应用广泛。

一、EViews 概述

EViews 是 Econometrics Views 的缩写，直译为"计量经济学观察"，又称计量经济学软件包。EViews 是美国 QMS（Quantitative Micro Software）公司在 Micro TSP 基础上直接开发的，基于 Windows 平台设计的专门从事数据分析、回归与预测的计量分析软件，主要用于经济学领域的定量分析，如数据处理、实证分析和预测等，还可应用于管理学、社会学等其他人文社科领域。EViews 自 1994 年投入使用以来，已经推出多个版本，本书以 12.0 版本为基础介绍 EViews 的主要功能和操作。

二、EViews 的特点和主要功能

EViews 具有界面友好、可视程度高、功能强大的特点。利用 EViews 可以方便地从磁盘文件得到数据，其操作菜单丰富简便，能够便捷地进行数据序列的统计分析和相关分析。EViews 可通过标准的 Windows 菜单和对话框，用鼠标选择操作，并且能通过 Windows 技术使用显示于窗口的结果。EViews 提供了强大的命令功能和程序处理语言，用户可以通过直接运行程序来完成复杂的计算工作。

EViews 通过对象、视图和过程实现对数据的各种操作，可以进行图形和数据分析；对计量模型进行参数估计和检验；对序列进行平稳性检验及协整分析；还可以进行预测分析、模拟和数据库管理。

三、启动和运行 EViews

同一般软件一样，EViews 可以通过光盘进行安装，为了使用方便，可以在桌面上创建快捷方式。在 Windows 系统下，EViews 有下列几种启动方法。

(1) 单击 Windows 的"开始"按钮，执行【程序】→【EViews】→【EViews12】命令。

(2) 双击桌面上的 EViews 图标。

(3) 如果已经保存了 EViews 的文件，可以通过打开该工作文件（Workfile）或数据文件（Database）、程序文件（Program）启动 EViews。

EViews 界面如图 1-1 所示。

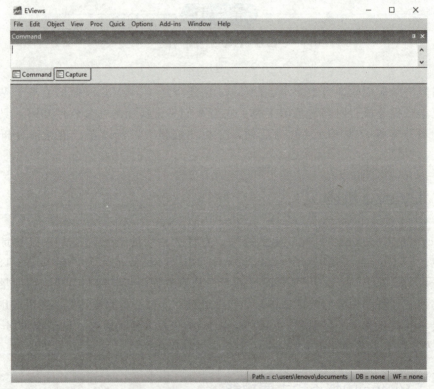

图 1-1　EViews 界面

四、关闭 EViews

关闭 EViews 的方法有以下几种。

(1) 执行【File】→【Exit】命令。

(2) 单击 EViews 窗口右上角的"关闭"按钮。

(3) 如果 EViews 正在运行，执行【File】→【Close】命令，可关闭原来执行的命令。

在关闭时，如果工作文件没有保存，系统将提示用户保存文件。

第二节 EViews 窗口

启动 EViews 后,计算机屏幕上出现 EViews 窗口(图 1-2),该窗口包括五个部分:标题栏、菜单栏、命令窗口、工作区、状态栏。

图 1-2　EViews 窗口

一、标题栏

标题栏位于主窗口的最上方。当 EViews 工作区窗口处于活动状态时,标题栏的颜色是蓝色的,而当其他窗口处于活动状态时,标题栏的颜色会变成浅灰色,此时可以单击 EViews 工作区窗口的任何位置使 EViews 工作区窗口回到活动状态。标题栏左边是控制框;右边是控制按钮,有"最小化""最大化(或还原)""关闭"三个按钮。

二、菜单栏

标题栏下面是菜单栏。移动光标至菜单栏中的某个选项并单击,会出现一个下拉列表,在下拉列表中可以单击选择所需的菜单选项,对其进行访问。菜单栏中排列着 10 个主菜单选项,单击任意选项会出现不同的下拉列表,显示该部分的具体功能。

"File"包括有关文件(工作文件、数据库、EViews 程序等)的常规操作,如文件的建立(New)、打开(Open)、保存(Save/Save As)、关闭(Close)、读入(Import)、读出

(Export)、打印（Print）、运行程序（Run）等，选择下拉列表中的 Exit 将退出 EViews 软件。

"Edit"通常情况下只提供复制功能（下拉列表中只有 Copy 项被激活），应与粘贴（Paste）配合使用；对于某些特定窗口，如查看模型估计结果的表达式时，可对窗口中的内容进行剪切（Cut）、删除（Delete）、查找（Find）、替换（Replace）等操作。

"Object"提供关于对象的基本操作，包括建立新对象（New Objects）、从数据库获取/更新对象（Fetch/Update from DB）、重命名（Rename）、删除（Delete）。

"View"和"Proc"的下拉列表项目随着窗口不同而不同，功能也随之变化，主要涉及变量的多种查看方式和运算过程。本书将在后面的实验中针对指定问题具体介绍。

"Quick"提供快速操作方式，包括改变样本范围（Sample）、生成新序列（Generate Series）、显示对象（Show）、作图（Graph）、生成新组（Empty Group）、序列和组的描述统计量（Series Statistics，Group Statistics）、估计方程（Estimate Equation）、估计向量自回归（Estimate VAR）。

"Options"是系统参数设定选项。与一般应用软件相同，EViews 运行过程中的各种状态，如窗口的显示模式、字体、图像、电子表格等都有默认的格式，用户可以根据需要选择"Options"下拉列表中的项目，对一些默认格式进行修改。

"Add-ins"是 EViews 8.0 以上版本增加的附加安装功能，主要用于对显示命令、相关插件进行增加或删除。

"Window"提供多种在打开窗口中进行切换的方式，以及关闭所有对象（Close All Objects）或关闭所有窗口（Close All）操作。

"Help"是 EViews 的帮助选项。选择 EViews Help Topics，可按照索引或目录方式在所有帮助信息中查找所需项目。其下拉列表还提供分类查询方式，包括对象（Object）、命令（Command）、函数（Function）、矩阵与字符串（Matrix&String）、程序（Programming）等。

三、命令窗口

菜单栏下面是命令窗口（Command Windows）。把 EViews 命令输入命令窗口，按 Enter 键即可执行该命令。命令窗口中闪烁的竖条"|"为插入点（光标），它指示键盘键入字符的位置。用户可在此位置输入各种 EViews 命令，并按 Enter 键执行命令。如果想要执行或修改前面已经执行的命令，只需将光标移至该行按 Enter 键或修改后按 Enter 键，将立即执行该行命令。

如果输入的命令超过了命令窗口显示的范围，窗口右侧或下侧会自动出现滚动条，通过上下或左右调节，可浏览已经执行命令的详细情况。可把光标放在命令窗口的最下方，按住鼠标按钮上下拖拽来改变命令窗口的大小。

命令窗口支持 Windows 下的剪切和粘贴功能，因此可以在命令窗口与其他 EViews 文本窗口及其他 Windows 窗口之间转换文本。命令窗口中的内容能被直接保存到一个文本文件中：通过单击窗口的任何位置确定命令窗口当前处于活动状态，然后在菜单栏执行【File】→【Save As】命令。

四、工作区

命令窗口下面是 EViews 的工作区窗口。操作过程中打开的各子窗口将在工作区内显示。EViews 可显示多个窗口，这些窗口会相互重叠，当前活动窗口处于最上方，这时活动窗口的标题栏是深色的。当需要的窗口被部分覆盖时，可单击该窗口的标题栏或该窗口的任何可见部分使该窗口处于最上方。此外，还可通过单击"Window"菜单并选择需要的窗口名称来直接选择窗口。移动窗口可通过单击标题栏并拖拽窗口来完成。单击窗口右下方的角落并拖拽即可改变窗口的大小。

五、状态栏

EViews 窗口的底部是状态栏，从左到右分别为：信息框、路径框、当前数据库框和当前工作文件框。信息框有时提供 EViews 发送的状态信息；路径框显示的是 EViews 寻找数据和程序的预设目录；当前数据库框和当前工作文件框分别显示预设数据库和工作文件的名称。

第三节 EViews 基本概念

一、对象

EViews 的核心就是对象。简而言之，对象是相关信息和操作的集合体，它被捆绑成一个容易使用的单元。实际上，应用 EViews 的所有工作都会涉及不同的对象。

EViews 中的所有数据信息都储存在对象中，可以把对象集合看作是各种各样数据的档案柜或者组织者，对数据的操作，都可以通过查看其属性或使用方法来实现。

（一）对象容器

用于存放和组织对象的对象集合称对象容器，其本身也是一个对象。在 EViews 中最重要的对象集合是工作文件和数据库。

（二）对象类型

EViews 中的信息是储存在对象中的，每个对象都包含一个与特定分析领域有关的信息。与一个特定概念相关的对象被称为一种类型，一个类型名被用来表示一类分析。比如，序列对象是指与一系列特定变量观测值相关的信息集，方程对象是指含有变量之间相互关系的信息集。

对象可以包含不止一种信息，如方程对象不仅包含预测方程的参数，还包含一些特定的说明、参数估计的方差、协方差矩阵，以及相应的一系列统计说明。EViews 中常用的对象如表 1-1 所示。

表 1-1 EViews 中常用的对象

β Coefficient Vector（系数向量）	M Model（模型）	SS SSpace（状态空间）
E Equation（方程）	P Pool（面板数据）	S System（系统）
F Factor（因子）	Sample（样本）	Table（表格）
Graph（图形）	Scalar（标量）	Text（文本）
G Group（序列组）	Series（序列）	ValMap（数值映射）
Logl（对数似然函数）	Series Link（序列链接）	VAR（向量自回归）
Matrix-Vector-Coef（矢量系数矩阵）	abc Series Alpha（Alpha 序列）	

与每类对象相关联的是一系列视图（Views）和过程（Procedure），它们和对象中的信息一起使用。这种视图、过程与对象中的数据的关联被称为面向对象的 EViews 设计。

方程对象中包含着各种与预测有关的信息，可以检测结果、假设检验或预测，这些工作只需对一个方程对象进行操作即可实现。

除序列对象和方程对象外，还有许多其他类型的对象，每种类型的对象在对象集合中都有一个特定的图标来表示。对象集合虽然也是对象，但对象集合没有图标，因此工作文件和数据库不能放在其他工作文件或数据库中。

二、工作文件

工作文件是 EViews 对象的集合。EViews 中的大多数工作都涉及对象，它们包含在工作文件中，因此使用 EViews 工作的第一步是创建一个新的工作文件或调用一个已有的工作文件。

三、序列

从数据与时间的关系看，分析应用的数据通常分为横截面数据、时间序列数据和面板数据。在 EViews 中，横截面数据和时间序列数据都称"序列"。从数据频率看，数据分为日期频率和非日期频率两类，不规则的日期频率数据也归入非日期频率类，即按横截面数据处理，但必须指明：起始序号为"1"，终止序号为"序列数据的最大个数"。

四、组

组（Group）是由一个或多个序列构成的，它相当于一张电子表格。通过它可以实现很多针对群序列的整体操作。组是研究序列之间关系的有效工具。

五、视图

视图是表格和图像的窗口，它可以为用户提供不同的方式以观察对象中的数据。在 EViews 中，视图是指对象可视的一些属性，是对应的数据对象属性的表现，如图形、表格或者描述性统计指标。对象的视图被显示在对象的窗口上。每个对象每次只能打开一个窗口，而且每个窗口只能显示一个对象的视图。用户可以用 EViews 工作文件窗口菜单上的"View"或对象窗口工具栏上的"View"来改变对象的视图。对象视图的变化并不改变对象中的数据，仅仅是显示形式改变了。当然，当序列中的数据发生改变时，对象视图也自动随之变化。

六、数据库文件

在 EViews 应用中，每个对象都可形成数据库文件，利用相应窗口上的工具栏菜单，可对数据库文件进行磁盘操作与管理，如储存（Store）、读取（Fetch）、删除（Delete）、重命名（Rename）等操作。常见的数据库文件见表 1-2。

表 1-2　常见的数据库文件

扩展名	类型	扩展名	类型
.db	Series	.dbt	Table
.dbe	Equation	.dbl	Model
.dbm	Matrix、Vector、Coefficient	.dbs	System
.dbg	Graph	.dbv	Vector autoregression
.dbr	Group		

小结

EViews 是经济计量模型回归分析所用的专门软件，其功能强大，界面友好，与常用的办公软件具有较好的兼容性。本章主要介绍了 EViews 的特点和主要功能、启动和运行；介绍了 EViews 的窗口和对象、工作文件、序列等基本概念。

思考题

1. EViews 具有哪些特点和主要功能？
2. 简述 EViews 的主要窗口及其主要作用。
3. 如何理解 EViews 中的对象？

第二章 EViews操作入门

第一节 工作文件操作

一、工作文件基础

(一) 工作文件

每个工作文件包括一个或多个工作文件页,每页都有它自己的对象。一个工作文件页可以被看作是子工作文件或子目录,这些子工作文件或子目录允许用户在工作文件内组织数据。

(二) 工作文件的特点

工作文件和工作文件页可以容纳一系列 EViews 对象,如方程、图表和矩阵等,其主要目的是容纳数据集合的内容。数据集合是包含一个或多个变量的一组观测值,如可能是包含变量 GDP 或投资、利率的观测值的时间序列,也可能是一个包含个体收入和税率的观测值的随机样本。

数据集合中每个观测值均有唯一的标识符(Identifier,ID)。标识符通常包含观测值的重要信息,如日期、名字,或识别代码。例如,年度时间序列数据通常使用年份标识符(如"1990""1991"……),而相交叉的地区数据一般使用地区的名字或缩写(如"AL""AK""WY"……)。

(三) 工作文件窗口

工作文件窗口是各种类型数据的集中显示区域,它拥有很多功能。

1. 标题栏

工作文件窗口顶部是标题栏,显示"Workfile:工作文件名",图 2-1 是新创建工文件界面，显示为"Workfile：UNTITLED"。

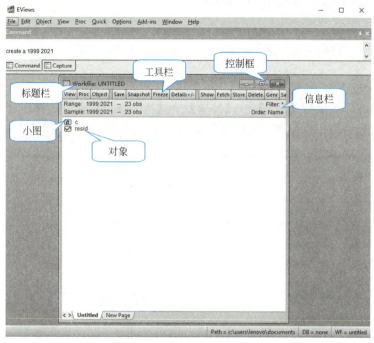

图 2-1　新创建工作文件界面

2. 工具栏

标题栏下面是工具栏，可以提供常用操作的快捷方式。工具栏左边的三个按钮 View、Proc 和 Object 与主菜单栏上的同名菜单功能完全一样。

3. 信息栏

"Range"为工作文件的范围，可以通过双击"Range"来修改工作文件范围。

"Sample"表示当前样本区间，是指用于统计操作的样本观测点范围，它小于或等于工作文件的范围。可以通过双击"Sample"来修改当前样本的范围。

"Filter"是过滤器，用于选择某些对象并将其显示在工作文件窗口中，默认为"﹡"，表示选择全部对象。可以通过双击"Filter"来调整过滤范围。比如选择"f﹡"，就表示显示所有以 f 开头的对象。

"Order. Name"是指对象排序，通过双击"Order. Name"可以对工作文件中显示的各对象序列排序。

4. 对象栏

任何新创建的工作文件中都有两个自动生成的对象，图标为 c 和 resid。c 表示系数向量，resid 表示残差序列。

二、工作文件的创建

EViews 要求数据的分析处理过程必须在特定的工作文件（Workfile）中进行，工作文件在创建和打开之后便一直保存在内存中，这使得对工作文件中的对象进行存取的速度更快。所以在录入和分析数据之前,应创建一个工作文件。每个工作文件都具有特定的样本数据频率(Frequency)和范围(Range)。

(一)创建方式

1. 菜单方式

启动 EViews 后,出现"EViews Workfiles"对话框(图 2-2),单击 Create a new EViews workfile,或执行【File】→【New】→【Workfile】命令,弹出"Workfile Create"对话框,用户需指定序列观测数据的频率和样本范围,如图 2-3 所示。

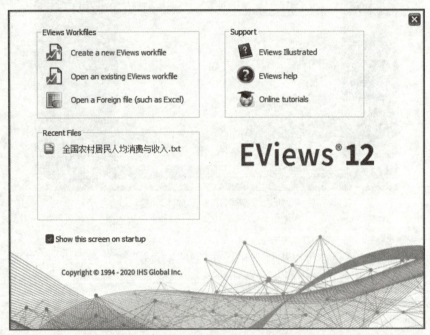

图 2-2 "EViews Workfiles"对话框

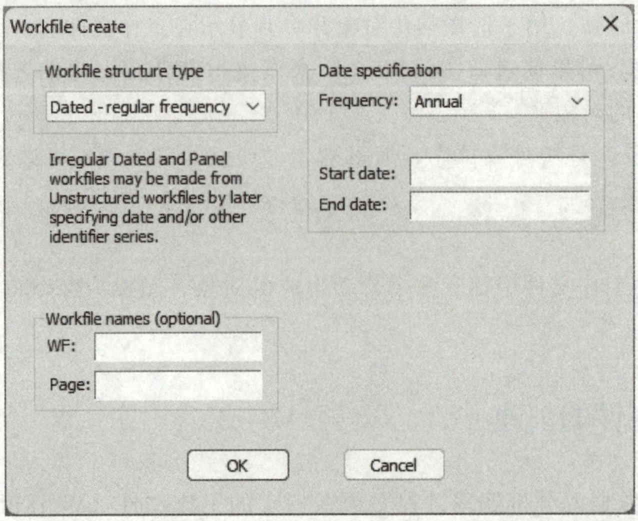

图 2-3 "Workfile Create"对话框

首先，在对话框中选择"Workfile structure type"（工作文件结构），默认情况下为"Dated-regular frequency"（规则的日期频率）。如果是横截面数据，单击小箭头，会出现"Unstructured/Undated"（非日期频率）。其次，选择和输入样本范围等信息。若是时间序列数据，在"Date specification"（日期特性）中打开"Frequency"（频率）的下拉菜单，在下拉菜单（图2-4）中选择合适的频率，默认为"Annual"（年度）数据。最后，在下方"Start Date""End Date"中分别输入起始期、终止期。对于横截面数据，在右侧"Data range"（数据范围）的"Observations"中输入观察值个数（样本个数），如图2-5所示。

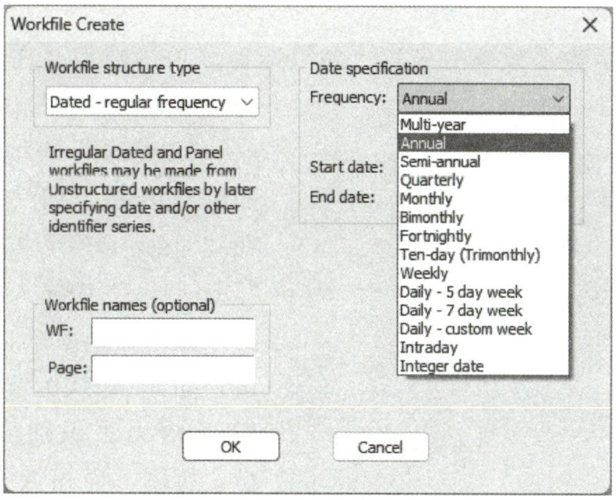

图2-4 "Frequency"下拉选择框

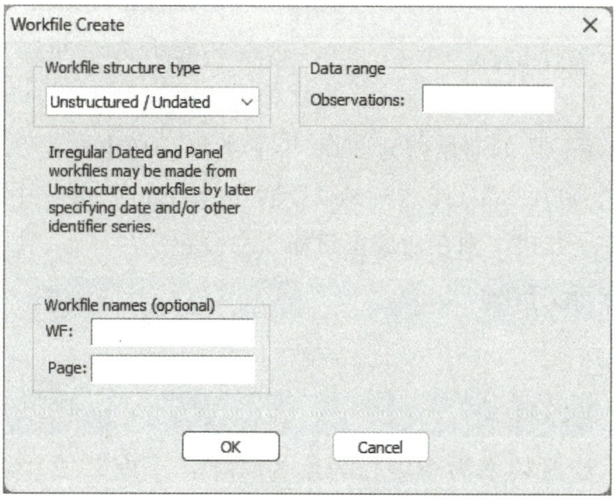

图2-5 新建横截面数据工作文件对话框

2. 命令方式

时间序列数据的命令格式为：

> create 数据频率 起始期 终止期

数据频率类型有多年M（Multi-year）、年度A（Annual）、半年S（Semi-annual）、季度Q（Quarterly）、月度M（Monthly）、星期W（Weekly）、日期D（每星期5天：Daily-5 day week；每星期7天：Daily-7 day week）、整序数的即横截面数据U（Integer date）等。执行命令时只需输入数据频率的首字母，如create a 2000 2021，该命令表示创

建了一个 2000—2021 年的年度时间序列工作文件。

横截面数据的命令格式为：

create u 样本个数

比如，31 个省级单位的人均 GDP 数据，建立工作文件时应输入以下命令：

create u 31

输入命令时，命令与参数之间需用空格分开，且不区分大小写[①]。

（二）数据频率选择

"Multi-year"表示数据频率为多年。如果选择该项，则需要在其下方的选项框中选择间隔的年数，如图 2-6 所示。

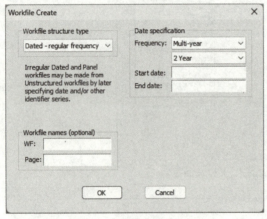

图 2-6　频率选择框

"Annual"表示数据频率为年度，用四位数表示，如 1980、1999、2021 等。在"Start Date"中输入起始年份，在"End Date"中输入终止年份。如果只有两位数，那么系统将默认为 20 世纪的年份，如 98 默认为 1998。需要注意的是，EViews 无法识别公元 100 年以前的年份，所以，谨慎起见，时间序列数据一般按四位数输入年份。

"Semi-annual"表示数据频率为半年，表示为"年：上半年（下半年）"；或"年．上半年（下半年）"，上半年用 1 表示，下半年用 2 表示。比如起始期为 2000 年下半年，终止期为 2021 年上半年，那么在"Start Date"中输入"2000：2"（或"2000.2"），在"End Date"中输入"2021：1"（或"2021.1"）。如果用命令方式，则在命令窗口输入命令：

create s 2000：2　2021：1

或

create s 2000.2　2021.1

"Quarterly"表示数据频率为季度，表示为"年：季度"或"年．季度"，1、2、3、4 分别代表四个季度，输入同半年数据类似。比如 2010 年第三季度到 2021 年第四季度的季度数据，可在"Start Date"中输入"2010：3"（或"2010.3"），在"End Date"中输入"2021：4"（或"2021.4"）。如果用命令方式，则在命令窗口输入命令：

create q 2010：3　2021：4

[①] 正因为如此，本书在描述命令、序列、变量等时将大小写同等对待，不严格区分。按照习惯，小写输入更为方便，同时软件输出窗口以大写显示序列名、变量名。为观察简便，我们在描述与命令相关的语句时用小写，在分析序列等相关语句时用大写。另外，软件不能识别上下标，按照简约原则，我们做以下处理：对于简单的上下标不做严格区分，如 x_1 按 x1 输入；对于复杂的则按软件内置要求输入，如 x_{t-1} 按 x(-1) 输入。

或

```
create q 2010.3  2021.4
```

"Monthly"表示数据频率为月度，表示为"年：月度"或"年．月度"。比如，"2011：2"（或"2011.2"）表示 2011 年 2 月，"2021：11"（或"2021.11"）表示 2021 年 11 月。如果用命令方式，则在命令窗口输入命令：

```
create m 2011：2  2021：11
```

或

```
create m 2011.2  2021.11
```

上述命令表示建立了一个 2011 年 2 月至 2021 年 11 月的月度数据工作文件。

"Bimonthly"表示数据频率为半月，表示为"年：半月数"或"年．半月数"。软件默认每年的 1 月 1 日至 1 月 15 日为第 1 个半月，1 月 16 日至 1 月 31 日为第二个半月，依次类推，一年共计 24 个半月。比如在"Start Date"中输入"2010：12"（或"2010.12"），表示数据起始期为 2010 年第 12 个半月，即 2010 年 6 月的下半月。在"End Date"中输入"2021：20"，表示数据终止期为 2021 年第 20 个半月，即 2021 年 10 月的下半月。如果用命令方式，则在命令窗口输入命令：

```
create bm 2010：12  2021：20
```

或

```
create bm 2010.12  2021.20
```

"Ten-day（Trimonthly）"表示数据频率为十天，表示为"年：十天数"或"年．十天数"。软件默认每年的 1 月 1 日至 1 月 10 日为第 1 个十天，1 月 11 日至 1 月 20 日为第 2 个十天，依次类推，一年共计 36 个十天。比如在"Start Date"中输入"2021：2"（或"2021.2"），表示数据起始期为 2021 年第 2 个 10 天，即 2021 年 1 月中旬。在"End Date"中输入"2021：32"（或"2021.32"），表示数据终止期为 2021 年第 32 个十天，即 2021 年 11 月中旬。如果用命令方式，则在命令窗口输入命令：

```
create td 2021：2  2021：32
```

或

```
create td 2021.2  2021.32
```

"Weekly"表示数据频率为周，需要界定起止时间，起止时间有两种格式。一种按周数格式，系统将每年划分为 52 周，按照数据所在年份的周数输入即可，具体为"年/周（年．周或年，周）"。另一种按日期格式，在输入起止时间以后，系统将会自动将时间调整为相隔 7 天的整周时间。在实践中，用第一种格式建立工作文件时，需要明确清楚数据起止时间所在年份的周数，所以第二种格式更为常用。例如，用命令方式建立从 2010 年 5 月 15 日至 2021 年 12 月 8 日的周数据工作文件，则输入命令：

```
create w 2010/5/15  2021/12/8
```

或

```
create w 2010,5,15  2021,12,8
```

或

create w 2010.5.15 2021.12.8

需要注意的是，EViews 中时间的显示格式为"月/日/年"，例如，"7/23/2021"表示 2021 年 7 月 23 日。如果要将日期修改为"日/月/年"的表示方法，就执行 EViews 菜单栏上的【Options】→【General Options】命令，在弹出的对话框中单击"Date representation"，如图 2-7 所示，将右侧显示的选项改为"Day/Month/Year"，那么显示格式就变为"日/月/年"。

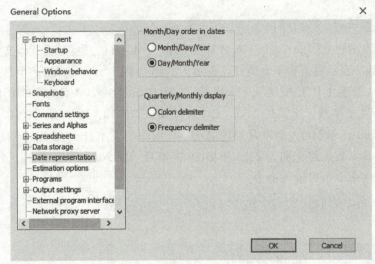

图 2-7 日期格式修改对话框

"Daily-5 day week"表示数据频率为日，表示每周 5 个工作日，系统自动生成每周 5 天的时间序列。股票方面的数据属于这一类，其输入格式为：年/月/日，但工作文件显示的格式为月/日/年[①]。如果用命令方式，必须限定每周为 5 天。比如，建立 2016 年 10 月 28 日至 2022 年 12 月 7 日的日期数据（每周 5 天）的工作文件，则输入命令：

create d (1，5) 2016/10/28 2022/12/ 7

"Daily-7 day week"表示数据频率为日，格式与"Daily-5 day week"基本相同，但代表每周 7 天，即每天都有数据，系统将自动生成每周 7 天的时间序列。比如，生成 2016 年 10 月 28 日至 2022 年 12 月 7 日的日期数据（每周 7 天）的工作文件，则输入命令：

create d (1，7) 2016/10/28 2022/12/7

"Intrday"表示一天内数据。用户可以根据需要，选择时间间隔，从半天开始，到数小时、数分钟，甚至可以精确到秒（图 2-8）。

"Integer date"表示整天数据，是指可以输入任何是等差数列的天数。在"Start Date"和"End Date"（图 2-9）中分别输入数字编号，即可生成一个区间在起始数字到终止数字之间的序列。

数据频率选择完毕以后，单击"OK"按钮，工作文件创建完毕，工作文件窗口

---

① EViews 软件的低版本要求按"月/日/年"格式输入，但高版本要求按"年/月/日"格式输入，以使操作更简便，无论是哪种格式，软件显示出来的格式（内置格式）一般都为"月/日/年"。

(图 2-10)同时打开。这时工作文件的文件名为"UNTITLED",表示该工作文件尚未保存和命名。

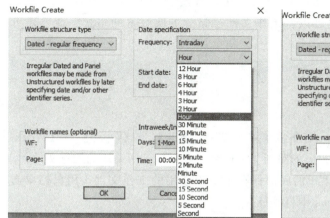

图 2-8 一天内数据选择框

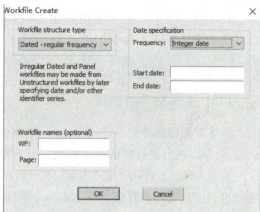

图 2-9 整天数据对话框

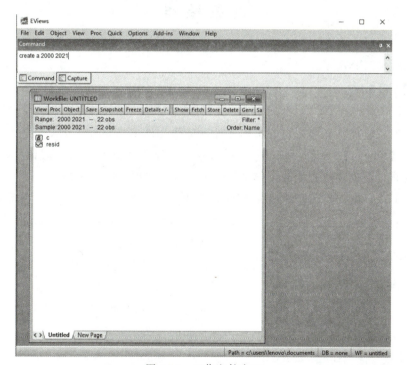

图 2-10 工作文件窗口

三、工作文件的存储与调用

(一)工作文件的存储

工作文件的存储方式有两种:一种是在主菜单中执行【File】→【Save】或【Save

As】命令；另一种是在工作文件窗口工具栏中执行【Save】命令。需要给出保存目录位置以及文件名。当用户在对话框中输入文件名（文件名不能超过 8 个字符，且文件名中不能用空格、逗号、句号）后，单击"保存"按钮，系统会自动将其存储为扩展名为 .wf1 的工作文件。在需要时，也可以将工作文件存储为更低版本的格式。此外还可以在命令窗口中输入命令：

```
save name
```

（二）工作文件的调用

若需调用以前建立的工作文件，则在主菜单上执行【File】→【Open】→【Workfile】命令，在出现的对话框中给出相应的路径与文件名，便可显示所调用的工作文件。

为了方便，EViews 在 "File" 菜单的底部保存了最近使用的工作文件，用鼠标单击所要用的工作文件，就可以在 EViews 中将其打开。

第二节 对象操作

一、建立对象

在建立对象之前，必须先打开工作文件（工作文件窗口须处于激活状态），然后执行主菜单上的【Object】→【New Object】命令，出现 "New Object" 对话框（图 2-11）。需要注意的是，在创建或者加载工作文件之前，这个选项是不可用的。

在 "Type of object" 中选择新建对象的类型，在 "Name for object" 中输入对象名，单击 "OK" 按钮。若选择 "Equation"，可以看到一个要求输入更详细信息的对话框。相应地，若选择 "Series"，可以看到一个对象窗口（序列窗口），它将显示一个 UNTITLED 序列的电子数据表格图。

对象也可以通过应用其他对象过程或者通过固化对象视图的方法来创建。

二、对象窗口

当打开一个对象或者对象集合时，会显示对象窗口。对象窗口或者是对象的视图，或者是对象过程的结果。例如，通过执行【Object】→【New Object】→【Series】命令，建立一个新的关于国内生产总值的序列，命名为 GDP，双击工作文件窗口中序列 GDP 的

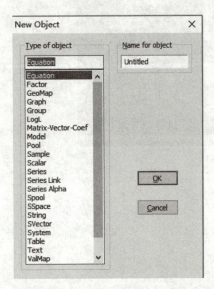

图 2-11 "New Object" 对话框

图标,即可打开对象窗口(图 2-12)。

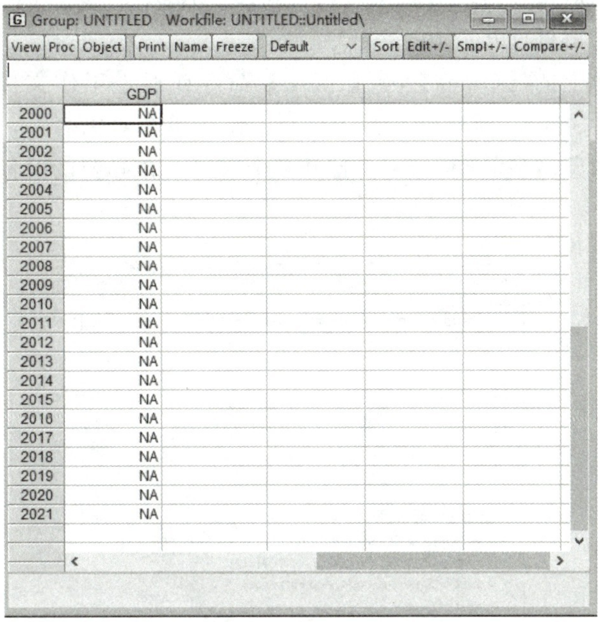

图 2-12　对象窗口

图 2-12 是一个典型的对象窗口。第一,它是标准的 Windows 窗口。第二,从对象窗口的标题栏能够辨认出对象的类型、对象的名字和对象集合。若对象本身就是对象集合,则集合信息被目录信息所替代。第三,在窗口的顶端有包含多个按钮的工具栏。

不同对象的工具栏的内容也不相同,但是其中有些按钮是相同的,具体如下。

"View":改变对象窗口的视图形式。

"Proc":执行对象的过程。

"Object":储存、命名、复制、删除、打印对象。

"Print":打印当前对象的视图。

"Name":对象命名或名字更改。

"Freeze":以当前视图为瞬象建立新的图形对象、表格对象或文本对象。

三、对象的选择和打开

(一) 选择对象

单击工作文件窗口中的对象图标即可选定对象,也可通过 EViews 主窗口或工作文件窗口中的"View"菜单来选定对象,该菜单包括"Deselect All"(取消所有选定)、"Select All"(选定所有对象)、"Select by Filter"(限制条件选定)。

(二) 打开对象

可以通过双击操作打开选定的对象,也可以通过执行【View】→【Open Selected】→

【One Window】命令或【View】→【Open Selected】→【Separate Windows】命令打开选定的对象。打开单个对象会出现对象窗口,打开选定的多个对象,则会建立新的工作文件或把各个对象各自的窗口打开。

还可执行主菜单上的【Quick】→【Show】命令或通过工作文件窗口中的"Show"打开对象。如果在"Show"对话框(图2-13)中输入单个对象名字,就会打开该对象窗口;如果输入多个对象名字,EViews会打开多个窗口,在必要的时候还会创建一个新的工作文件。

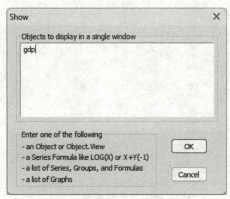

图 2-13 "Show"对话框

四、对象命名和对象标签

(一)对象命名

用户可以在"New Object"(创建对象)对话框的"Name for object"中,输入名字为对象命名。如果要重命名对象,可先在工作文件中单击选中对象,再执行工作文件或主菜单上的【Object】→【Rename selected】命令,在弹出的对话框中输入新名字。对象名一般由英文字母构成,为了方便联想和更好地理解对象的含义,常常以英文的缩写或前面3~4个字母命名,但由于EViews内部的一些内置运算符是用英文字母表示的,因此对象名不应和它们相同,否则会引起冲突。具体来说,不能作为对象名出现的有:ABS,ACOS,AR,ASIN,C,CON,CNORM,COEF,COS,D,DLOG,DNORM,ELSE,ENDIF,EXP,LOG,LOGIT,LPT1,LPT2,MA,NA,NRND,PDL,RESID,RND,SAR,SIN,SMA,SQR,THEN。

对象可以被命名,也可以不被命名。当给对象命名时,这个名字将出现在工作文件的目录中;当工作文件被保存时,对象名将作为工作文件的一部分被保存。

(二)对象标签

对象标签可以显示更详细的对象信息,通过对象窗口中的【View】→【Label】命令可打开对象标签窗口(图2-14)。

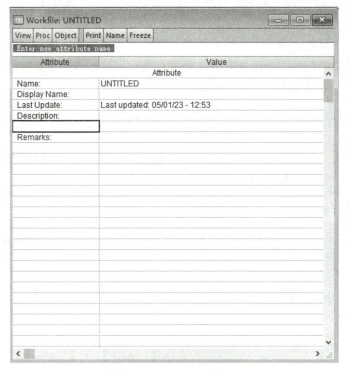

图 2-14　对象标签窗口

五、对象的其他操作

（一）复制和粘贴对象

可以把选定的对象复制到需要的工作文件中，如将某工作文件中的对象"z"复制到另一个工作文件中，可先复制"z"，然后打开需要的工作文件，执行工作文件菜单上的【Object】→【Copy Selected】命令，弹出"Object Copy"对话框（图 2-15），在"Source"中粘贴或输入"z"，在"Destination"中输入新对象名称"ss"，单击"OK"按钮即可。如果不需要改变该对象名，可以在需要的工作文件窗口直接粘贴（Paste），完成对象的复制。

不同工作文件之间的对象的复制，可执行【Edit】→【Copy】命令，先从源工作文件中复制对象，然后打开目标工作文件，执行【Edit】→【Paste】命令，也可以通过执行【Copy】→【Paste】命令，复制工作文件。

图 2-15　"Object Copy"对话框

（二）固化对象

从对象中复制对象的另一种方法是固化对象的视图。在工作文件窗口，执行【Freeze】→

【Object】→【Freeze Output】命令,或者在对象的工具栏中执行【Freeze】命令。

在执行【Freeze】命令之前,可以在对象窗口观察对象的视图。固化视图,相当于制作了一个源视图的副本,它是一个独立对象,删除原来的对象,它仍旧存在。一个固化视图相当于原来对象的快照。固化对象的主要特点是可以通过固化形成的表和图来编辑,当工作文件的样本或数据改变时,固化视图并不改变。

(三)删除对象

选择要删除的一个或多个对象,在工作文件的工具栏中执行【Delete】命令或【Object】→【Delete Selected】命令。

(四)打印对象

在对象窗口的工具栏中执行【Print】命令,或在 EViews 的主菜单中执行【File】→【Print】或【Object】→【Print】命令。

(五)储存、提取和更新对象

在工作文件窗口中执行【Object】→【Store selected to DB】命令,或在对象窗口中执行【Object】→【Store to DB】命令,弹出"Store"对话框(图 2-16),将对象保存到对象文件(扩展名为 *.db)或数据库中。

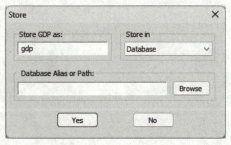

图 2-16 "Store"对话框

执行工作文件窗口中的【Object】→【Fetch from DB】命令,可从对象文件或数据库中提取存储的对象。

执行对象窗口中的【Object】→【Update from DB】命令,可从对象文件或数据库中提取存储的对象以更新当前对象。

每次修改对象,EViews 都会在历史记录区域自动记录这个说明,并将它添加在标签视图的底部。

除了 Last Update 区域,其他任何区域都可以编辑。除了 Remarks 和 History 区域包含多行,其他区域都仅仅包含一行。

第三节 序列操作

一、序列创建

工作文件建立之后,应创建待分析处理的数据序列,有菜单和命令两种方式。

(一) 菜单方式

(1) 在主菜单或工作文件的工具栏中执行【Object】→【New Object】命令，在弹出的"New Object"对话框左侧列表中选择"Series"（图 2-17），即可创建一个新的序列。可以在"Name for object"文本框中为序列命名，默认名为"Untitled"，定义完毕后单击"OK"按钮。

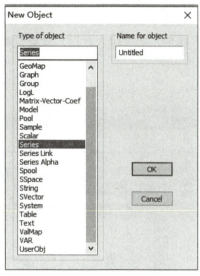

图 2-17　序列创建对话框

(2) 在工作文件的工具栏（图 2-18）中执行【Genr】命令，然后在弹出的"Generate Series by Equation"对话框中输入一个表达式，便可以在已有序列的基础上生成一个新序列（图 2-19）。

图 2-18　工作文件的工具栏

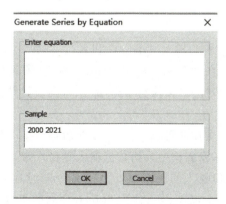

图 2-19　用表达式生成新序列

（二）命令方式

1. series 序列名

利用 series 命令，直接在命令窗口输入"series 序列名"。序列名一般是由一个或几个英文字母构成的，但不能用 EViews 软件的保留字符命名（见本章第二节中的对象命名）。数据是对应于序列而存在其中的，实践中，人们往往将回归分析的变量名与序列名等同看待，所以用变量名作为序列名可使分析更为简便。例如，需要生成一个农村居民人均消费的序列并取名为 cons，在命令窗口输入"series cons"，便可生成 cons 序列，双击该序列可显示序列窗口。可以在单元格中输入数据，没有数据输入时，序列中的单元格显示为"NA"，如图 2-20 所示。

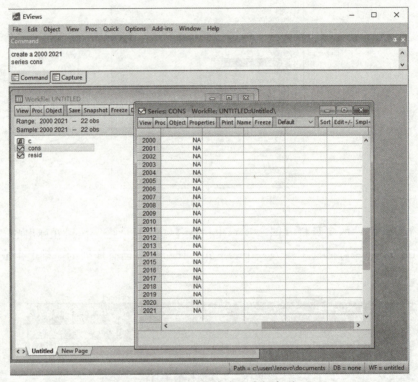

图 2-20　用 series 命令生成新序列

2. data 序列名

利用 data 命令，在命令窗口输入"data 序列名"。例如，需要生成一个农村居民人均收入的序列并取名为 inco，在命令窗口输入"data inco"，便可生成 inco 序列（图 2-21）。与 series 命令不同的是，序列窗口在执行 data 命令后会直接显示出来，而不需要双击序列才可显示出来。

为了方便，在实际操作中往往可以在 data 命令后输入多个序列名（这其实就是一个组），使各个序列出现在同一张表格中，给数据输入等操作带来便利，所以 data 命令最为常用。比如定量分析消费和收入的关系时，用该命令同时输入消费和收入两个序列名（data cons inco），会生成一个包含 cons 序列和 inco 序列的组（图 2-22）。需要说明的是，命令中的 cons 和 inco 两个序列名没有固定的次序，为了后续输入（复制）数据方便，一般保持和原始数据表次序一致。

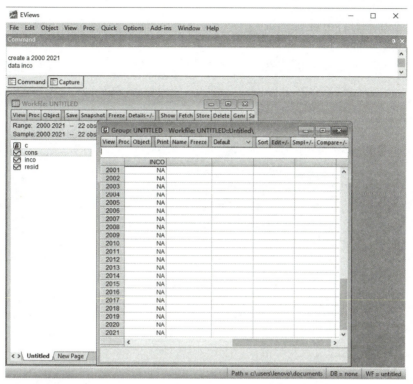

图 2-21　用 data 命令生成新序列

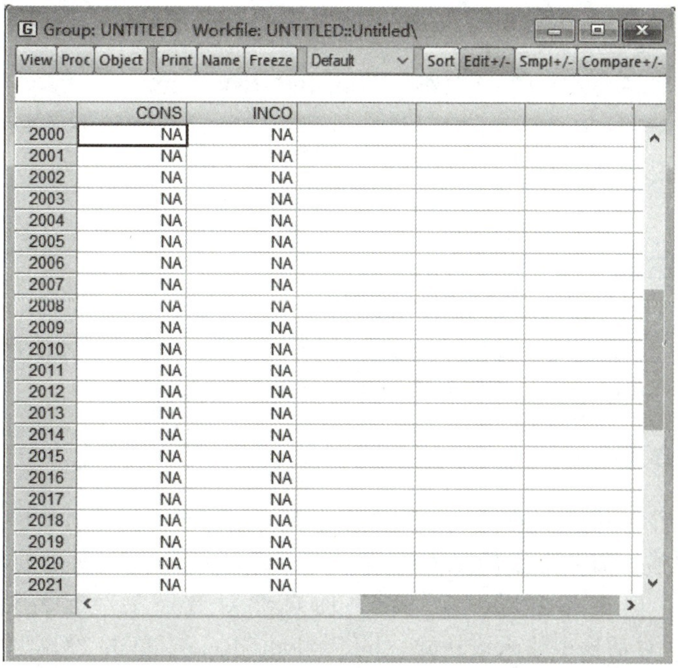

图 2-22　用 data 命令生成组

另外，EViews 可以自动生成一个数值为整数的时间序列。在创建工作文件之后，可以在命令窗口中输入"series t=@trend（时间）"，生成一个以该时间为数值 0 的整数时间序列，如图 2-23 所示。

例如，在命令窗口中输入"series t=@trend（2000）"，将自动生成一个以 2000 年为数值 0 的整数时间序列。

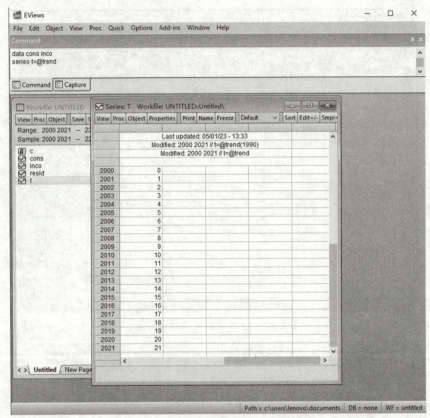

图 2-23　用 series 命令自动生成时间序列

二、序列生成

在实际应用中，常需要对原有序列进行变换（如取对数等）后才能进一步分析，这就需要利用相关的公式或运算符进行变换，从而生成一个新的序列。

（一）菜单方式

执行工作文件工具栏中的【Genr】命令，弹出"Generate Series by Equation"对话框，在对话框中输入需要生成的序列的公式表达式，如图 2-24 所示的例子中已经存在一个序列"fdi"，现在要生成一个"fdi"的自然对数序列，起名为"lnfdi"，则在"Enter equation"对话框中输入表达式"lnfdi=log(fdi)"，单击"OK"按钮，即可生成新的序列。需要特别强调的是，在 EViews 中，自然对数的表达式为"log"，而不是"ln"。

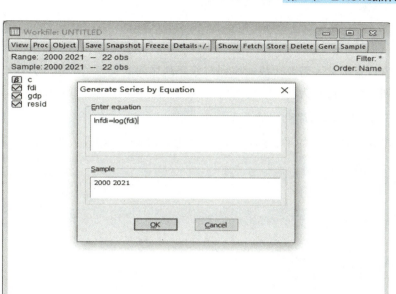

图 2-24　序列生成对话框

这里的表达式是指 EViews 生成新序列的各种运算符，表 2-1 给出了 EViews 中常用的运算符及其功能。表 2-1 中的运算符包括逻辑运算和数学运算，用户可根据需要在图 2-24 的 "Generate Series by Equation" 对话框中输入相关的表达式。例如，需要生成一个名为 FIN 的新序列，当 FDI 大于 800 且 INV 小于 1000 时，FIN＝1，否则为 0，则在对话框中输入 "FIN＝FDI＞800 AND INV＜1000"。

表 2-1　EViews 中常用的运算符及其功能

符号	功能	符号	功能	符号	功能	符号	功能
＋	加	＜＝	小于等于	DLOG(Y)	一阶差分	SIN(Y)	正弦
－	减	＞＝	大于等于	D(Y,n)	n 次一阶差分	COS(Y)	余弦
×	乘	AND	与	D(Y,n,m)	n 次一阶差分和一次 m 阶差分	@ASIN(Y)	反正弦
/	除	OR	或	DLOG(Y,n)	对数 n 次一阶差分	@ACOS(Y)	反余弦
^	乘方	EXP(Y)	指数变换	DLOG(Y,n,m)	对数 n 次一阶差分和一次 m 阶差分	@PCH(Y)	增长率
＞	大于	ABS(Y)	绝对值	@DNORM(Y)	标准正态密度	@INV(Y)	倒数
＜	小于	SQR(Y)	平方根	@CNORM(Y)	累计正态分布	RND	均匀分布的随机数
＝	等于	LOG(Y)	自然对数	@FLOOR(Y)	不大于 Y 的最大整数	NRD	标准正态分布的随机数
＜＞	不等于	D(Y)	一阶差分	@CEILING(Y)	不小于 Y 的最小整数	@LOGIT(Y)	Logistic 变换

（二）命令方式

在命令窗口直接输入需要生成的序列与原序列之间的关系的表达式，执行命令后即可生成新的序列。命令格式为：

genr 新序列名＝与原序列之间关系的表达式

例如，需要生成 FDI 的平方的序列，起名为"FDI2"，则输入命令：

genr fdi2＝fdi * fdi

或

genr fdi2＝fdi^2

三、序列窗口

生成新序列以后，在工作文件窗口中双击该序列名，即可显示序列窗口，如图 2-25 所示。

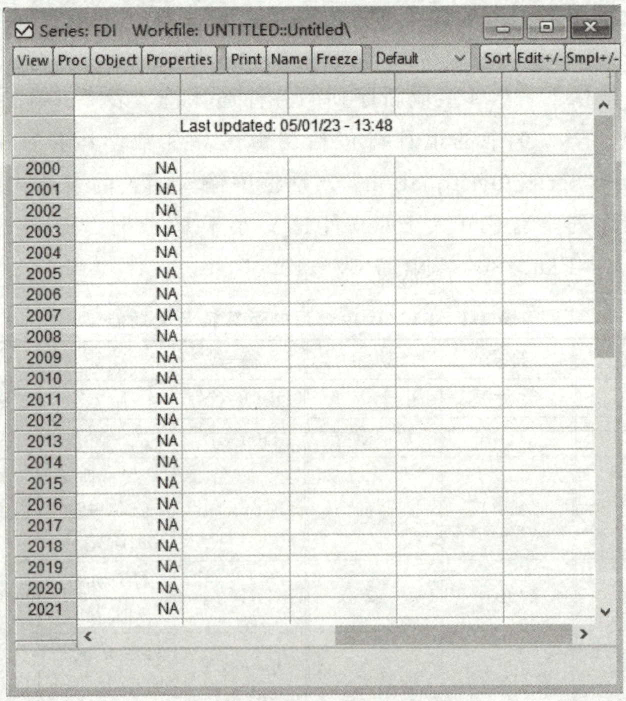

图 2-25　序列窗口

序列窗口上方的工具栏中有多个按钮，主要按钮功能如下。

"View"：改变序列在窗口中的显示模式，可以显示为电子表格、线性图、条形图及一些描述统计与检验。

"Proc"：提供关于序列的各种过程。

"Object"：进行有关序列对象的存储、命名、删除、复制和打印等。

"Name"：序列的命名或改名。

"Freeze"：以当前序列窗口内容为基础，生成一个新的文本类型的对象。

"Edit+/-":可以在是否编辑当前序列两种模式之间切换。

"Smpl+/-":可以在显示工作文件时间范围内全部数据和只显示样本数据(样本期可以为工作文件时间范围的一个子区间)之间切换。

"Label+/-":在是否显示对象标签两种模式之间切换。

"Wide+/-":在单列显示序列和多列显示序列之间切换。

四、编辑序列对象

(一)序列显示

双击序列名或单击工作文件工具栏中的"Show"可以显示序列数据,然后单击序列窗口工具栏中的"Edit+/-"开关按钮,可以切换编辑状态,当序列窗口中的单元格为灰色时,不可编辑,不能进行输入数据等操作,当单元格为黑色时,可以进行数据的输入、修改、编辑等操作。

(二)序列复制

当需要复制序列时,可以在工作文件窗口中右击该序列,执行【Copy】命令,然后右击执行【Paste】命令,屏幕出现图 2-26 所示的对话框。对话框上面显示源序列名称,在下面空行中输入新序列名称,输入完成以后单击"OK"按钮。此时序列便复制成功了。

图 2-26 序列复制对话框

(三)序列删除

当需要删除序列时,在工作文件窗口中选中序列,然后在主菜单中执行【Object】→【Delete selected】命令;或者右击该序列,单击"Delete",在弹出的对话框中单击"Yes"按钮即可;还可以输入命令:delete 序列名。

第四节 组的操作

组是一个或多个序列的标志符,相当于一张电子表格。通过它可以实现很多针对群序列的整体操作,它是研究序列之间关系的有效工具。

一、创建组对象

(一)菜单方式

(1)在主菜单工具栏或工作文件菜单中执行【Object】→【New Object】命令,弹出

"New Object"对话框，在"Type of Object"中选择"Group"，在"Name for Object"中输入组名称，单击"OK"按钮，即创建了一个新的空组。组窗口如图2-27所示。

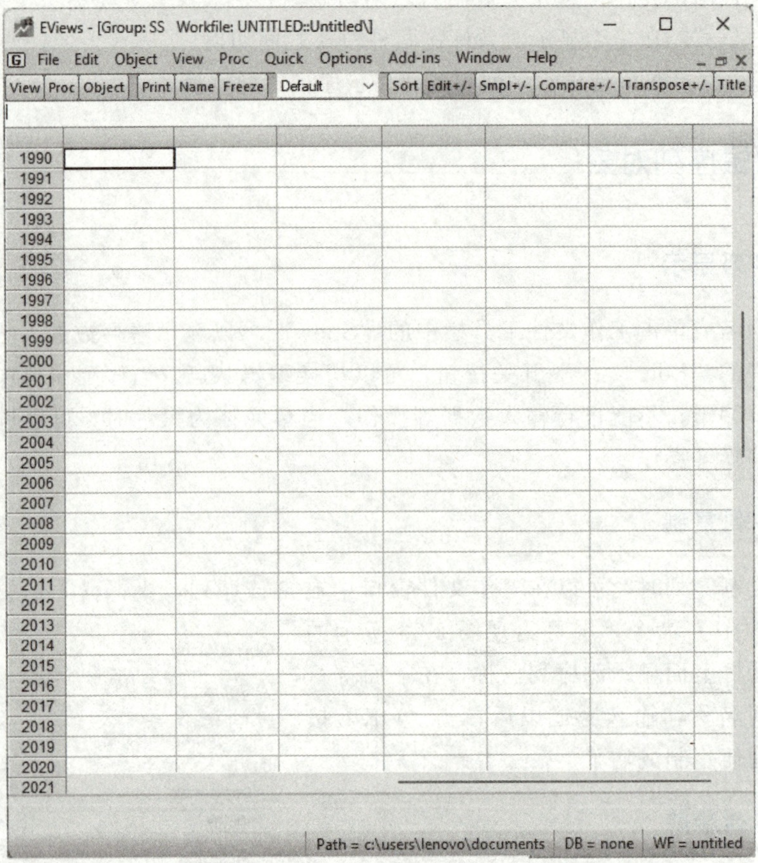

图 2-27　组窗口

在组窗口中的第一个单元格中输入数据后，EViews将自动给该序列命名"SER01"，当输入下一列数据时，EViews将按顺序编号给新序列命名为"SER02""SER03"……如果想更改序列名，单击序列名"SER01"或"obs"所在行，在其中输入想更改的名称，如"fdi"，然后按Enter键或单击外边区域，软件会自动跳出询问窗口，询问是否改名。此时单击"Yes"按钮，则修改成功（图2-28）。

在新建的组中可以输入多列数据，相当于多个序列。数据输入后，立即成为当前工作文件的一部分，工作文件的序列图标也会立即显示。当所有数据输入完毕后，可以单击组窗口右上角的关闭按钮。窗口关闭后，组、序列及数据仍在工作文件中，如果想查看，可以双击工作文件中的序列名或组名。

（2）在主菜单工具栏中执行【Quick】→【Empty Group】命令，也可以创建组窗口（图2-29）。

（3）如果工作文件上已经创建了多个序列，想选择其中的部分或全部建立一个组，则可以在工作文件中选中待选的序列；如果待选序列全部紧挨着，则按住Shift键；如果中间有间隔，则按住Ctrl键依次点选（选择顺序决定组中各序列的次序），然后单击工作文件窗口中的"Show"，弹出"Show"对话框（图2-30），单击"Ok"按钮，即可生成一

第二章 EViews操作入门 31

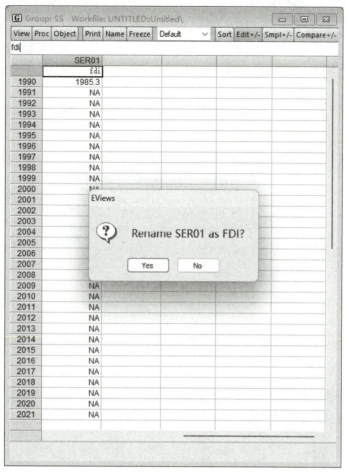

图 2-28 更改序列名

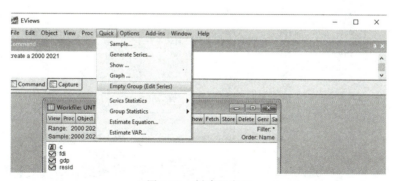

图 2-29 创建组窗口

个新的组。

或者在选中序列后，右击，依次执行【Open】→【as Group】命令，则出现组窗口，如图 2-31 所示。

按上述方法生成的组所包括的序列与工作文件中对应序列本质上完全一样，即原来序列的数据也会显示在组对应的序列中。例如，图 2-31 中，原工作文件中的 FDI、GDP、L

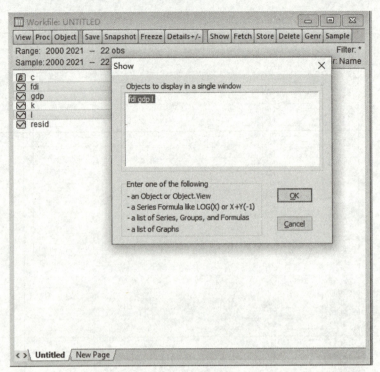

图 2-30 "Show"对话框

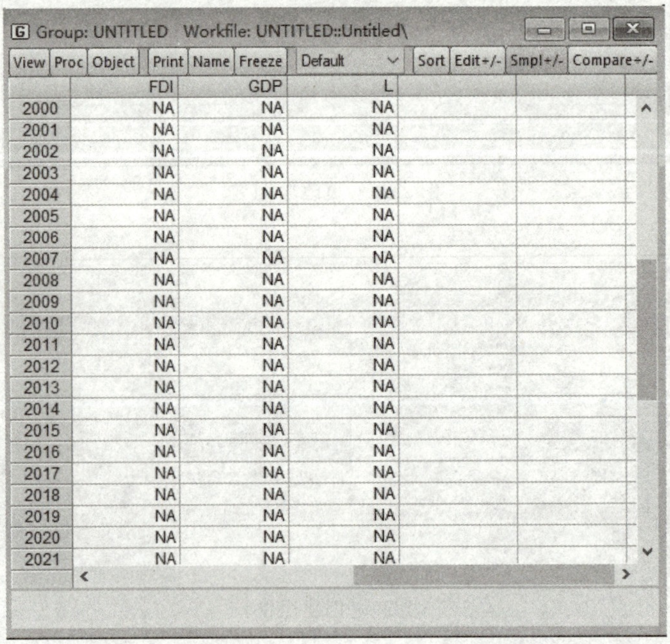

图 2-31 组窗口

三个序列还没有输入数据,所以生成的组中也没有数据。如果要输入数据,可以在工作文件中打开某序列,输入数据,相应地组中也会立即显示出该序列已经输入的数据。同理,如果在组窗口中输入了某序列的数据,那么工作文件中的该序列同样会显示已经输入的数据。在实践中,人们为了输入和操作方便,常常选择在组窗口中输入数据。

（二）命令方式

在命令窗口输入"group 组名称"，可生成一个新的组。如果想生成一个名称为"ECONOMY"的组，则在命令窗口输入命令：group economy，这时工作区窗口便多生成一个 ECONOMY 图标，表示组已经生成，但是这个组内还没有任何序列，如果想给组内添加序列，则需要在组中输入数据生成序列，或者输入命令：group 组名称 序列名 1 序列名 2⋯⋯如想生成一个名称为"ECONOMY"的组，包含 k、l、y 三个序列，则输入命令：group economy k l y。

如果按照创建对象的一般方法来逐个创建序列，再创建包含这些序列的组，操作就会十分烦琐。所以，在实践中常常用更简单的方法，即用 data 命令来实现。在命令窗口中输入命令：data 序列名 1 序列名 2⋯⋯，系统将创建这些序列（相当于一个未命名的组）。例如，想创建包含 y、k、l 三个序列的组，在命令窗口输入：data y k l，即可很方便地实现（图 2-32）。

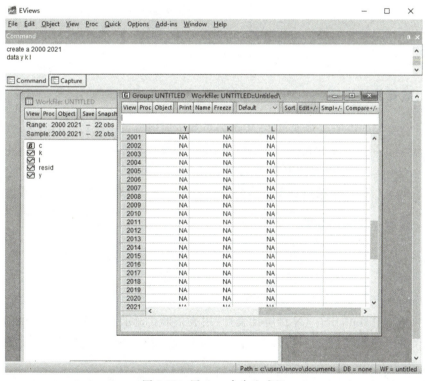

图 2-32　用 data 命令生成组

二、组视图

EViews 为组提供了丰富的视图功能。通过单击组窗口工具栏中的 View，可以看到如图 2-33 所示的下拉列表，它主要包括数据显示选项、基本统计分析选项、时间序列统计分析选项和标签，下面主要介绍前三部分。

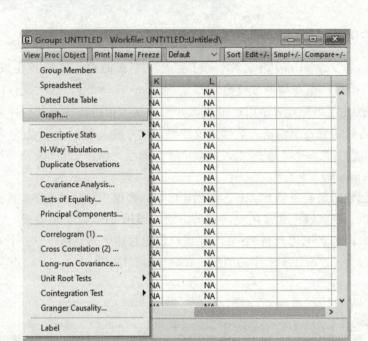

图 2-33　组视图

（一）数据显示选项

（1）Group Members（组成员），单击后可显示组内成员（序列）的信息。

（2）Spreadsheet（电子表格），组数据以电子表格形式显示。

（3）Dated Data Table（数据表），组数据以数据表显示。

（4）Graph（图），包括散点图、趋势图等多个选项，具体将在第三章讨论。

（二）基本统计分析选项

（1）Descriptive Stats（描述性统计），包括均值、中位数、最大值、最小值、标准差、偏度、峰度、JB统计量及相应概率、观测值个数等。

（2）Covariance Analysis（协方差分析）。

（3）N-Way Tabulation（N 维统计表）。用表格形式显示不同序列交叉的相关统计量，包括变量个数、个数百分比、行百分比、列百分比、所有样本的期望、表内各项期望、χ^2 统计量等。

（4）Duplicate Observations（重复观察），用于观察数据概况、图形、列表、计数等。

（5）Tests of Equality（统计量相等检验），用于检验不同序列的均值、方差、中位数等是否相等。

（6）Principal Components（主成分），选择相关参数、方法等进行主成分分析。

（三）时间序列统计分析选项

（1）Correlogram（相关图），单项显示组中第一个序列的相关图。

（2）Cross Correlation（交叉相关）。

（3）Long-run Covariance（长期协方差）。

（4）Unit Root Tests（单位根检验）。

（5）Cointegration Test（协整检验），对序列进行 Johansen 协整检验。

（6）Granger Causalily（格兰杰因果关系检验）。

小结

本章主要介绍了 EViews 的基本操作。一是工作文件操作，重点介绍了工作文件的菜单方式创建和命令方式创建，特别是不同频率的时间序列的工作文件创建。二是对象操作，介绍了对象的建立、对象的基本操作。三是序列操作，包括序列创建及编辑等。四是组的操作，介绍了组创建及组视图。

思考题

1. 时间序列数据的频率主要包括哪些类型？
2. 简述序列与组的关系。
3. 如何理解 EViews 中的序列？

第三章

基本数据分析

第一节 数据处理

一、数据输入

（一）键盘输入

建立新序列以后，用户在工具栏中单击"Edit＋/－"按钮即可进入编辑状态，进行录入、修改等编辑操作。或在主菜单下，执行【Quick】→【Empty Group（Edit Series）】命令，打开一个新序列后，在编辑状态下，用户可通过键盘输入数据，并给序列命名。

（二）粘贴输入

为了节省时间，一般可将保存在 Excel 表中的数据复制到 EViews 中，通过执行主菜单中的【Edit】→【Copy】命令和【Edit】→【Paste】命令复制并粘贴数据，注意粘贴数据的时间（截面）区间应与表单中的时间（截面）区间一致。

（三）文件导入

EViews 允许调用多种格式的数据，在主窗口中执行【File】→【Import】→【Table from file】命令，或在工作文件窗口中执行【Proc】→【Import】→【Table from file】命令，将弹出"Open"对话框（图3-1）。

1. 导入文本文件

可以在 Windows 子目录中找到文本文件，单击后出现如图 3-2 所示的界面。根据提示完成设置，生成一个数据文本。

2. 导入 Excel 文件

在 Windows 子目录中找到 Excel 文件（.xls），单击后出现如图 3-3 所示的界面。

第三章 基本数据分析　37

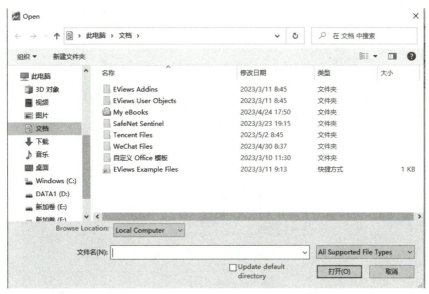

图 3-1　"Open"对话框

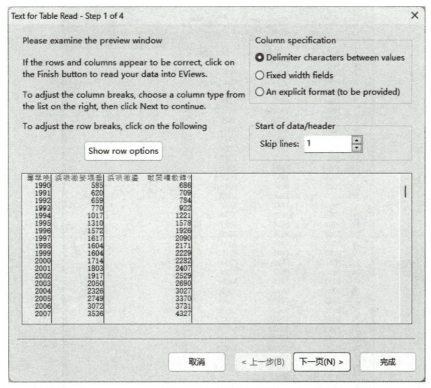

图 3-2　导入文本文件

图 3-3 导入工作表中的数据

根据提示操作，生成一个数据表（图 3-4）。

	A	B	C
1	年份	人均消费	人均可支配收入
2	1990	584.6	686.3
3	1991	620	709
4	1992	659	784
5	1993	770	922
6	1994	1017	1221
7	1995	1310.4	1577.7
8	1996	1572	1926
9	1997	1617	2090
10	1998	1604	2171
11	1999	1604	2229
12	2000	1714	2282.1
13	2001	1803	2406.9
14	2002	1917	2528.9
15	2003	2050	2690.3
16	2004	2326	3027
17	2005	2749	3370
18	2006	3072	3731
19	2007	3536	4327
20	2008	4054	4999
21	2009	4464	5435
22	2010	4945	6272
23	2011	5892	7394
24	2012	6667	8389
25	2013	7485	9430
26	2014	8383	10489
27	2015	9223	11422
28	2016	10130	12363
29	2017	10955	13432
30	2018	12124	14617
31	2019	13328	16021
32	2020	13713	17131
33	2021	15916	18931
34	2022	16632	20133
35	数据来源：《中国统计年鉴》。		
36			
37			

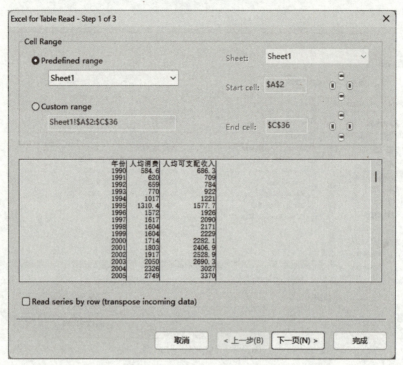

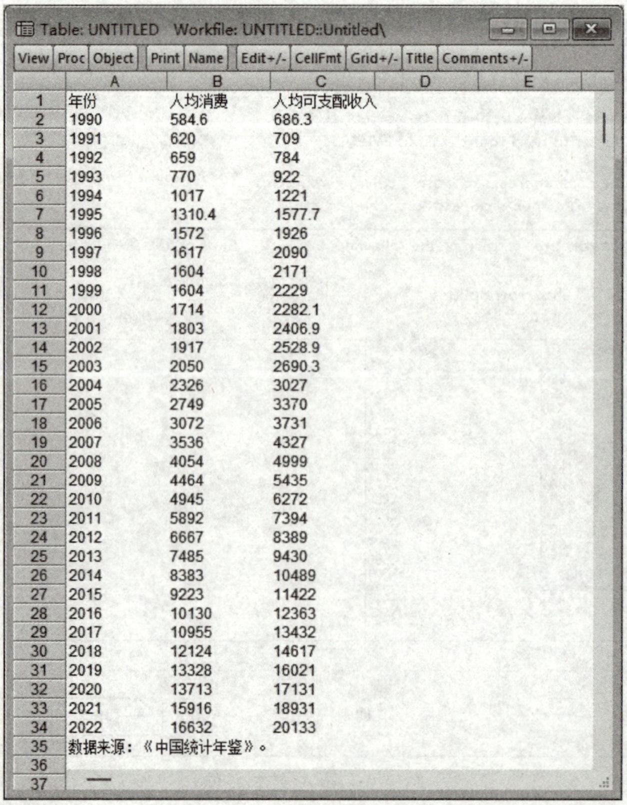

图 3-4 数据表

二、数据输出

(一) 复制粘贴

执行主菜单中的【Edit】→【Copy】和【Edit】→【Paste】命令，对不同工作文件窗口中的数据进行复制和粘贴，注意复制数据的时间区间应与粘贴的时间区间一致。

(二) 输出

选择需要输出的序列或组，在主菜单中执行【File】→【Export】→【Store to DB】命令，或在工作文件窗口中执行【Proc】→【Export】→【Store selected to DB】命令（图 3-5），弹出"Store"对话框（图 3-6）。

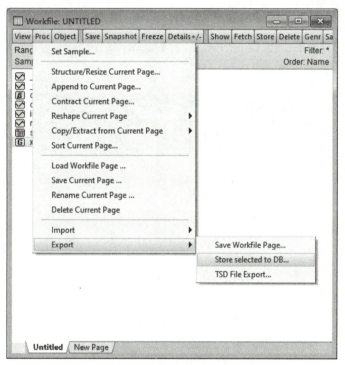

图 3-5　数据输出操作

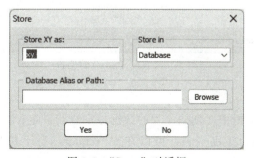

图 3-6　"Store"对话框

根据"Store"对话框提示，输入或选择保存的名称、路径等，完成设置后，单击"Yes"按钮，完成数据输出。

三、数据的频率转换

如果是从一个工作文件窗口向另一个不同数据频率的工作文件窗口拷贝数据，或者是从数据库中提取数据，就会涉及数据频率转换。数据频率转换有两种情况：一种是从高频率数据向低频率数据转换，如月度数据向季度数据转换；另一种是从低频率数据向高频率数据转换，如季度数据向月度数据转换。

（一）高频率数据向低频率数据转换

1. 复制序列

在工作文件窗口中右击序列并选择"Copy"，复制需要转换的序列。

2. 新建转换序列

在工作文件窗口底部执行【New Page】→【Specify by Frequency/Range】命令（图3-7），出现如图3-8所示的对话框。

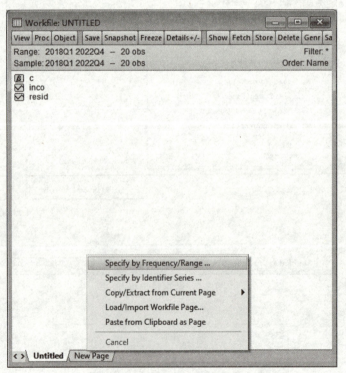

图3-7 "New Page"对话框

3. 更换频率

在图3-8所示的对话框中对期望序列的数据特征进行设定，如原始数据为2018—2022年的季度资料，若转换为年度资料，可以在"Frequency"下拉列表中选择"Annual"，起始期和终止期自动显示为2018和2022，单击"OK"按钮。

第三章 基本数据分析　41

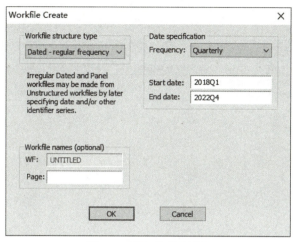

图 3-8　新建序列对话框

4. 转换设定

在工作文件窗口中右击"Paste Special",出现"Paste Special"对话框。该对话框右侧上半部分为高频向低频转换(High to low frequency method),下半部分为低频向高频转换(Low to high frequency method)。"High to low frequency method"的下拉列表如图 3-9 所示。

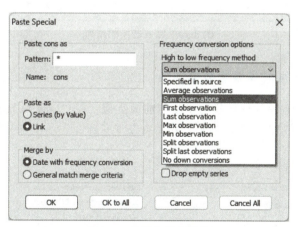

图 3-9　高频向低频转换

在图 3-9 所示的下拉列表中,比较重要的方式有以下七种。

(1) Specified in source:指定数值。

(2) Average observations:观测值的平均值。

(3) Sum observations:观测值的和。

(4) First observation:第一个观测值。

(5) Last observation:最后一个观测值。

(6) Max observation:观测值的最大值。

(7) Min observation:观测值的最小值。

本例中,我们选择观测值的和,然后单击"OK"按钮,即可完成频率转换。软件会自动显示一个未命名的工作文件"Untitled1",其中已经转换好的序列图标" cons"

显示为粉色（图 3-10）。

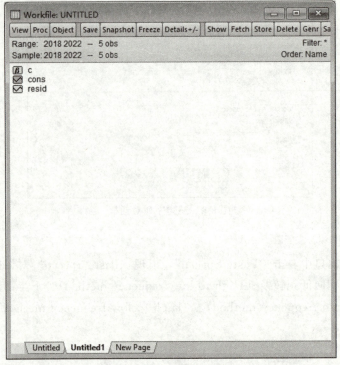

图 3-10　完成转换的序列

（二）低频率数据向高频率数据转换

低频率数据向高频率数据转换的步骤与前面类似。在"Low to high frequency method"的下拉列表（图 3-11）中，比较重要的方式有以下五种。

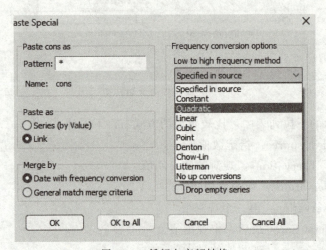

图 3-11　低频向高频转换

① Specified in source：指定数值。
② Constant：常数。细分为：Average—与均值匹配；Sum—与和匹配。

③ Quadratic：二次函数。细分为：Average——与均值匹配；Sum——与和匹配。
④ Linear：线性函数。细分为：First——与最早值匹配；Last——与最后值匹配。
⑤ Cubic：三次函数。细分为：First——与最早值匹配；Last——与最后值匹配。

第二节 图形绘制

一、基本绘图

绘制图形可以通过菜单方式或命令方式实现。

（一）菜单方式

在 EViews 主菜单中执行【Quick】→【Graph】命令，弹出"Series List"对话框（图 3-12），输入需要绘制图形的序列或序列组名称。

图 3-12 "Series List"对话框

双击工作文件中准备做图的序列名称，在打开的序列窗口中执行【View】→【Graph】命令。按上述方式操作后单击"OK"按钮，会出现如图 3-13 所示的"Graph Options"对话框。下面将重点介绍该对话框中比较重要的五个选项组。

(1) Graph Type 选项组

该选项组主要用于设置图像的以下选项。

① General，默认情况下为 Basic type，即单个序列的基本绘图。单击下拉箭头后还有一个选项 Gategorical graph，可根据需要进行选择。

② Specific，图形种类选项，主要包括 Line & Symbol（线点图）、Bar（条形图）、Spike（堆栈图）、Area（面积图）、Dot Plot（点阵图）、Distribution（分布图）、Quantile- Quantile（Q-Q 图）、Boxplot（箱线图）。

③ Graph data，绘图数据源选项，默认为 Raw data（原始数据），单击下拉箭头后还有 Means（均值）、Median（中位数）、Maximum（最大值）、Minimum（最小值）、Sum（总和）、Sum of Squares（平方和）、Variance（方差）、Standard Deviation（标准差）、

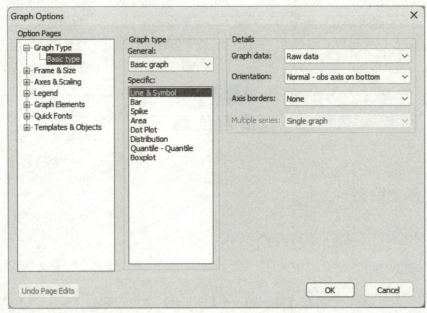

图 3-13 "Graph Options" 对话框

Skewness（偏度）、Kurtosis（峰度）等选项。

④ Orientation，设置时间变量的坐标轴的选项，默认时间为 Normal-obs axis on bottom（横坐标），单击下拉箭头后还有一个选项可将时间设置为 Rotated-obs axis on left（纵坐标）。

⑤ Axis borders，坐标轴边界选项。默认为 None（无），如果想改变坐标轴边界的图形样式，单击下拉箭头，可以选择 Boxplot（箱线图）、Histogram（直方图）、Kernel density（核密度图）。

(2) Frame & Size 选项组

该选项组主要用于设置图形边框。单击"Frame & Size"后，目录树可以展开（图 3-14），有 Color & Border（颜色和边框）和 Size & Indents（大小和缩进）两部分。Color & Border 中又包括 Color 和 Frame border 两大选项，前者主要用于设置基本颜色和背景色，后者主要用于设置图形边框、线条大小及颜色。

(3) Axes & Scaling 选项组

该选项组主要用于设置坐标轴和刻度。单击"Axes & Scaling"后，目录树可以展开（图 3-15），有 Data scaling（数据刻度）、Data axis labels（数据轴标签）、Obs/Date axis（坐标转换）和 Grid Lines（网格坐标线）。默认选择 Data scaling，其主要选项如下。

① Edit axis，坐标轴位置选择。其下拉列表中有四种选择，分别为 Left Axis（左为轴）、Right Axis（右为轴）、Top Axis（上为轴）、Bottom Axis（下为轴）。

② Left axis scaling method，刻度类型选择（如果选择右为轴，则该选项自动显示为 Right，其他依次类推）。其下拉列表中有四种选择，分别为 Linear scaling（线性刻度）、Linear-force zero（线性刻度且从零开始）、Logarithmic scaling（对数刻度）、Normalized data（标准化数据）。

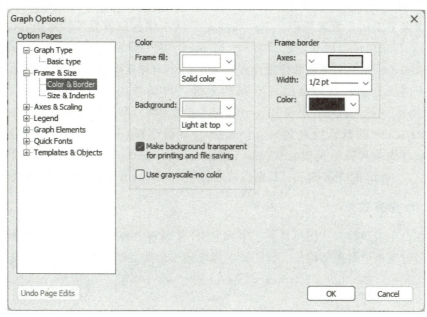

图 3-14 "Frame & Size"设置

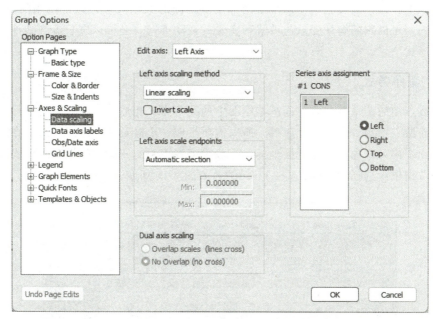

图 3-15 "Axes & Scaling"设置

③ Left axis scale endpoints，刻度范围设置。其下拉列表中有三种选择，分别为 Automatic selection（自动选择）、Data minimum & maximum（以最大值与最小值为范围）、User specified（自行设定）。

（4）Legend 选项组

该选项组用于设置图标图例属性。其中，"Characteristic"（特征）用于设置图例的 Box fill color（填充颜色）、Frame color（边框颜色）和 Display（是否显示图例）。

(5) Graph Elements 选项组

该选项组主要用于设置图形元素，如线条形状、颜色及填充等。单击"Graph Elements"后，目录树可以展开，包括 Lines & Symbols（线条和符号）、Fill Areas（填充区域）、Bar-Area-Pie（条形图和饼图设置）、Boxplots（箱线图设置）等选项。

选择不同的选项，右侧会出现不同的界面。以最常用的线形图为例，如果选择"Lines & Symbols"，右侧会出现 Pattern use（应用类型）和 Attributes（属性）对话框。其中，Pattern use 的默认设置为 Auto choice（自动选择）；Attributes 主要包括 Line/Symbol use（线条和符号设置）、Color（颜色）、Line pattern（线条类型）、Line width（线条宽度）、Symbol/Obs label（数据点符号标签）、Symbol size（符号大小）等设置。

（二）命令方式

可以在命令窗口输入"图形类别 序列名"，从而很方便地得到序列的基本图形，还可进一步通过菜单进行图形编辑。比如要生成序列 x 的线点图，则命令为"line x"，其他类型的依次类推，如"bar x""spike x""area x""dot x"等。

二、散点图绘制

在实践中，往往需要利用图形观察两个变量之间的大致关系，最常使用的是散点图。通过散点图，可以判断解释变量与被解释变量的变动方向，还可以进一步判断计量模型设定的函数形式。

（一）菜单方式

绘制散点图的菜单方式和前面基本绘图中的菜单方式相似，只是前面主要是单个序列的图形，而散点图至少需要两个序列，所以需要生成一个涉及多个序列的组。在工作文件中先选择一个序列（先选的作为横坐标，一般为解释变量），然后按住 Ctrl 键依次选择其他序列，右击依次选择"Open""as Group"，如图 3-16 所示。

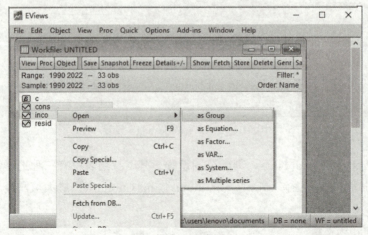

图 3-16　生成序列组

选择"as Group"即可打开未命名的序列组，在组窗口中执行【View】→【Graph】命令，得到如图 3-17 所示的对话框。该界面与前面打开的"Graph Options"对话框（图 3-13）基本相同，但由于这里是以组打开的，因此图的类型更多。与图 3-13 相比，图 3-17 中"Graph type"下的"Specific"的图形种类增加了 Area Band（带状面积图）、Mixed（混合绘图）、Error Bar（离差条形图）、High-Low（Open-Close）（高低图）、Scatter（散点图）、Bubble Plot（泡沫图）、XY Line（XY 相关线性图）、XY Area（XY 相关面积图）、Pie（饼图）。由于散点图最为常用，这里主要以散点图为例进行说明，其他图形与散点图类似。

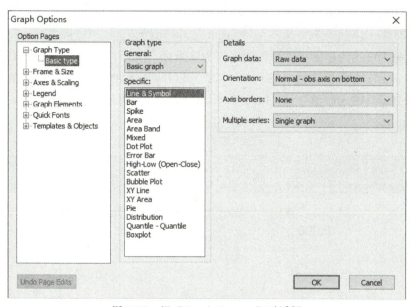

图 3-17　组"Graph Options"对话框

在图 3-17 中选择"Scatter"后，"Graph Options"对话框相应发生变化，在右侧的 Details 选项组下，有一些设置散点图的选项，如图 3-18 所示。

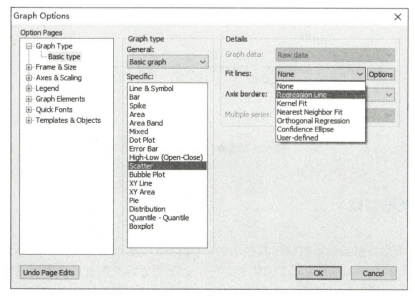

图 3-18　散点图设置

Fit lines 为拟合线选项，其下拉列表中有 None（无回归线）、Regression line（添加回归线）、Kernel Fit（核密度拟合）、Nearest Neighbor Fit（最近拟合）、Orthogonal Regression（正交回归）、Confidence Ellipse（信心椭圆）、User-defined（用户设定）。Axis borders 为坐标轴边界，与图 3-13 中的基本相同。

（二）命令方式

用命令方式生成散点图更为简便，命令格式为：

> scat 序列名 1 序列名 2 …

默认第一个序列为横坐标，后面的序列为纵坐标，所以，一般先输入解释变量名。例如，已经建立了一个关于消费（CONS）与收入（INCO）的 1990—2022 年的工作文件，这时，在命令窗口输入命令：scat inco cons，执行命令后可以生成消费与收入的散点图，如图 3-19 所示。

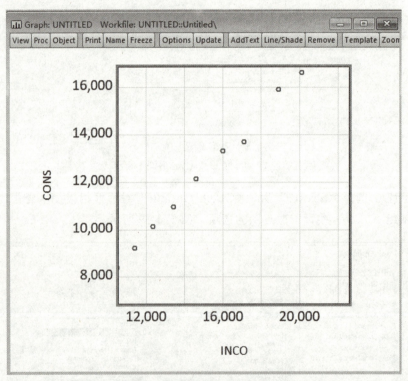

图 3-19　消费与收入的散点图

三、图形编辑

生成图形后，单击图形窗口工具栏中的"Options"或双击图形的任何部分，会出现图 3-20 所示的"Graph Options"对话框，可单击图左边需要调整的内容，在出现的界面中进行调整。

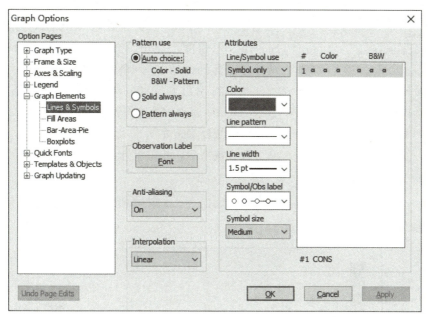

图 3-20 "Graph Options" 对话框

第三节

数据描述性统计分析

一、单序列描述性统计分析

打开序列窗口，单击"View"，出现图 3-21 所示的下拉列表，主要包括序列显示部分、描述性统计及统计量的检验、时间序列统计分析和检验、标签等。下面将重点介绍描述性统计及统计量的检验、时间序列分析和检验。

（一）描述性统计及统计量的检验

1. 描述性统计

在序列窗口执行【View】→【Descriptive Statistics & Tests】命令，出现描述性统计及检验菜单（图 3-22）。图 3-22 中的前三项为描述性统计：Histogram and Stats（直方图及统计量）、Stats Table（统计表格显示）、Stats by Classification（分组统计量）。

（1）直方图及统计量

选择该项后，软件给出序列的直方图和相关统计量，

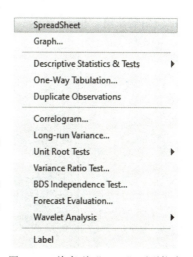

图 3-21 单序列 "View" 下列拉表

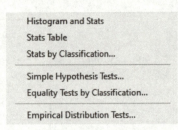

图 3-22 描述性统计及检验菜单

包括 Mean（均值）、Median（中位数）、Maximum（最大值）、Minimum（最小值）、Std. Dev（标准差）、Skewness（偏度）、Kurtosis（峰度）、Jarque-Bera（JB统计量）及 Probability（概率）等。

图 3-23 给出了 1990—2022 年中国农村居民人均消费（CONS）序列的直方图及相关统计量。

（2）统计表格显示

选择该项后，相关统计量以表格形式显示。

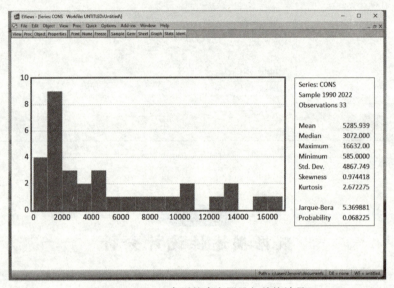

图 3-23　CONS 序列的直方图及相关统计量

（3）分组统计量

选择该项后，出现"Statistics by Classification"对话框（图 3-24），在复选框中选择需要输出的统计量，如均值、标准差等，在"Series/Group for classify"中输入分组变量，其他选项使用默认值，单击"OK"按钮，可以得到 CONS 序列的分组统计量（图 3-25）。

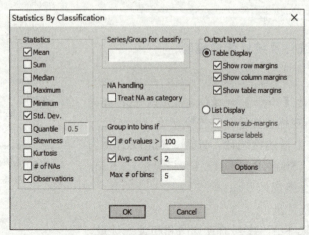

图 3-24　"Statistics by Classification"对话框

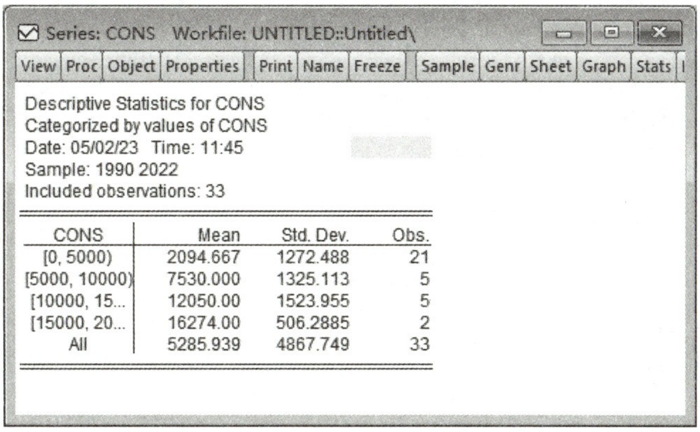

图 3-25　CONS 序列的分组统计量

2. 统计量的检验

打开序列窗口，执行【View】→【Descriptive Statistics & Tests】命令，出现图 3-22 所示的描述性统计及检验菜单，包括 Simple Hypothesis Tests（简单假设检验）、Equality Tests by Classification（分组齐性检验）和 Empirical Distribution Tests（经验分布检验）。

（1）简单假设检验

选择简单假设检验后，出现"Simple Hypothesis Tests"对话框，在对话框中输入给定的均值、方差、中位数，分别进行检验。如果标准差已知，在"Enter s.d. if known"（图 3-26）中输入标准差（与不输入的区别在于：标准差已知时，同时给出 z 统计量和 t 统计量；标准差未知时，只给出 t 统计量）。

例如，给定消费的均值、方差、中位数分别为 5200、23700000、3100，输入对话框中，并输入标准差 4867.749，单击"OK"按钮，结果如图 3-27 所示。

① 均值检验。检验均值是否等于输入的值，采用 t 统计量进行检验，检验给出了相应的统计量和概率（P 值），由 P 值可以判断是否拒绝原假设，若 P 值小于给定的显著水平，则拒绝原假设。本例中，检验均值是否为 5200，因为 P 值为 0.9199，所以不能拒绝均值等于 5200 的假设。

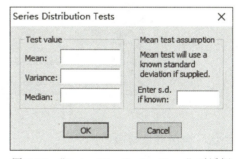

图 3-26　"Series Distribution Tests"对话框

② 方差检验。原假设为方差等于输入的值。软件利用卡方统计量，即 $\chi^2 = \dfrac{(n-1)S^2}{\sigma^2}$，检验结果给出了卡方统计量及其概率，由其概率可以进行判断。本例中，因为 P 值为 0.4671，所以不能拒绝方差等于 23700000 的假设。

③ 中位数检验。原假设为中位数等于输入的值，软件给出了四种检验结果：符号检验（二项分布）[Sign (exact binomial)]；符号检验（正态逼近）[Sign (normal approximation)]；威尔科克森符号秩检验（Wilcoxon signed rank）；范德瓦尔登检验 [Van Der Waerden (normal scores)]。检验结果分别给出了统计量及其概率，其概率判断准则同前面类似。本例中，四种检验的 P 值均大于显著水平，所以不能拒绝中位数等

于 3100 的假设。

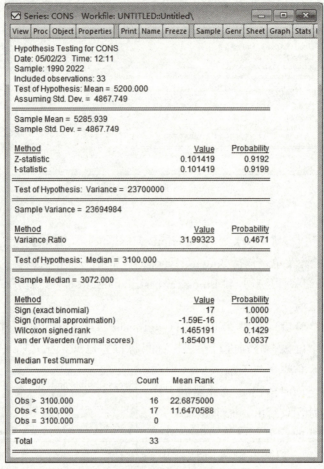

图 3-27 序列的简单假设检验结果

（2）分组齐性检验

分组齐性检验是指通过方差分析检验分组后的子序列的统计量是否相等的检验，包括均值、方差和中位数检验。选择分组齐性检验后，弹出"Tests By Classification"对话框（图 3-28）。本例中，在"Series/Group for classify"中输入分组因子——收入（INCO），结果如图 3-29 所示。

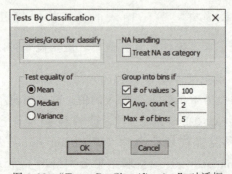

图 3-28 "Tests By Classification"对话框

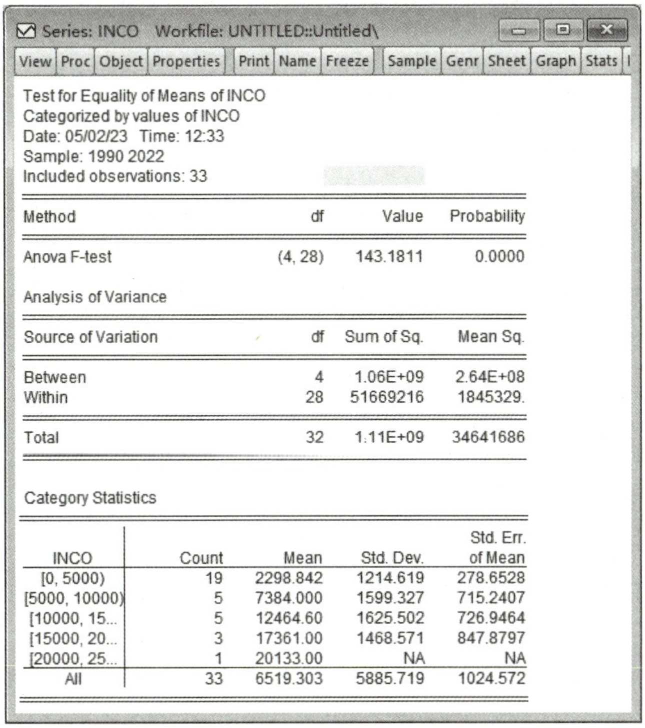

图 3-29　序列的分组齐性检验结果

图 3-29 中，第一部分为基本操作信息。第二部分为检验方法与检验信息，本例中，F 统计量为 143.1811，P 值为 0.0000，所以拒绝原假设，说明序列各组均值存在显著差异。第三部分为方差分析的详细结果，包括 Between（组间方差）、Within（组内方差）和 Total（总方差）。第四部分为 Category Statistics（分组序列的描述性统计量）。

（3）经验分布检验

经验分析检验是用以检验序列大致服从何种分布的检验。选择 "Empirical Distribution Tests" 后，出现 "EDF Test" 对话框（图 3-30）。在 "Distibution" 下拉列表中选择需要检验的分布，包括 Normal（正态分布）、Chi-Square（卡方分布）、Exponential（指数分布）、Extreme（Max）[极值分布（最大）]、Extreme（Min）[极值分布（最小）]、Gamma（伽马分布）、Logistic distribution（逻辑分布）、Pareto（帕累托分布）、Uniform（均匀分布）、Weibull（韦布尔分布）。

当选择某种分布时，其下方会显示该分布的概率密度，可以在参数 "Parameters" 中输入均值、标准差的数值或表达式，如果不输入，软件将会自动计算。

图 3-31 给出了序列 CONS 的正态分布

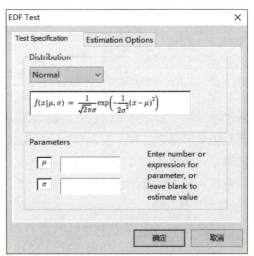

图 3-30　"EDF Test" 对话框

Series: CONS Workfile: UNTITLED::Untitled\

View | Proc | Object | Properties | Print | Name | Freeze | Sample | Genr | Sheet | Graph | Stats | Ide

Empirical Distribution Test for CONS
Hypothesis: Normal
Date: 05/02/23 Time: 12:59
Sample: 1990 2022
Included observations: 33

Method	Value	Adj. Value	Probability
Lilliefors (D)	0.190531	NA	0.0037
Cramer-von Mises (W2)	0.345796	0.351036	0.0001
Watson (U2)	0.308694	0.313371	0.0001
Anderson-Darling (A2)	1.974361	2.023312	0.0000

Method: Maximum Likelihood - d.f. corrected (Exact Solution)

Parameter	Value	Std. Error	z-Statistic	Prob.
MU	5285.939	847.3664	6.238080	0.0000
SIGMA	4867.749	608.4687	8.000000	0.0000

Log likelihood	-326.5077	Mean dependent var.	5285.939
No. of Coefficients	2	S.D. dependent var.	4867.749

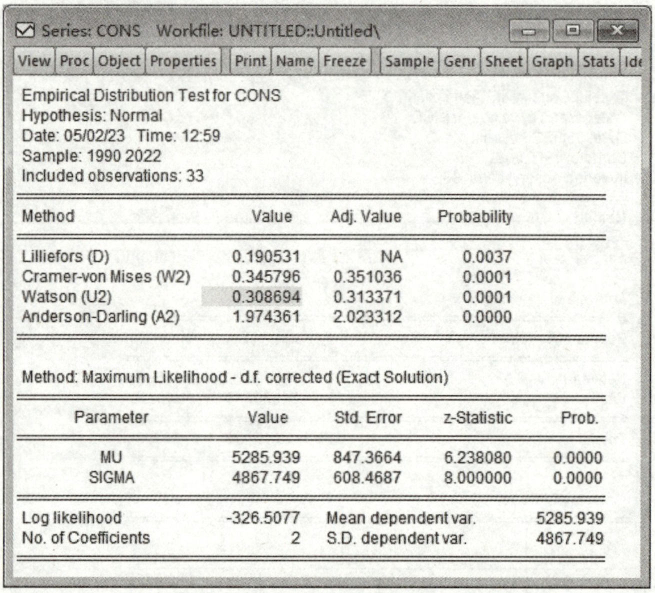

图 3-31　序列的正态分布的检验结果

的检验结果，由于各检验统计量的 P 值均小于 0.01，因此拒绝正态分布的假设。

（二）时间序列统计分析和检验

在序列窗口“View”的下拉列表中，可以看到时间序列分析和检验部分主要包括 Correlogram（相关图）、Unit Root Tests（单位根检验）、BDS Independence Test（BDS 独立性检验）等（图 3-21）。

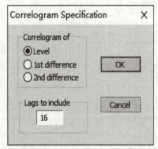

图 3-32　相关图设定对话框

1. 相关图

相关图主要用于分析序列与其滞后项之间的相关关系，常用于分析序列是否存在自相关。选择相关图后，弹出图 3-32 所示的对话框，“Correlogram of”中有三个选项，分别为 Level（原序列）、1st diffierence（一阶差分）、2nd diffierence（二阶差分），“Lags to include”中可以输入滞后期数。

图 3-33 给出了 CONS 序列的自相关图。

图 3-33 中，第 1 列为自相关系数图，对应的相关系数显示于第 4 列。第 2 列为偏相关系数图，图中两条竖虚线表示相关系数显著性的临界值，具体数值显示于第 5 列。第 3 列为滞后期数，第 6 列为 Q 统计量，第 7 列为 Q 统计量的伴随概率。从图 3-33 中可以看出，本例中的 P 值均小于 0.01，因此拒绝序列不存在自相关的假设，即该序列存在显著自相关。

2. 单位根检验

单位根检验主要用于检验时间序列的平稳性。打开待检验序列，执行【View】→【Unit Root Test】命令，弹出“Unit Root Test”对话框（图 3-34）。在“Test type”下拉列表中可以选择 ADF 检验（系统默认）、Philips-Perron 检验等检验方法。在“Test for unit root in"中选择要检验的序列,有原序列、一阶差分、二阶差分三种选择。在"Include in test equation"中选择检验形式,包括 Intercept(带截距项)、Trend and intercept(带趋势项和截距项)、None(都不带)。

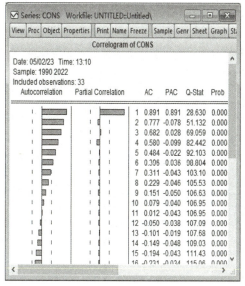

图 3-33 CONS 序列的自相关图

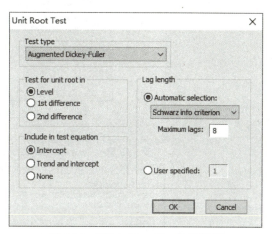

图 3-34 "Unit Root Test"对话框

单位根检验的详细步骤,我们将会在第十章时间序列分析中详细介绍。图 3-35 给出了序列的单位根检验结果,由 P 值等于 0.9975 可以看出,不能拒绝该序列存在单位根的假设,即该序列非平稳。

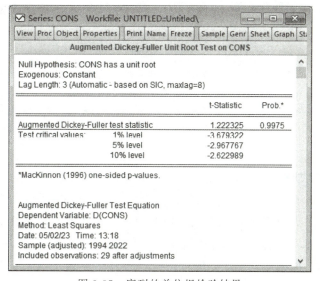

图 3-35 序列的单位根检验结果

3. BDS 独立性检验

BDS 独立性检验主要用于检验序列是否为独立同分布。在序列窗口执行【View】→

【BDS Independence Test】命令，弹出 BDS 独立性检验对话框（图 3-36），设定检验方法和最大相关阶数，完成后即可输出检验结果，如图 3-37 所示。在图 3-37 中，由 P 值可以看出，应该拒绝独立同分布的假设。

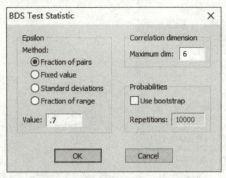

图 3-36　BDS 独立性检验对话框

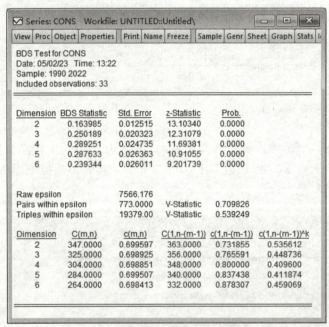

图 3-37　序列的 BDS 独立性检验结果

二、序列组描述性统计分析

打开序列组窗口，单击"View"，出现图 3-38 所示的菜单，该菜单包括序列显示形式、描述性统计及基本分析、时间序列统计分析和检验、标签等内容，下面重点介绍描述性统计及基本分析、时间序列统计分析和检验。

（一）描述性统计及基本分析

1. Descriptive Stats（基本描述性统计量）

如果序列组中各序列观察值个数相同，执行【View】→【Descriptive Stats】→

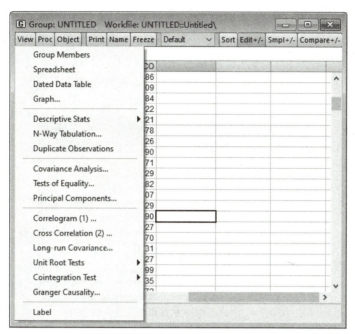

图 3-38 序列组 View 菜单

【Common Sample】命令，软件将输出各序列的均值（Mean）、中位数（Median）、最大值（Maximun）、最小值（Minimum）、标准差（Std. Dev）、偏度（Skewness）、峰度（Kurtosis）、JB 统计量（Jarque-Bera）及概率（Probability）、总和（Sum）、离差平方和（Sum Sq. Dev）、观察值个数（Observations）等基本统计量。

2. Covariance Analysis（协方差分析和相关性分析）

选择该项后，出现"Covariance Analysis"对话框，如图 3-39 所示。在"Method"下拉列表中可以选择分析方法，一般采用默认的 Ordinary（普通方法），在其下方的复选框中可以勾选需要分析的项目，有 Covariance（协方差）、Correlation（相关性）、t-statistic（t 统计量）、Probability $|t|=0$（伴随概率）等选项。

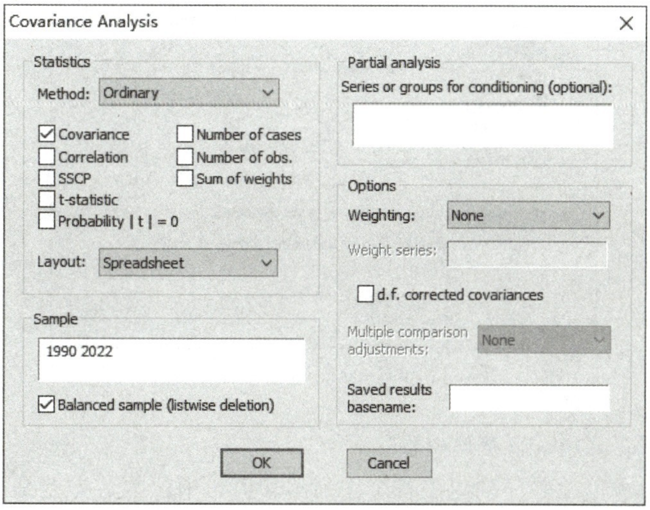

图 3-39 "Covariance Analysis"对话框

我们以消费（CONS）和收入（INCO）为一个序列组，选择协方差和相关性两个选项，在"Layout"下拉列表中选择"Multiple tables"，其他设置为默认，设置完成后单击"OK"按钮，得到该序列组的协方差和相关性分析结果，如图 3-40 所示，图中第二部分给出了两个序列的协方差矩阵，第三部分给出了相关系数矩阵。

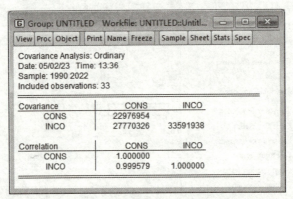

图 3-40　序列组的协方差和相关性分析结果

3. N-Way Tabulation（多因素统计表）

选择该项后，出现"Crosstabulation"（列联分析表）对话框（图 3-41）。在"Output"下的复选框中勾选要输出的项目，如 Count（个数）、Overall ％（总百分比）、Row％（行百分比）、Column ％（列百分比）、Expected（Overall）［期望（总体）］、Expected（Table）［期望（表格）］、Chi-square tests（卡方检验）等选项。在"Layout"中选择输出形式，有 Table（表格）、List（列表）两种选择。NA handling 用于处理缺失数据。Group into bins if 用于设定分组。图 3-42 给出了本例的多因素统计表。

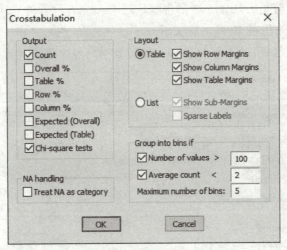

图 3-41　"Crosstabulation"对话框

4. Tests of Equality（组齐性检验）

选择该项后，可以检验序列组中各个序列的均值、中位数、方差是否相等，检验原理与单序列分组齐性检验基本相同，软件自动将其中的序列作为一组。

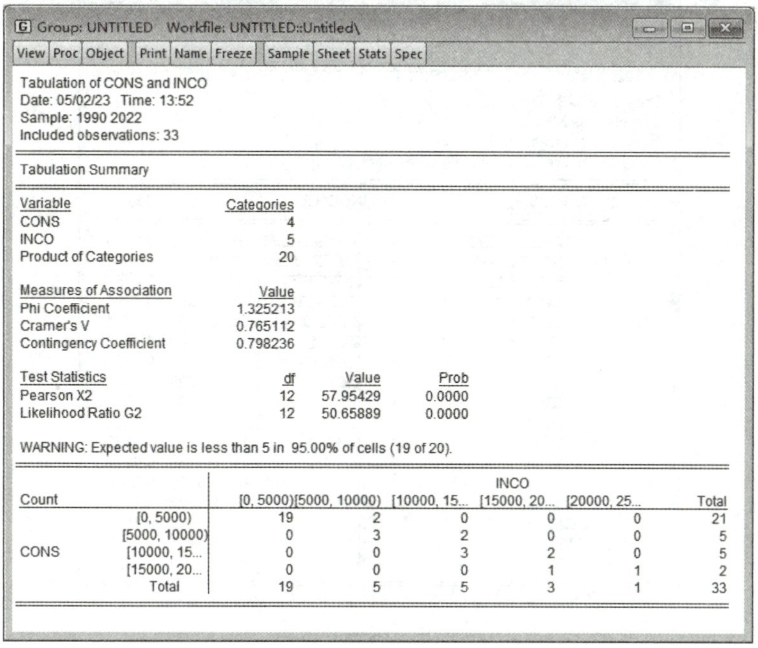

Tabulation of CONS and INCO
Date: 05/02/23 Time: 13:52
Sample: 1990 2022
Included observations: 33

Tabulation Summary

Variable	Categories
CONS	4
INCO	5
Product of Categories	20

Measures of Association	Value
Phi Coefficient	1.325213
Cramer's V	0.765112
Contingency Coefficient	0.798236

Test Statistics	df	Value	Prob
Pearson X2	12	57.95429	0.0000
Likelihood Ratio G2	12	50.65889	0.0000

WARNING: Expected value is less than 5 in 95.00% of cells (19 of 20).

Count		INCO					
		[0, 5000)	[5000, 10000)	[10000, 15...	[15000, 20...	[20000, 25...	Total
	[0, 5000)	19	2	0	0	0	21
	[5000, 10000)	0	3	2	0	0	5
CONS	[10000, 15...	0	0	3	2	0	5
	[15000, 20...	0	0	0	1	1	2
	Total	19	5	5	3	1	33

图 3-42 序列组的多因素统计表

（二）时间序列统计分析和检验

1. Correlogram（相关图）

在组窗口中执行【View】→【Correlogram】命令，在弹出的对话框中选择分析对象，具体设定步骤同单个序列类似，软件将会输出序列组中第一个序列的相关图和偏相关图。

2. Cross Correlation（交叉相关系数）

在组窗口中执行【View】→【Cross Correlation】命令，在弹出的对话框中输入滞后期数，滞后期数默认为 16。单击“OK”按钮，得到序列组中前两个序列之间的交叉相关系数及其图形（图 3-43）。

从序列之间的交叉相关图可以看出某序列与另一个序列及其滞后各期之间的相关情况。本例中，消费不但与收入相关，而且与收入滞后 6 期之间具有较高的相关度。所以交叉相关分析常用于建立分布滞后模型。除菜单方式之外，用命令方式也可以很方便地得到交叉相关系数及其图形，命令格式为：

```
cross 被解释变量 解释变量
```

如本例的命令为：

```
cross cons inco
```

3. Unit Root Tests（单位根检验）

在组窗口中执行【View】→【Unit Root Tests】命令，在弹出的对话框中设置检验形式，与单个序列的设置基本相同。本例中的单位根检验结果如图 3-44 所示，由 P 值可以看出，不能拒绝单位根的假设，所以存在单位根。

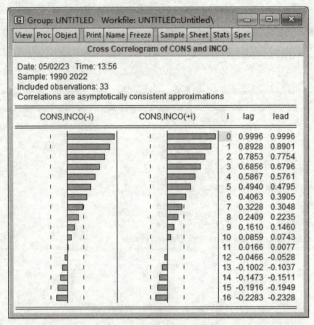

图 3-43　交叉相关图

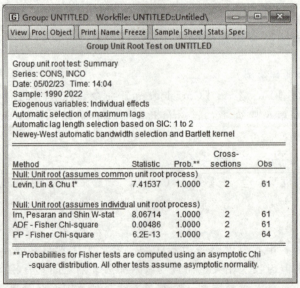

图 3-44　序列组的单位根检验

4. Cointegration Test（协整检验）

在组窗口中，执行【View】→【Cointegration Test】→【Johansen System Cointegration Test】命令，在弹出的对话框中进行设定，然后进行协整检验。具体步骤将在第十章时间序列分析中详细介绍。

5. Granger Causality（格兰杰因果关系检验）

在组窗口中执行【View】→【Granger Causality】命令，在弹出的对话框中输入滞后期数。图 3-45 是滞后期数为 2 时的检验结果，结果显示，拒绝"INCO 不是 CONS 的格兰杰原因"，拒绝"CONS 不是 INCO 的格兰杰原因"。

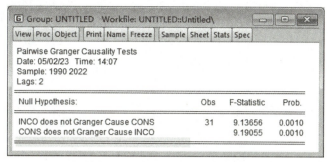

图 3-45　格兰杰因果关系检验结果

本章主要介绍了 EViews 中数据分析的基本操作：一是数据处理，介绍如何在工作文件中输入、输出数据，以及数据频率转换的相关操作；二是绘制图形，介绍散点图的绘制以及图形编辑的一些操作；三是数据描述性统计分析，分别对单序列和序列组的描述性统计分析进行了详细介绍。

思考题

1. 简述散点图的主要作用。
2. 单序列的主要统计量有哪些？
3. 如何理解均值检验？

第二部分
经典回归模型

第四章

一元线性回归模型

第一节 知识准备

一、计量模型概述

经济计量模型根据经济理论，研究那些具有相关关系（非严格的依存关系）的变量之间的数量关系。其中最为常用的方法是回归模型。一般的回归模型可以表示为：

$$y = f(x, b, \mu)$$

式中，y、x、b、μ 分别为被解释变量、解释变量、参数、随机扰动项（随机误差项），f 为函数形式。简便起见，人们常常假定变量之间的关系是线性的，而且解释变量只有一个，如：

$$y = \beta_0 + \beta_1 x + \mu \tag{4.1}$$

式(4.1)为最简单的一元线性回归模型。可以赋予它很多种含义，如研究消费与收入之间的关系、商品需求量与价格之间的关系等。

二、一元线性回归模型的基本假定

一元线性回归模型的随机误差项必须满足以下几个假定。
① 零均值。
② 同方差。
③ 无自相关。
④ 解释变量与随机误差项不相关。
⑤ 服从正态分布。

三、OLS 估计

实际研究中，真实的回归直线无法直接观测，因而需要通过样本对真实的回归直线进

行估计。最常用的方法是利用残差平方和最小进行参数估计，人们把这种方法称为普通最小二乘法（Ordinary Least Squares，OLS）。在满足经典假设的条件下，OLS估计具有良好的性质，如线形性、无偏性、有效性，所以应用最为广泛。

四、模型的检验

模型的检验包括经济意义检验、统计检验和计量检验。经济意义检验主要是参数的大小和符号检验，看是否与经济理论或先前的理论分析一致。

统计检验包括拟合优度检验、回归方程的总体显著性检验、参数显著性检验等。拟合优度检验主要检验模型的拟合程度，人们通过总变差的分解，先将总离差平方和分为两部分，即总离差平方和＝回归平方和＋残差平方和；然后构造一个指标 R^2，称其为拟合优度（又称样本决定系数或判定系数），$R^2 = \dfrac{\text{ESS}}{\text{TSS}}$，即 R^2 为回归平方和占总离差平方和的比重，它能反映模型的拟合情况。

五、参数的显著性检验

由于一元线性回归模型只有一个解释变量，总体显著性检验和参数显著性检验是等价的，因此这里只介绍单个参数的显著性检验。参数显著性检验是通过假设检验进行的，主要是检验估计参数是否为零，即是否有统计显著性，其检验步骤如下。

① 提出假设。
$$H_0: \beta_i = 0, \quad H_1: \beta_i \neq 0.$$

② 计算统计量。
$$t = \dfrac{\hat{\beta}_i - \beta_i}{s_{\hat{\beta}_i}} = \dfrac{\hat{\beta}_i}{s_{\hat{\beta}_i}}.$$

③ 检验判断。
$|t| > t_{\frac{\alpha}{2}}$ 时，拒绝零假设，即参数显著。

第二节 一元线性回归模型的估计

一、实验要求

掌握建立一元线性回归模型的基本理论和估计方法。学会一元线性回归模型的经济意义检验和统计检验，包括拟合优度检验、参数显著性检验（t 检验）。能够利用软件对模型进行回归和分析。

二、建模思路与实验数据

工业是实体经济的核心，巩固实体经济是建设现代产业体系的根基。工业生产需要消耗能源，党的二十大报告提出，要完善能源消耗总量和强度调控。因此，本实验拟建立一元线性回归模型，用以检验工业生产与能源消耗之间的关系。为此，用工业总产值表示工业生产水平，用工业用电量表示能源消耗情况。实验选用 2021 年江苏省 13 市工业用电量和工业总产值数据（表 4-1）。

表 4-1 2021 年江苏省 13 市工业用电量和工业总产值

地区	工业用电量/亿千瓦时	工业总产值/亿元	地区	工业用电量/亿千瓦时	工业总产值/亿元
南京	350.33	4991.39	泰州	240.15	2306.43
无锡	620.25	6038.47	徐州	229.40	2783.94
常州	449.65	3791.46	连云港	131.68	1314.54
苏州	1271.45	9962.52	淮安	142.02	1540.18
镇江	211.64	2105.95	盐城	174.50	2246.58
南通	362.50	4538.90	宿迁	274.61	1354.74
扬州	189.62	2662.89			

资料来源：《江苏统计年鉴——2022》。

三、实验内容

1. 建立工作文件
2. 创建序列（变量）、导入数据
3. 绘制散点图
4. 建立模型并回归
5. 结果分析

四、实验步骤

（一）建立工作文件

打开 EViews 软件，采用菜单方式或命令方式创建一个包含 13 个截面数据的工作文件，如图 4-1 所示。

（二）创建序列（变量）、导入数据

用命令方式创建工业用电量（ELEC）、工业总产值（IGDP）两个序列，在命令窗口中输入：data elec igdp，将生成一个包含 ELEC、IGDP 序列的工作表，即未命名的组。打开实验数据包，找到 Excel 工作表中的相应数据，先将数据全部复制（注意，在复制的时候，只复制数据，不要复制市名和序列名，否则会使数据与原来的数据错位，甚至造成数据丢失），然后在组视图中的第一个单元格处右击，选择粘贴，即可完成组数据导入，如图 4-2 所示。

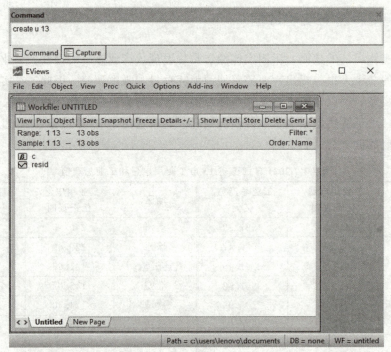

图 4-1　创建工作文件

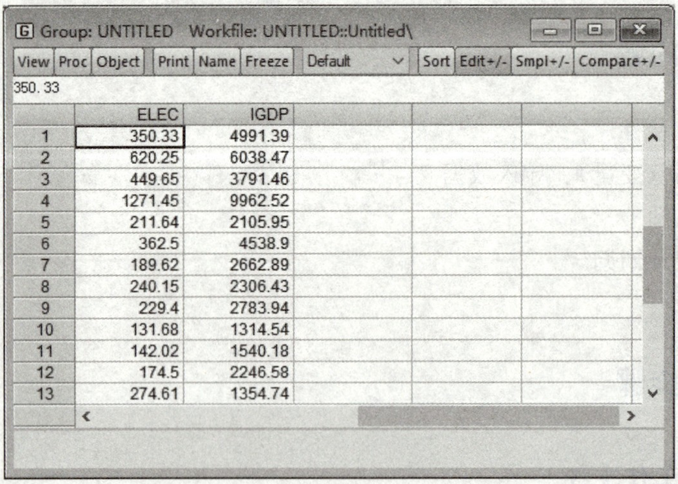

图 4-2　组数据导入

（三）绘制散点图

可通过菜单方式绘制 ELEC、IGDP 序列的散点图，执行组窗口工具栏中的【View】→【Graph】命令，选择"Scatter"；或者通过命令方式绘制，在命令窗口输入命令：scat igdp elec，生成工业用电量（ELEC）与工业总产值（IGDP）的散点图（图4-3）。

（四）建立模型并回归

通过观察散点图，可以大致确定工业用电量和工业总产值之间为近似的线性关系，因

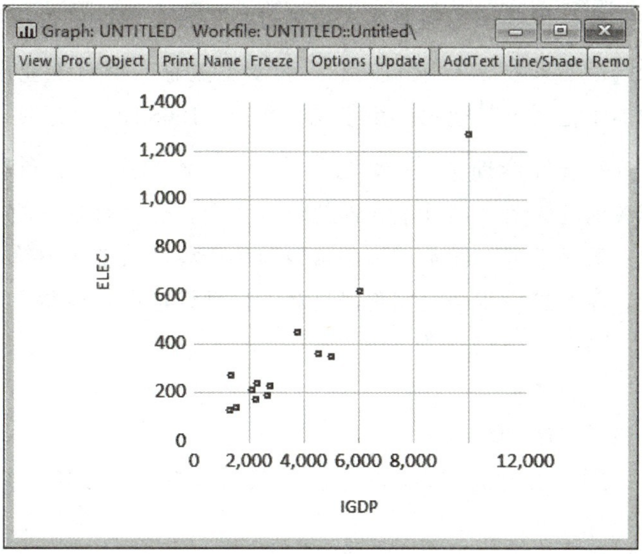

图 4-3 工业用电量与工业总产值的散点图

而建立一元线性回归模型：

$$elec=\beta_0+\beta_1 igdp+\mu$$

用软件进行回归分析，在命令窗口输入命令：ls elec c igdp，执行命令后显示回归结果（图 4-4）。

Equation: UNTITLED Workfile: UNTITLED::Untitled\

View Proc Object Print Name Freeze Estimate Forecast Stats Resids

Dependent Variable: ELEC
Method: Least Squares
Date: 05/02/23 Time: 15:39
Sample: 1 13
Included observations: 13

Variable	Coefficient	Std. Error	t-Statistic	Prob.
C	-62.63365	50.92167	-1.230000	0.2444
IGDP	0.119682	0.012075	9.911353	0.0000

R-squared	0.899300	Mean dependent var	357.5231
Adjusted R-squared	0.890145	S.D. dependent var	306.9115
S.E. of regression	101.7239	Akaike info criterion	12.22304
Sum squared resid	113825.3	Schwarz criterion	12.30996
Log likelihood	-77.44976	Hannan-Quinn criter.	12.20517
F-statistic	98.23492	Durbin-Watson stat	1.224013
Prob(F-statistic)	0.000001		

图 4-4 工业用电量对工业总产值的回归结果

（五）结果分析

1. 经济意义检验

工业用电量对工业总产值的回归结果可以表示为：

$$\widehat{elec}=-62.63365+0.119682\ igdp \qquad (4.2)$$

$$\text{s. e.} \quad 50.92167 \quad 0.012075$$

$$t \quad -1.230000 \quad 9.911353$$

经济意义检验主要是检验回归参数的大小和符号是否合理，是否符合经济理论。回归结果表明，工业总产值的系数 $\hat{\beta}_1 = 0.119682$，表示工业总产值对工业用电量产生正向影响，工业总产值增加 1 亿元，工业用电量平均增加 0.119682 亿千瓦时，增加生产必然需要消耗电力资源，这符合经济理论。但常数项 $\hat{\beta}_0 = -62.63365$，为负数，表示工业总产值为零时的电力资源消耗为负。实际上，即使没有生产，也会有基本的电力资源消耗，所以该模型的常数项一般大于零，而本例中的常数项小于零，与现实不符，因而该模型不能通过经济意义检验，需要进一步修改完善（这属于模型设定误差检验方面的问题，有待进一步探讨，这里暂不做深入讨论）。

2. 统计检验

（1）拟合优度检验（R^2 检验）

回归结果显示，$R^2 = 0.8993$，表示工业总产值可以解释工业用电量变动的 89.93%，说明模型拟合程度很好。

（2）参数显著性检验（t 检验）

为了方便用户，EViews 给出了拒绝零假设时犯错误（第一类错误）的概率（相伴概率 P，简称 P 值），若 P 值小于事先确定的显著水平（如 5% 或 1%），则可拒绝零假设，反之则不能拒绝。在本例中解释变量对应的 P 值为 0.0000，它小于 1%，表明在 1% 的水平上拒绝 H_0，即回归参数高度显著。要注意的是，在计量经济学中，当 H_0 被拒绝时，规范的表述是"在 $x\%$ 的水平上拒绝 H_0"；当 H_0 未被拒绝时，规范的表述是"在 $x\%$ 的水平上不能拒绝 H_0"，而不是"在 $x\%$ 的水平上接受 H_0"。

第三节 一元线性回归模型的预测

一、实验要求

学习一元线性回归模型的预测。理解预测区间的含义，掌握一元线性回归模型的预测方法。

二、建模思路与实验数据

党的二十大报告提出，要加快构建新发展格局。收入水平决定了消费能力，增加农民收入，促进消费转型升级，畅通国内大循环，是构建新发展格局的关键环节。本节拟建立农村居民人均消费和人均收入的一元线性回归模型，检验农村居民人均消费与人均收入之间的关系，并进行预测。实验选用 1990—2022 年中国农村居民人均消费支出数据（表示人均消费）和人均可支配收入数据（表示人均收入）（表 4-2）。

表 4-2　1990—2022 年中国农村居民人均消费支出和人均可支配收入　　　　单位：元

年份	人均消费支出	人均可支配收入	年份	人均消费支出	人均可支配收入
1990	585	686	2007	3536	4327
1991	620	709	2008	4054	4999
1992	659	784	2009	4464	5435
1993	770	922	2010	4945	6272
1994	1017	1221	2011	5892	7394
1995	1310	1578	2012	6667	8389
1996	1572	1926	2013	7485	9430
1997	1617	2090	2014	8383	10489
1998	1604	2171	2015	9223	11422
1999	1604	2229	2016	10130	12363
2000	1714	2282	2017	10955	13432
2001	1803	2407	2018	12124	14617
2002	1917	2529	2019	13328	16021
2003	2050	2690	2020	13713	17131
2004	2326	3027	2021	15916	18931
2005	2749	3370	2022	16632	20133
2006	3072	3731			

资料来源：国家统计局数据（https：//data.stats.gov.cn/easyquery.htm？cn＝C01）。

三、实验内容

1. 建立工作文件并对模型进行回归
2. 扩大工作文件区间（range）
3. 设定相应的自变量值
4. 预测

四、实验步骤

（一）建立工作文件并对模型进行回归

与第二节的实验类似，通过菜单方式或命令方式建立一个 1990—2022 年的年度数据工作文件，用 CONS 表示人均消费序列，INCO 表示人均收入序列，建立一元线性回归模型，进行回归并输出回归结果（图 4-5）。

```
Equation: UNTITLED   Workfile: UNTITLED::Untitled\
View Proc Object  Print Name Freeze  Estimate Forecast Stats Resids

Dependent Variable: CONS
Method: Least Squares
Date: 05/02/23   Time: 15:59
Sample: 1990 2022
Included observations: 33

Variable          Coefficient   Std. Error    t-Statistic   Prob.

C                 -103.5434     37.58513     -2.754904     0.0097
INCO               0.826696     0.004309    191.8682       0.0000

R-squared            0.999159   Mean dependent var    5285.939
Adjusted R-squared   0.999131   S.D. dependent var    4867.749
S.E. of regression   143.4556   Akaike info criterion  12.82862
Sum squared resid    637964.6   Schwarz criterion      12.91932
Log likelihood      -209.6722   Hannan-Quinn criter.   12.85914
F-statistic          36813.40   Durbin-Watson stat     1.617398
Prob(F-statistic)    0.000000
```

图 4-5　农村居民人均消费对人均收入的回归结果

(二) 扩大工作文件区间 (range)

用菜单方式可以扩大工作文件区间，双击工作文件窗口菜单栏中的"Range"，在弹出的"Workfile Structure"对话框（图 4-6）中将原工作文件的终止期 2022 改为 2023（意指预测 2023 年度），类似地，如果是截面数据，则要在原来的范围上加 1，如第一节的例题，原模型有 13 个截面，预测时要相应地将 13 改为 14。单击"OK"按钮后，会立即显示工作文件区间发生变化，如图 4-7 所示，已显示工作文件区间为 1990—2023 年。

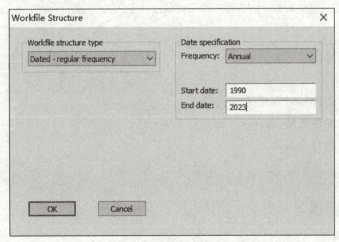

图 4-6　"Workfile Structure"对话框

用命令方式也可以完成上述操作，如在命令窗口中输入：expand 1990 2023。如果是截面数据，范围相应扩大，如第一节的例子，用命令方式扩大样本范围，原来是 13，现在改为 14，命令应为：expand 14，执行命令后，会立即显示工作文件区间发生变化。

第四章 一元线性回归模型　73

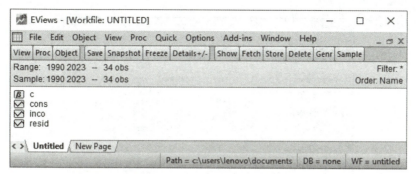

图 4-7　工作文件区间改变结果

（三）设定相应的自变量值

预测前需要给定解释变量的设定值。双击打开解释变量序列 INCO，由于原序列的数据终止期为 2022，即没有 2023 年的数据，此时序列窗口显示最后一个单元格，即 2023 年的数据为"NA"（若是截面数据，则序列最后一个单元格为"NA"），且为灰色状态，处于不可编辑状态，不能输入数据（图 4-8），需要先单击序列窗口菜单栏上的"Edit+/－"选项，然后输入设定值，如输入 21000。

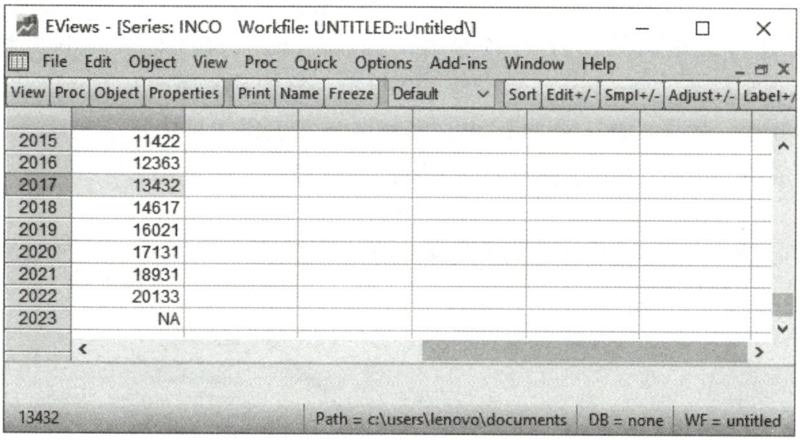

图 4-8　解释变量序列 INCO

（四）预测

解释变量值设定完毕后，需要调出原回归窗口。可以利用菜单方式调出，单击工作文件中回归窗口图标（在进行改变工作文件区间等操作时，工作窗口出现了新的界面并覆盖了回归界面，将其拖动可以显现回归界面，单击回归界面，回归界面即可出现在最上面，表示回归界面处于活动状态）。也可以通过命令方式调出，在命令窗口中输入命令或执行原先已经输入的命令：ls cons c inco，执行命令后，弹出回归窗口。在弹出的回归窗口菜单栏中单击"Forecast"选项，将弹出"Forecast"对话框（图 4-9）。

在"Forecast"对话框中，"Series names"（序列名）一栏中有两个重要内容。一是"Forecast name"（预测序列名），软件会产生一个格式为"被解释变量名称+f"的预测

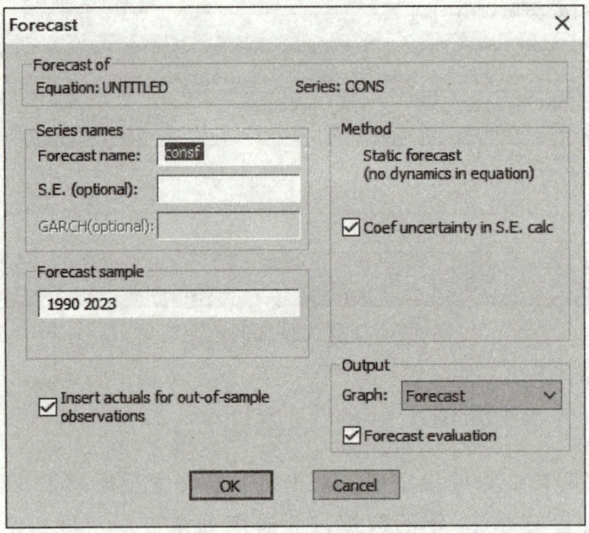

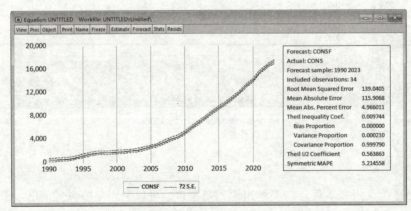

图 4-9 "Forecast" 对话框

序列名，在本例中为"consf"，一般不需要改动。如果想要变更预测序列名，可以在右边的文本框中输入新的预测序列名。二是"S.E（optional）"（标准差选择），用于计算预测区间。为了方便，应在右边的文本框中输入预测标准差序列名，格式为"预测序列名＋se"，一定要保持这里的预测序列名与上一格的名称一致，如本例中预测序列名为"consf"，因而应输入"consfse"。相应地，如果上一格的预测序列名改变，此文本框中前半部分也应改变。如果不输入预测标准差序列名，则工作文件中不会显示预测标准差序列。输入完成后，单击"OK"按钮，即显示预测趋势图（图4-10）。

图 4-10 预测趋势图

完成上述操作的同时，工作文件窗口中将产生预测序列和预测标准差序列，本例中预测序列名为CONSF，打开该序列，即可显示预测序列数据（图4-11）。本例中，CONSF序列最后一个（2023年）数据为 17257.08，即 $\mathrm{cons}_f = 17257.08$，它表示农村居民人均收入为 21000 元时的人均消费预测值。

如果需要查看或进一步计算预测区间，可以单击预测标准差序列将其打开。本例中，

Series: CONSF Workfile: UNTITLED::Untitled							
View	Proc	Object	Properties	Print	Name	Freeze	Default Sort Edit+/- Smpl

年份	值
2003	2120.269
2004	2398.866
2005	2682.423
2006	2980.860
2007	3473.571
2008	4029.111
2009	4389.550
2010	5081.495
2011	6009.048
2012	6831.611
2013	7692.201
2014	8567.673
2015	9338.980
2016	10116.90
2017	11000.64
2018	11980.27
2019	13140.96
2020	14058.59
2021	15546.64
2022	16540.33
2023	17257.08

图 4-11　预测序列数据

打开 CONSFSE 序列，从最后一行数据可以看到 2023 年人均消费预测值的标准差为 158.4170（图 4-12）。可利用预测区间的计算公式计算出预测区间。

Series: CONSFSE Workfile: UNTITLED::Untitled							
View	Proc	Object	Properties	Print	Name	Freeze	Default Sort Edit+/- Smpl

年份	值
2003	146.5447
2004	146.3883
2005	146.2438
2006	146.1077
2007	145.9190
2008	145.7602
2009	145.6879
2010	145.6168
2011	145.6617
2012	145.8356
2013	146.1520
2014	146.6140
2015	147.1372
2016	147.7738
2017	148.6279
2018	149.7346
2019	151.2586
2020	152.6226
2021	155.1226
2022	156.9833
2023	158.4170

图 4-12　预测标准差序列数据

第四节
跨时期结构变动的邹检验*

一、实验要求

掌握跨时期结构变动的邹检验（Chow Test）方法。理解邹检验的原理。在 EViews 中，邹检验包括邹断点检验（Chow Breakpoint Test）和邹预测检验（Chow Forecast Test）。

二、建模思路与实验数据

工业发展有利于提升工业制成品的国际竞争力，促进贸易由初级产品出口向工业制成品出口转变。本实验拟建立出口与工业发展水平的一元线性回归模型，用工业增加值反映工业发展水平，用出口总额表示出口，并进行邹检验。实验选用 1990—2021 年中国出口总额与工业增加值数据（表 4-3）。

表 4-3　1990—2021 年中国出口总额与工业增加值　　　　　　单位：亿元

年份	出口总额	工业增加值	年份	出口总额	工业增加值
1990	2985.8	6904.7	2006	77597.2	92238.4
1991	3827.1	8138.2	2007	93627.1	111693.9
1992	4676.3	10340.5	2008	100394.9	131727.6
1993	5284.8	14248.8	2009	82029.69	138095.5
1994	10421.8	19546.9	2010	107022.8	165126.4
1995	12451.8	25023.9	2011	123240.6	195142.8
1996	12576.4	29529.8	2012	129359.3	208905.6
1997	15160.7	33023.5	2013	137131.4	222337.6
1998	15223.6	34134.9	2014	143883.8	233856.4
1999	16159.8	36015.4	2015	141166.8	236506.3
2000	20634.4	40259.7	2016	138419.3	245406.4
2001	22024.4	43855.6	2017	153309.4	275119.3
2002	26947.9	47776.3	2018	164128.8	301089.3
2003	36287.9	55363.8	2019	172373.6	311858.7
2004	49103.3	65776.8	2020	179278.8	312902.9
2005	62648.1	77960.5	2021	217287.4	372575.3

资料来源：《中国统计年鉴》。

三、实验内容

1. 建立工作文件，创建序列并输入数据
2. 绘制散点图
3. 建立模型并回归
4. 邹断点检验
5. 邹预测检验

四、实验步骤

（一）建立工作文件，创建序列并输入数据

用命令方式（输入命令：create a 1990 2021）或菜单方式建立一个1990—2021年的工作文件，创建序列 EX（出口总额）、IND（工业增加值）（输入命令：data ex ind），并将表4-3中的数据复制到序列组中。

（二）绘制散点图

通过命令方式（输入命令：scat ind ex）或菜单方式，绘制序列 EX 与 IND 的散点图（图4-13）。

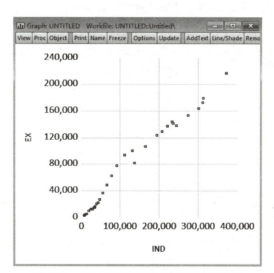

图4-13 出口总额与工业增加值的散点图

（三）建立模型并回归

通过散点图可以观察到，出口总额与工业增加值大体呈线性关系，建立如下一元线性回归模型：

$$ex = \beta_0 + \beta_1 ind + \mu \tag{4.3}$$

运用命令方式(在命令窗口中输入：ls ex c ind)，对模型进行回归，回归结果如图 4-14 所示。

回归结果可以表示为：

$$\hat{ex} = 3313.783 + 0.577851\ ind \tag{4.4}$$

Equation: UNTITLED Workfile: UNTITLED::Untitled\
View Proc Object Print Name Freeze Estimate Forecast Stats Resids

Dependent Variable: EX
Method: Least Squares
Date: 05/02/23 Time: 21:24
Sample: 1990 2021
Included observations: 32

Variable	Coefficient	Std. Error	t-Statistic	Prob.
C	3313.783	2690.563	1.231632	0.2277
IND	0.577851	0.015936	36.26031	0.0000

R-squared	0.977692	Mean dependent var	77395.78
Adjusted R-squared	0.976948	S.D. dependent var	65229.25
S.E. of regression	9903.593	Akaike info criterion	21.29964
Sum squared resid	2.94E+09	Schwarz criterion	21.39125
Log likelihood	-338.7943	Hannan-Quinn criter.	21.33001
F-statistic	1314.810	Durbin-Watson stat	0.329223
Prob(F-statistic)	0.000000		

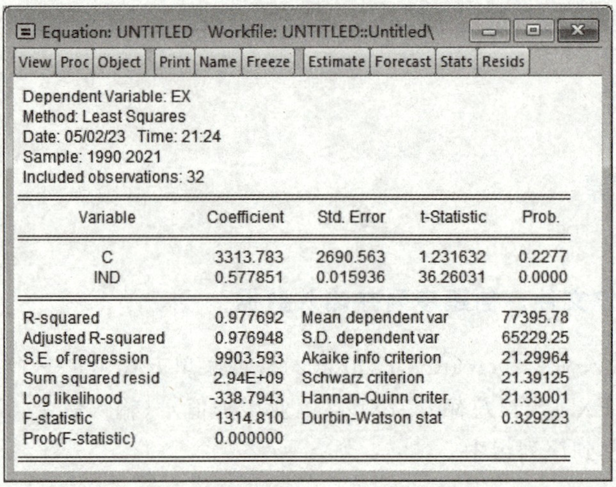

图 4-14 出口总额对工业增加值的回归结果

（四）邹断点检验

通过散点图大致可以看出，当工业增加值在 13000 亿元左右时，散点图有明显的间断，对应年份为 2008 年，正好是美国次贷危机时期，出口可能受到较大影响。在回归窗口执行【View】→【Stability Diagnostics】→【Chow Breakpoint Test】命令，弹出图 4-15 所示的邹断点检验对话框。

图 4-15 邹断点检验对话框

在弹出的对话框中输入断点时间 2008，单击“OK”按钮，结果如图 4-16 所示。

在图 4-16 的结果中，F 统计量为 28.96902，P 值为 0.0000，说明在 1%的水平上拒绝零假设，即在 2008 年前后两个子样本拟和的模型存在显著差异，说明该模型在此期间存在显著的跨时期结构变动。由此可以判定，在 2008 年前后存在着两个不同的拟和模型，因此需要对两个时期分别建立模型。

（五）邹预测检验

邹预测检验与邹断点检验步骤非常相似，在回归窗口执行【View】→【Stability Diagnostics】→【Chow Forecast Test】命令，弹出图 4-17 所示的对话框，输入 2008，结果如图 4-18 所示。由 P 值可知，2008 年之后出口总额发生了变化。

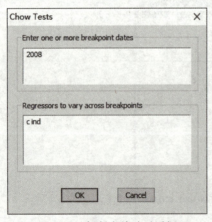

第四章 一元线性回归模型

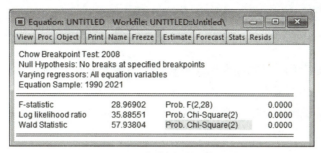

图 4-16 邹断点检验结果

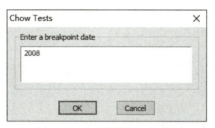

图 4-17 邹预测检验对话框

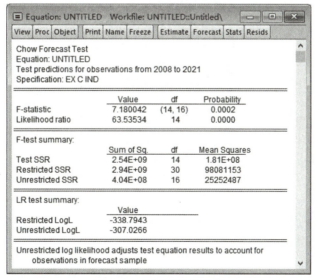

图 4-18 邹预测检验结果

小结

回归分析是研究变量之间依存关系的一种方法，其实质是由解释变量去估计被解释变量的平均值。回归模型的函数形式有很多种，最简单的是线性形式。只有一个解释变量的线性回归模型为一元线性回归模型。

线性回归模型的参数估计方法有很多种，OLS 是最为常用的估计方法。完成参数估计后，可以进一步进行拟合优度检验、参数显著性检验。

思考题

1. 在建立计量经济模型时,为什么要引入随机误差项?
2. OLS 估计的思想是什么?
3. 如何进行拟合优度检验?为什么残差平方和不能作为拟合优度的度量指标?

第五章 多元线性回归模型

第一节 知识准备

一、多元线性回归模型概述

现实中，引起被解释变量变化的因素往往并非一个，因此，需要在一元线性回归模型的基础上增加解释变量，构建多元线性回归模型，如：

$$y_i = \beta_0 + \beta_1 x_{1i} + \beta_2 x_{2i} + \cdots + \beta_k x_{ki} + \mu_i \tag{5.1}$$

式中，y 为被解释变量；x 为解释变量；β_0，β_1，$\cdots$，β_k 为参数；μ 为随机误差项；i 为观察值个数。给定 n 个观察值，式(5.1) 可以表示为：

$$\begin{bmatrix} y_1 \\ y_2 \\ \vdots \\ y_T \end{bmatrix} = \begin{bmatrix} 1 & x_{11} & \cdots & x_{1j} & \cdots & x_{1k} \\ 1 & x_{21} & \cdots & x_{2j} & \cdots & x_{2k} \\ \vdots & \vdots & & \vdots & & \vdots \\ 1 & x_{T1} & \cdots & x_{Tj} & \cdots & x_{Tk} \end{bmatrix} \begin{bmatrix} \beta_0 \\ \beta_1 \\ \vdots \\ \beta_k \end{bmatrix} + \begin{bmatrix} u_1 \\ u_2 \\ \vdots \\ u_T \end{bmatrix} \tag{5.2}$$

简便起见，式(5.2) 可以用矩阵表示为：

$$Y = XB + U \tag{5.3}$$

二、多元线性回归模型的估计

式(5.3) 用矩阵形式给出了多元线性回归模型，类似地，多元样本回归模型可表示为：

$$Y = X\hat{B} + e \tag{5.4}$$

对式(5.4) 两边同时乘以样本观察值矩阵的转置 X'，有 $X'Y = X'X\hat{B} + X'e$，由残差平方和最小，可知 $X'e=0$，得到正规方程组：

$$X'Y=X'X\hat{B} \tag{5.5}$$

在满足经典假定条件下，$(X'X)^{-1}$ 存在，用 $(X'X)^{-1}$ 左乘式(5.5)两端，得到参数向量的 OLS 估计量：

$$\hat{B}=(X'X)^{-1}X'Y \tag{5.6}$$

三、多元线性回归模型的检验

多元线性回归模型的检验与一元线性回归模型基本类似，但又有所区别。

（一）拟合优度检验

多元线性回归模型的拟合优度检验也是通过总离差平方和的分解，构造检验统计量——多重判定系数。但是在实践中，人们发现随着模型解释变量个数的增多，多重判定系数会虚增，从而使人们误以为模型的解释功能较强。因为，在样本容量一定的条件下，解释变量个数增加，回归平方和的项数会增加，从而提高拟合优度。为了剔除解释变量个数的影响，需要构造一个指标，该指标被称为修正的判定系数，也称调整的 R 方，记为 $\overline{R}^2$。

$$\overline{R}^2=1-\frac{\text{ESS}/(n-k-1)}{\text{TSS}/(n-1)} \tag{5.7}$$

（二）模型总体显著性检验

模型总体显著性检验是检验全部解释变量对模型的共同影响是否显著，通过 F 检验来完成，具体步骤如下。

① 提出假设。$H_0: \beta_1=\beta_2=\cdots=\beta_k=0$，$H_1: \beta_i$ 不全为零。

② 计算统计量。通过总离差平方和的分解，计算回归均方差和误差均方差，构造 F 统计量：

$$F=\frac{\text{ESS}/k}{\text{RSS}/(n-k-1)} \tag{5.8}$$

③ 检验判断。当 $F>F_{\alpha(k,n-k-1)}$ 时，拒绝零假设，即模型整体上显著。

四、参数显著性检验

多元线性回归模型的参数显著性检验与一元线性回归模型类似，也是通过假设检验（t 检验）进行的。需要说明的是，F 检验显著，t 检验不一定显著，但 F 检验不显著，t 检验一定不显著。所以，对于多元线性回归模型，应该先进行总体显著性检验，即 F 检验，只有通过了 F 检验，才进行 t 检验，如果未能通过 F 检验，应该修改模型之后再做分析。

第二节

多元线性回归模型的估计

一、实验要求

掌握建立多元线性回归模型的估计和检验方法。理解判定系数 R^2、调整后的判定系数 $\overline{R}^2$、模型显著性检验（F 检验）和参数显著性检验（t 检验）。

二、建模思路与实验数据

增加农民收入是"三农"工作的重点。中国正处于经济由高速发展向高质量发展转变和快速城镇化的阶段。经济发展拓宽了农民增收途径，城镇化创造了更多的就业岗位。本节拟构建二元线性回归模型，分析经济发展和城镇化对农民收入的影响，用农村居民人均可支配收入表示农民收入水平，用国内生产总值（GDP）表示经济发展水平，用城镇化率（城镇人口/总人口）表示城镇化水平，实验选用 2021 年中国 31 个省份的农村居民人均可支配收入、GDP、城镇化率数据（表 5-1）。

表 5-1　2021 年中国 31 个省份的农村居民收入及相关数据

地区	农村居民人均可支配收入/元	GDP/亿元	城镇化率/(%)	地区	农村居民人均可支配收入/元	GDP/亿元	城镇化率/(%)
北京	33303	41045.6	87.53	湖北	18259	50091.2	64.08
天津	27955	15685.1	84.85	湖南	18295	45713.5	59.71
河北	18179	40397.1	61.14	广东	22306	124719.5	74.63
山西	15308	22870.4	63.42	广西	16363	25209.1	55.07
内蒙古	18337	21166.0	68.21	海南	18076	6504.1	60.98
辽宁	19217	27569.5	72.81	重庆	18100	28077.3	70.33
吉林	17642	13163.8	63.37	四川	17575	54088	57.82
黑龙江	17889	14858.2	65.70	贵州	12856	19458.6	54.34
上海	38521	43653.2	89.31	云南	14197	27161.6	51.04
江苏	26791	117392.4	73.94	西藏	16932	2080.2	36.61
浙江	35247	74040.8	72.66	陕西	14745	30121.7	63.63
安徽	18372	42565.2	59.40	甘肃	11433	10225.5	53.33
福建	23229	49566.1	69.69	青海	13604	3385.1	60.94
江西	18684	29827.8	61.46	宁夏	15337	4588.2	66.07

续表

地区	农村居民人均可支配收入/元	GDP/亿元	城镇化率/(%)	地区	农村居民人均可支配收入/元	GDP/亿元	城镇化率/(%)
山东	20794	82875.2	63.94	新疆	15575	16311.6	57.24
河南	17533	58071.4	56.45				

资料来源：《中国统计年鉴》。

三、实验内容

1. 创建工作文件
2. 创建序列对象，输入数据
3. 建立模型并回归
4. 输出残差图
5. 模型检验和分析

四、实验步骤

（一）创建工作文件

与一元线性回归模型的操作类似，也是先用菜单方式（执行【File】→【New】→【Workfile】命令）或用命令方式（输入命令：create u 31），创建一个容量为 31 的横截面序列工作文件。

（二）创建序列对象，输入数据

先分别给农村居民人均可支配收入、GDP、城镇化率序列起名为 INCO、GDP、URB，然后在命令窗口中输入命令：data inco gdp urb，打开实验数据包，将数据复制并粘贴在组窗口中的数据区域。

（三）建立模型并回归

模拟建立二元线性回归模型：

$$inco = \beta_0 + \beta_1 gdp + \beta_2 urb + \mu$$

用软件进行回归分析，在命令窗口中输入回归命令：ls inco c gdp urb，软件自动显示回归结果（图 5-1）。

（四）输出残差图

在回归窗口执行【View】→【Actual，Fitted，Residual】→【Actual，Fitted，Residual Graph】命令，或直接单击回归窗口的【Resids】选项，系统将直接显示残差趋势图（图 5-2）。

如果想观察具体的数据，在回归窗口执行【View】→【Actual，Fitted，Residual】→

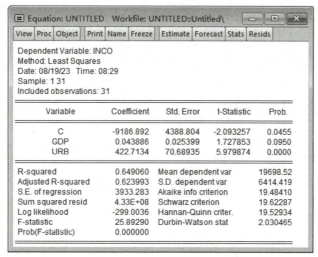

图 5-1 农村居民人均可支配收入的回归结果

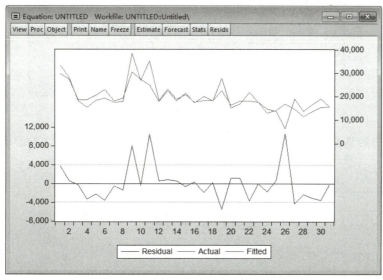

图 5-2 残差趋势图

【Actual，Fitted，Residual Tab】命令，或直接在残差趋势图中执行【View】→【Actual，Fitted，Residual】→【Actual，Fitted，Residual Tab】命令，就可得到具体的残差数据列表（图 5-3）。

（五）模型检验和分析

图 5-1 中的回归结果显示，$\overline{R}^2$ 为 0.623993，说明在模型中被解释变量的 62.4% 可以由解释变量解释，对于横截面数据而言，模型拟合情况较好。

本例中，F 统计量为 25.89290，P 值为 0.000000，小于 0.01，高度显著，表明该回归模型整体上显著。

从单个参数的显著性来看，gdp 的系数对应的 P 值在 10% 的水平上显著，urb 的系数的

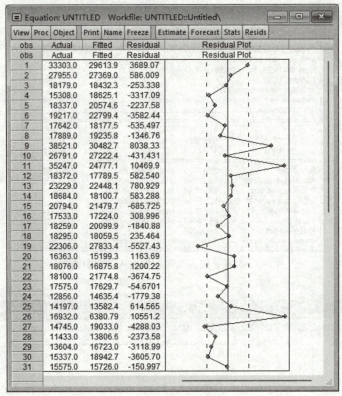

图 5-3 残差数据列表

P 值通过了 1% 的显著性检验，表明城镇化率对农村居民人均可支配收入的影响更为显著。

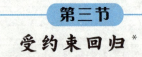

第三节 受约束回归*

一、实验要求

理解受约束回归的思想，学会建立受约束回归模型，能够利用软件对受约束回归模型进行约束条件检验。

二、建模思路与实验数据

劳动、资本是基本的生产要素，本节拟构建 C-D 生产函数，研究 GDP 与劳动和资本要素的关系，通过受约束回归模型，检验劳动和资本的产出是否满足规模报酬不变的假设。实验选用 1985—2017 年山东省地区生产总值、从业人员数量与资本形成总额数据（表 5-2）。

表 5-2　1985—2017 年山东省地区生产总值、从业人员数量与资本形成总额数据

年份	lny	lnl	lnk	年份	lny	lnl	lnk
1985	6.52	8.18	5.54	2002	9.22	8.61	8.48
1986	6.61	8.20	5.63	2003	9.30	8.62	8.64
1987	6.79	8.23	5.92	2004	9.50	8.63	8.92
1988	7.02	8.27	6.13	2005	9.68	8.65	9.15
1989	7.17	8.28	6.29	2006	9.85	8.66	9.32
1990	7.32	8.30	6.46	2007	10.03	8.67	9.48
1991	7.50	8.35	6.70	2008	10.21	8.67	9.65
1992	7.69	8.37	6.95	2009	10.29	8.67	9.80
1993	7.93	8.38	7.22	2010	10.43	8.69	9.98
1994	8.25	8.39	7.48	2011	10.57	8.69	10.12
1995	8.51	8.56	7.71	2012	10.67	8.68	10.22
1996	8.68	8.56	7.91	2013	10.77	8.67	10.34
1997	8.79	8.57	8.06	2014	10.84	8.67	10.43
1998	8.86	8.57	8.13	2015	10.92	8.66	10.48
1999	8.92	8.58	8.19	2016	10.98	8.65	10.45
2000	9.02	8.59	8.32	2017	11.05	8.65	10.50
2001	9.11	8.60	8.39				

注：资料根据《山东省统计年鉴》整理。y、l、k 分别代表山东省地区生产总值（亿元）、年末从业人员数量（万人）、资本形成总额（亿元），表中数据为自然对数。

三、实验内容

1. 基础准备
2. 初步回归
3. 设定约束条件并检验
4. 结果分析

四、实验步骤

（一）基础准备

① 创建工作文件（输入命令：create a 1985 2017）。
② 定义变量序列组（输入命令：data lny lnl lnk）。
③ 输入数据（将所用数据复制并粘贴到序列组中）。

（二）初步回归

利用表 5-2 中的数据，建立以下模型：

$$\ln y = \beta_0 + \beta_1 \ln l + \beta_2 \ln k + \mu \tag{5.9}$$

在命令窗口输入命令：ls lny c lnl lnk，对式(5.9) 进行回归，得到回归结果（图 5-4）。

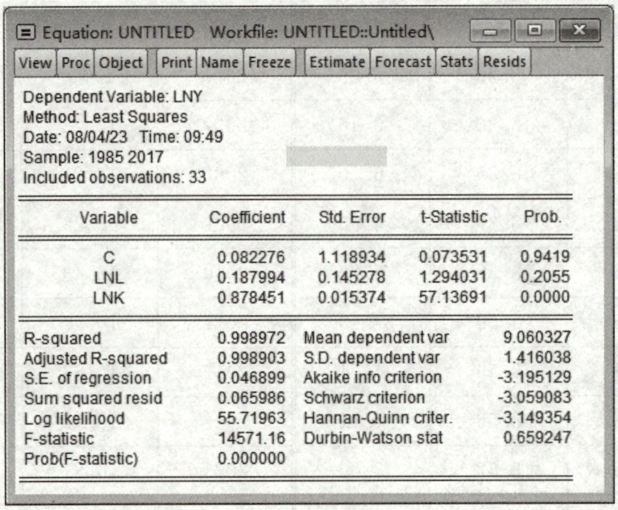

Equation: UNTITLED Workfile: UNTITLED::Untitled\

View | Proc | Object | Print | Name | Freeze | Estimate | Forecast | Stats | Resids

Dependent Variable: LNY
Method: Least Squares
Date: 08/04/23 Time: 09:49
Sample: 1985 2017
Included observations: 33

Variable	Coefficient	Std. Error	t-Statistic	Prob.
C	0.082276	1.118934	0.073531	0.9419
LNL	0.187994	0.145278	1.294031	0.2055
LNK	0.878451	0.015374	57.13691	0.0000

R-squared	0.998972	Mean dependent var	9.060327
Adjusted R-squared	0.998903	S.D. dependent var	1.416038
S.E. of regression	0.046899	Akaike info criterion	-3.195129
Sum squared resid	0.065986	Schwarz criterion	-3.059083
Log likelihood	55.71963	Hannan-Quinn criter.	-3.149354
F-statistic	14571.16	Durbin-Watson stat	0.659247
Prob(F-statistic)	0.000000		

图 5-4 回归结果

图 5-4 的回归结果显示，$\overline{R}^2$ 为 0.998903，F 统计量（14571.16）很大，说明模型整体拟合较好。从单个参数的显著性来看，资本高度显著，而劳动未能通过显著性检验，说明经济增长主要是由投资拉动的。

（三）设定约束条件并检验

1. 施加约束条件

在实证分析中，有时人们会根据经济理论，对模型中的参数施加一定的约束条件，施加约束条件后的模型称受约束回归模型。比如对本例模型中的生产函数施加约束条件：$\beta_1+\beta_2=1$，称生产函数的一次齐次性，该条件成立表明规模报酬不变。

2. 受约束回归的检验

在不同的模型和不同的场合中，施加的约束条件可能不同，如参数的线性约束、非线性约束常常用于参数的齐次性检验、模型的稳定性检验、模型变量的增加或减少检验等。以参数的线性约束为例，假设有如下模型：

$$y = \beta_0 + \beta_1 x_1 + \beta_2 x_2 + \cdots + \beta_k x_k + \mu \tag{5.10}$$

施加约束 $\beta_1+\beta_2=1$，可得：

$$y = \beta_0 + \beta_1 x_1 + (1-\beta_1) x_2 + \cdots + \beta_k x_k + \mu \tag{5.11}$$

即
$$y - x_2 = \beta_0 + \beta_1 (x_1 - x_2) + \cdots + \beta_k x_k + \mu^*$$

$$y^* = \beta_0 + \beta_1 x_1^* + \cdots + \beta_k x_k + \mu^* \tag{5.12}$$

如果约束条件为真，对式(5.12) 进行回归，可以估计出 β_1，由约束条件可得 $\beta_2=1-\beta_1$。问题是能否施加约束？

更一般地，受约束的残差可以表示为：

$$e_* = Y - X\hat{B}_* = X\hat{B} + e - X\hat{B}_* = e - X(\hat{B}_* - \hat{B}) \quad (5.13)$$

受约束回归的残差平方和为：

$$RSS_R = e'_* e_* = e'e + (\hat{B}_* - B)'X'X(\hat{B}_* - \hat{B}) \quad (5.14)$$

无约束回归的残差平方和为：

$$RSS_U = e'e \quad (5.15)$$

由此可知，$RSS_R \geqslant RRS_U$，即受约束回归的残差平方和大于无约束回归的残差平方和。在同一样本条件下，两个模型有着同样的变量，也就是说，总离差平方和相同，所以两个模型的回归平方和有 $ESS_R \leqslant ERS_U$。由此表明，施加约束条件会降低模型的解释能力。

如果约束条件为真，两个模型的解释能力应该相同或相近，也就是说，$RSS_R - RRS_U$ 会很小，由此构造 F 检验统计量：

$$F = \frac{(RSS_R - RRS_U)/(k_U - k_R)}{RSS_U/(n - k_U - 1)} \sim F(k_U - k_R, n - k_U - 1) \quad (5.16)$$

式(5.16)中，$k_U - k_R$ 为约束条件个数。如果 $F > F_\alpha$，说明受约束回归的残差平方和与无约束回归的残差平方和差异较大，拒绝零假设，即不能施加约束条件。

类似地，还有似然比（LR）检验、拉格朗日乘数（LM）检验、沃尔德（Wald）检验。LR 检验和 F 检验相似，需要估计受约束、无约束两个模型；LM 检验只需要估计受约束模型；Wald 检验只需要估计无约束模型。这里选择 Wald 检验，先估计无约束模型，然后直接对参数的约束条件进行检验。本例中，Wald 检验如下。

(1) 原假设

$$\beta_1 + \beta_2 = 1$$

(2) 统计量

$$W = \frac{(\hat{\beta}_1 + \hat{\beta}_2 - 1)^2}{\tilde{\sigma}^2_{\hat{\beta}_1 + \hat{\beta}_2}} \sim \chi^2(1)$$

(3) 检验判断

$W > \chi^2_\alpha$ 时，拒绝原假设，即不能施加约束条件。

3. 软件实现

在无约束回归窗口执行【View】→【Cofficient Diagnostics】→【Wald Test-Coefficient Restrictions】命令（图 5-5），弹出"Wald Test"对话框（图 5-6），输入：c(2)+c(3)=1。在 EViews 中，常数项的参数默认为 c(1)，后面变量的参数将自动按顺序排列为 c(2)、c(3)……本例中 ln$l$ 的系数为 c(2)，ln$k$ 的系数为 c(3)。单击"OK"按钮，输出 Wald 检验结果（图 5-7）。

(四) 结果分析

图 5-7 的检验结果显示，$\chi^2 = 0.257521$，P 值为 0.6118，说明不能拒绝约束条件。另外，从 F 统计量和对应的 P 值来看，也不能拒绝零假设，因此可以得出同样的结论，即 c(2)+c(3)=1 的先验假设得到支持，因此可以认为该模型是规模报酬不变的。该结果与无约束回归结果中的 ln$l$、ln$k$ 的估计参数之和（0.187994+0.878451=1.066445）存在一定差异，主要原因可能是劳动对经济增长的影响不显著，其回归系数的标准差过大。

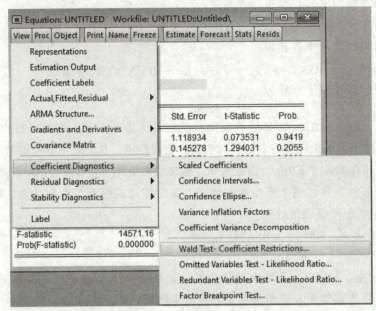

图 5-5 Wald Test 检验操作示意图

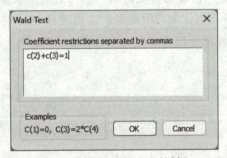

图 5-6 "Wald Test" 对话框

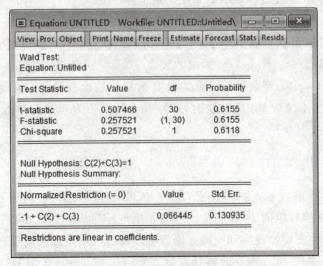

图 5-7 Wald 检验结果

小结

多元线性回归模型是将总体回归函数描述为一个被解释变量与多个解释变量之间线性关系的模型。通常，多元线性回归模型可以用矩阵形式表示。

多元线性回归模型的估计方法与一元线性回归模型类似，在满足经典假定的条件下，OLS 是最为常用的估计方法，也是最佳线性无偏估计。参数估计后可以进一步进行拟合优度检验、参数显著性检验等。与一元线性回归模型的区别是，拟合优度检验采用调整后的判定系数，同时在进行单个参数的显著性检验之前，还需要进行模型总体显著性检验，即 F 检验。

思考题

1. 在多元线性回归模型中，为何要对判定系数进行调整？$\overline{R}^2$ 与 F 统计量的关系是什么？

2. 什么是方差分析？方差分析与拟合优度度量的联系和区别是什么？

3. 在多元线性回归模型中，F 检验与 t 检验的关系是什么？为什么在进行了 F 检验后还要进行 t 检验？

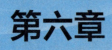

非线性回归模型

第一节 知识准备

一、非线性回归模型的种类及运用

现实中，变量之间的关系常常表现为复杂的非线性关系。常见的非线性回归模型有以下几种。

（一）双曲线模型

$$y = \alpha + \frac{\beta}{x} + \mu \quad \text{或} \quad \frac{1}{y} = \alpha + \beta x + \mu \tag{6.1}$$

$$\frac{1}{y} = \alpha + \frac{\beta}{x} + \mu \tag{6.2}$$

在经济生活中，有些变量或其倒数与其他变量或其他变量的倒数之间存在一定的关系，如工资变化与失业率、平均固定成本与产量等。双曲线模型有一个显著的特点，即随着解释变量 x 的无限增大，被解释变量会有一个渐进的上限或下限（α 或 $1/\alpha$）。

（二）多项式模型

$$y = \beta_0 + \beta_1 x + \beta_2 x^2 + \mu \tag{6.3}$$

$$y = \beta_0 + \beta_1 x + \beta_2 x^2 + \beta_3 x^3 + \mu \tag{6.4}$$

$$\vdots$$

多项式模型的形式有很多，式(6.3) 和式(6.4) 分别为最常见的二次多项式和三次多项式。二次多项式有着广泛的应用，比如著名的库兹涅茨收入不平等倒 U 形假说，如果一次项系数为正，二次项系数为负，函数图形正好为倒 U 形的抛物线，二次多项式可以检验收入不平等假说，甚至可以检验环境污染与经济发展之间是否存在倒 U 形假说。

二次多项式意味着可能存在一个最优区间，如农作物产量与施肥量之间可能呈现出这样一种关系：在合理范围内，增加施肥量，产量增加，但当施肥量超过某个临界值时，增加施肥量，产量会下降。当然，如果二次项系数为正，一次项系数为负，则函数呈现 U 形，如离婚率与经济水平之间、生育率与经济水平之间很可能呈现出这种关系。

总成本与产量之间、短期总产量与劳动投入之间常常表现出三次多项式的特征。如果研究此类问题，就可以采用三次项拟合。

（三）幂函数模型、指数函数模型、对数函数模型

1. 幂函数模型

$$Q = AL^{\alpha}K^{\beta}e^{\mu} \tag{6.5}$$

式(6.5)是一个典型的以 C-D 生产函数为基础构建的反映投入与产出关系的经济计量模型。该模型具于很强的普适性，应用极为广泛，其优点有以下三个。

一是较为合理地反映了投入产出关系。$\frac{\partial Q}{\partial L}>0$，$\frac{\partial Q}{\partial K}>0$，$\frac{\partial^2 Q}{\partial L^2}<0$，$\frac{\partial^2 Q}{\partial K^2}<0$，说明边际产出为正，反映了边际报酬递减规律。

二是反映了弹性。对式(6.5)两边取自然对数便可得到双对数模型，对模型求偏微分可得，$\alpha = \frac{\partial Q/Q}{\partial L/L}$，$\beta = \frac{\partial Q/Q}{\partial K/K}$，由此可知 α，β 分别为劳动和资本的产出弹性，即劳动、资本分别增加 1% 时，产出分别增加 $\alpha\%$，$\beta\%$。进一步可以判断，当 $\alpha+\beta>1$ 时，规模报酬递增；当 $\alpha+\beta=1$ 时，规模报酬不变；当 $\alpha+\beta<1$ 时，规模报酬递减。

三是可以用来测得技术进步。在取对数后，对时间 t 求导，可以得到：

$$\frac{dQ/Q}{dt} = \frac{dA/A}{dt} + \alpha \frac{dL/L}{dt} + \beta \frac{dK/K}{dt} \tag{6.6}$$

式(6.6)中，左侧为产出增长率，右侧第二、三项分别为劳动增长率、资本增长率，由此可以看出，投入增加（劳动增长、资本增长）不能完全解释产出的增长，所以右侧第一项称索洛余值，常常用来衡量技术进步。将产出增长、技术进步、劳动增长、资本增长分别记为 $\dot{Q}$，$\dot{A}$，$\dot{L}$，$\dot{K}$，式(6.6)可以简洁地表示为：

$$\dot{Q} = \dot{A} + \alpha\dot{L} + \beta\dot{K} \tag{6.7}$$

那么，技术进步贡献率 v 就可以表示为：

$$v = \frac{\dot{A}}{\dot{Q}} = 1 - \alpha\frac{\dot{L}}{\dot{Q}} + \beta\frac{\dot{K}}{\dot{Q}} \tag{6.8}$$

由此可见，只要对生产函数进行估计，得到参数 α 和 β，便可以很方便地计算出相应时期内的技术进步贡献率。

2. 指数函数模型

$$y = \alpha e^{\beta x + \mu} \tag{6.9}$$

有时，随着解释变量的增长，被解释变量增长非常快，常常表现为指数形式。在实际研究中，有些变量增长范围有限，如受教育程度、工龄等，而被解释变量则有更大的增长空间，如收入、经济增长等。所以这类现象用指数函数建立模型可能较好。如果将指数函数模型两端取自然对数，便可得到线性-对数模型，又称半对数模型，即：

$$\ln y = \ln\alpha + \beta x + \mu \tag{6.10}$$

对式(6.10)进行微分并整理可得，$\beta = \dfrac{\mathrm{d}y/y}{\mathrm{d}x}$，其含义是：当解释变量增加一个单位时，被解释变量平均增加 $100\beta\%$。

3. 对数函数模型

$$y = \alpha + \beta \ln x + \mu \tag{6.11}$$

从本质上看，幂函数、指数函数都是对数函数，式(6.11)给出了另外一种对数函数——对数-线性函数，它也是半对数模型的另外一种表现形式。

该模型的特点是：解释变量变化范围很大，而被解释变量（如城镇化率、工业化程度、学习成绩等）的变化范围较小。研究此类现象时可以考虑用对数-线性模型。

对式(6.11)进行微分并整理可得，$\beta = \dfrac{\mathrm{d}y}{\mathrm{d}x/x}$，其含义是：当解释变量增加 1% 时，被解释变量平均增加 β 个单位。

（四）成长曲线模型

成长曲线又称增长曲线，常用于研究生物有机体的生长发育过程，现被拓展应用于研究经济活动的变化过程。成长曲线模型主要包括逻辑成长曲线模型和龚伯兹成长曲线模型。

1. 逻辑（Logistic）成长曲线模型

$$y_t = \dfrac{K}{1 + \beta_0 \mathrm{e}^{-\beta_1 t + \mu}} \tag{6.12}$$

逻辑成长曲线形如 S，因而又称 S 曲线。其特点有两个：一是 y 的最小值为 0，最大值为 K，$t \to -\infty$，$y \to 0$；$t \to +\infty$，$y \to K$；二是曲线有一个拐点，在拐点之前，y 的增长速度不断加快，在拐点之后，y 的增长速度不断减慢。在经济生活中，一些新产品、新技术的推广，甚至某些产业的发展往往具有逻辑成长曲线的特点，所以逻辑成长曲线模型在这些领域内有着较多的应用。

2. 龚伯兹（Gompertz）成长曲线模型

该模型早期用于控制人口增长率，现在常常用于研究新技术、新产品的发展过程。

$$y_t = K \mathrm{e}^{-b\mathrm{e}^{-at+\mu}} \tag{6.13}$$

龚伯兹成长曲线与逻辑成长曲线非常相似，只是拐点位置不同，它也有较多的应用。

二、非线性回归模型的线性化

（一）直接代换法

在非线性回归模型中，如果参数和被解释变量之间是线性的关系，如双曲线模型、多项式模型，可以用直接代换法。

例如，对于式(6.2)，令 $y^* = \dfrac{1}{y}$，$x^* = \dfrac{1}{x}$，原模型可变为：

$$y^* = \alpha + \beta x^* + \mu \tag{6.14}$$

式(6.14)是一个线性回归模型,可用 OLS 直接估计。

(二) 间接代换法

在非线性回归模型中,如果参数和被解释变量之间是非线性的,如幂函数模型、指数函数模型、成长曲线模型,可以通过取对数来进行变换。

例如,对式(6.5)两端取对数,原模型可变为:

$$\ln Q = \ln A + \alpha \ln L + \beta \ln K + \mu \tag{6.15}$$

令 $Q^* = \ln Q$,$A^* = \ln A$,$L^* = \ln L$,$K^* = \ln K$,代入式(6.15),有:

$$Q^* = A^* + \alpha L^* + \beta K^* + \mu \tag{6.16}$$

式(6.16)是一个二元线性回归模型,用 OLS 可以方便地估计。

(三) 迭代法

如果用以上两种方法都不能将模型线性化,那么可以用迭代法进行估计。其基本思路是,通过泰勒级数展开,先使非线性回归模型在某一组初始参数估计值附近线性化,然后利用 OLS 估计,得出一组新的参数估计值。继续在该组参数估计值附近线性化,用 OLS 估计得出新的参数估计值,不断重复,直至参数估计值收敛为止。

EViews 提供了迭代法估计非线性回归模型的命令"nls"。由于在实际应用中比较少见,这里仅对其操作做简单介绍,命令格式为:nls 回归方程表达式。如果表达式较长,可以先输入"nls"命令并执行,在弹出的窗口中输入具体的回归方程表达式。回归方程表达式的第一个参数用 c(1) 表示,依次类推。

比如,对于以下模型:

$$y = a + \frac{bx_1^2 + c}{\sqrt{dx_2 + e}} + \mu \tag{6.17}$$

应输入回归方程表达式:y=c(1)+(c(2)*x1^2+c(3))/((c(4)*x2)^0.5+c(5))。

第二节

直接代换法估计非线性回归模型

一、实验要求

掌握直接代换法,能利用直接代换法对多项式模型、双曲线模型进行线性化,并能利用软件对这两类模型进行参数估计。

二、建模思路与实验数据

有效利用外资是开放经济条件下经济发展的特征。通过"引进来",可以更好地借鉴和吸收国外先进的技术和管理经验,但它也会带来环境问题,如发达国家将高污染性的产业转移到发展中国家。也就是说,外资利用可能是一把"双刃剑"。为捕捉这种关系,本节拟建立环境污染与利用外资的非线性回归模型。用二氧化硫排放量反映环境污染状况,实验选用1990—2021年中国二氧化硫(SO_2)排放量与外国直接投资(FDI)数据(表6-1)。

表6-1 1990—2021年中国 SO_2 排放量与 FDI 数据

年份	SO_2 排放量/万吨	FDI/亿美元	年份	SO_2 排放量/万吨	FDI/亿美元
1990	1495	34.87	2006	2588.8	630.21
1991	1622	43.66	2007	2468.1	747.68
1992	1685	110.08	2008	2321.2	923.95
1993	1795	275.15	2009	2214.4	900.33
1994	1825	337.67	2010	2185	1057.35
1995	1899	375.21	2011	2217.9	1160.11
1996	1937	417.26	2012	2118	1117.16
1997	2346	452.57	2013	2043.9	1175.86
1998	2091	454.63	2014	1974	1195.62
1999	1857	403.19	2015	1859.1	1262.67
2000	1995.1	407.15	2016	854.89	1260.01
2001	1947.8	468.78	2017	610.84	1310.35
2002	1926.6	527.43	2018	516.12	1349.66
2003	2158.7	535.05	2019	457.29	1381.35
2004	2254.9	606.3	2020	318.22	1443.69
2005	2549.3	603.25	2021	274.78	1734.83

资料来源:《中国统计年鉴》。

三、实验内容

1. 建立工作文件
2. 创建序列组并输入数据
3. 构建非线性回归模型
4. 模型代换
5. 模型估计

四、实验步骤

(一)建立工作文件

用命令方式或菜单方式,创建一个时间范围为1990—2021年的时间序列工作文件。

在命令方式下,输入命令:create a 1990 2021。

(二) 创建序列组并输入数据

通过命令方式创建序列组,在命令窗口输入命令:data so2 fdi,创建两个变量序列,将表中数据复制到序列组中。

(三) 构建非线性回归模型

利用软件绘制散点图。在命令窗口输入命令:scat fdi so2,或利用菜单方式在序列组窗口执行【View】→【Graph】→【Scatter】命令,软件将给出 SO_2 排放量与 FDI 的散点图(图 6-1)。

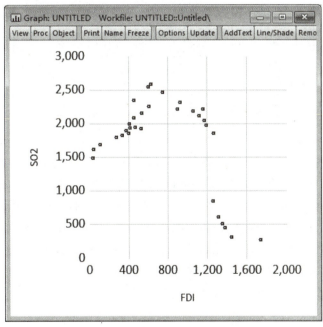

图 6-1 SO_2 排放量与 FDI 的散点图

由散点图可以观察到,随着 FDI 的增加,SO_2 排放量先增加,到达一个顶点后,逐步下降,呈现出倒 U 形的特征,故拟建立以下二次多项式模型:

$$so_2 = \beta_0 + \beta_1 fdi + \beta_2 fdi^2 + \mu \tag{6.18}$$

(四) 模型代换

令 $fdi2 = fdi^2$,将其代入式(6.18),模型变为线性模型,有:

$$so_2 = \beta_0 + \beta_1 fdi + \beta_2 fdi2 + \mu \tag{6.19}$$

由此可见,一个一元二次方程转化为一个二元一次方程。式(6.19)是一个线性模型,可以直接用 OLS 进行估计。EViews 提供了方便的变量代换命令"genr",如本例中,在命令窗口输入命令:genr fdi2 = fdi^2,或者 genr fdi2 = fdi * fdi,便完成了模型代换。

(五) 模型估计

本例实际上是对式(6.19)进行估计，在完成模型代换后，在命令窗口输入命令：ls so2 c fdi fdi2，软件将给出回归结果（图6-2）。

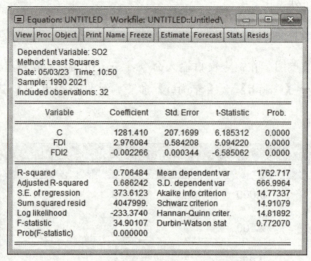

图 6-2　SO_2 排放量对 FDI 的回归结果

图 6-2 的回归结果表明，模型总体显著，FDI 及其二次项均高度显著。一次项系数为正，二次项系数为负，说明 SO_2 排放量与 FDI 之间存在倒 U 形关系，这与中国的实际情况较为一致。从改革开放开始到 21 世纪初，通过招商引资拉动经济增长，是中国经济增长的重要特征，而由此带来的环境污染问题日益严峻。但随着经济水平的提高和人们环境保护意识的增强，加强环境规制、重视 FDI 质量等越来越受到关注，创新驱动发展战略的实施及一些有益的环境治理技术的快速发展，都对环境保护起到了一定的作用。这在一定程度上反映出我国经历了先污染后治理的发展路径。

第三节　间接代换法估计非线性回归模型

一、实验要求

掌握幂函数模型、指数函数模型、对数函数模型的线性化方法。能够识别可以线性化的对数函数模型，并会用软件进行估计。

二、建模思路与实验数据

在城镇化进程中，人口流动催生了新的产业，使产业分工更为细化，增加了创业和就业机会，进而增加了居民收入。考虑到收入的变化范围很大，而城镇化水平变化有一个上限（100%），为此，拟建立一个半对数模型，检验城镇化对居民收入的影响。实验选用 1990—2022 年中国居民人均可支配收入与城镇化率数据（表 6-2）。

表 6-2　1990—2022 年中国居民人均可支配收入与城镇化率数据

年份	人均可支配收入/元	城镇化率/(%)	年份	人均可支配收入/元	城镇化率/(%)
1990	904	26.41	2007	8584	45.89
1991	976	26.94	2008	9957	46.99
1992	1125	27.46	2009	10977	48.34
1993	1385	27.99	2010	12520	49.95
1994	1870	28.51	2011	14551	51.27
1995	2363	29.04	2012	16510	52.57
1996	2814	30.48	2013	18311	53.73
1997	3070	31.91	2014	20167	54.77
1998	3254	33.35	2015	21966	56.1
1999	3485	34.78	2016	23821	58.84
2000	3721	36.22	2017	25974	60.24
2001	4070	37.66	2018	28228	61.50
2002	4532	39.09	2019	30733	62.71
2003	5007	40.53	2020	32189	63.89
2004	5661	41.76	2021	35128	64.72
2005	6385	42.99	2022	36883	65.22
2006	7229	43.9			

资料来源：国家统计局数据（https://data.stats.gov.cn/easyquery.htm?cn=C01）。

三、实验内容

1. 建立工作文件
2. 创建序列组，输入数据
3. 构建非线性回归模型
4. 模型代换
5. 模型估计

四、实验步骤

（一）建立工作文件

用命令方式或菜单方式，创建一个时间范围为 1990—2022 年的时间序列工作文件。在命令方式下，输入命令：create a 1990 2022。

(二) 创建序列组，输入数据

通过命令方式创建序列组，在命令窗口输入命令：data inco urb，这里的 inco 表示人均可支配收入，urb 表示城镇化率，并将表中数据复制到序列组中。

(三) 构建非线性回归模型

利用软件绘制散点图，在命令窗口输入命令：scat urb inco，或利用菜单方式在序列组窗口执行【View】→【Graph】→【Scatter】命令，软件将给出人均可支配收入与城镇化率的散点图（图 6-3）。

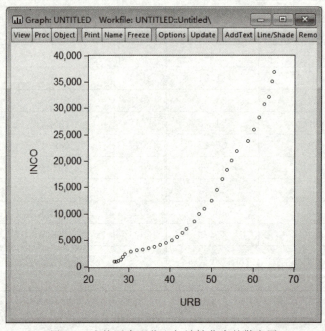

图 6-3 人均可支配收入与城镇化率的散点图

从图 6-3 可以看出，随着城镇化率的上升，人均可支配收入增加的幅度逐渐加快，由于城镇化率取值范围不超过 100%，而人均可支配收入的增长空间很大，因此，拟构建线性-对数模型：

$$\ln inco = \beta_0 + \beta_1 urb + \mu \tag{6.20}$$

(四) 模型代换

令 $inco1 = \ln inco$，将其代入式(6.20)，可得：

$$inco1 = \beta_0 + \beta_1 urb + \mu \tag{6.21}$$

式(6.21)是一个线性模型，可以直接用 OLS 进行估计。

本例中，在命令窗口输入命令：genr inco1 = log(inco)，便完成了模型代换。

(五) 模型估计

本例实际上是对式(6.21)进行估计，在完成模型代换后，在命令窗口输入命令：ls

inco1 c urb，软件将给出回归结果，如图 6-4 所示。

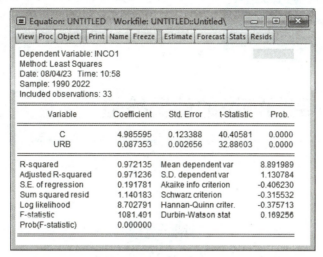

图 6-4　人均可支配收入对城镇化率的回归结果

图 6-4 的回归结果显示，拟合优度为 0.972135，F 统计量显著，表明模型拟合情况较好。参数通过了 1‰ 的显著性检验，说明模型具有较强的解释力，具体含义是：城镇化率增加一个百分点，人均可支配收入平均增加 8.7353％。

小结

非线性回归模型涉及变量的非线性和参数的非线性。对于仅存在变量非线性的模型，可先采用直接代换法将模型线性化，然后进行估计。对于存在参数非线性的模型，仅有一部分可通过间接代换法将其线性化，而不能用线性代换法线性化的，只能用非线性估计（如迭代法）进行估计。

思考题

1. 在研究投入产出问题时，为什么常常采用 C-D 生产函数建立模型？
2. 二次多项式常常用于实际研究中，其内在含义是什么？
3. 对某些现象的研究常常采用半对数模型，此类模型的应用条件和范围是什么？

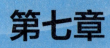

回归模型的计量检验

第一节 知识准备

一、多重共线性

(一) 多重共线性及其产生原因

如果一个解释变量与其他解释变量之间存在线性关系,则认为该模型存在多重共线性。此时,解释变量矩阵 X 不是满秩矩阵,即 $\text{ran}(X) < k+1$ 或 $|X'X| = 0$,是完全的共线性。大多数情况下,解释变量之间存在的是近似的或不完全的共线性,即 $|X'X| \approx 0$,因而,我们关心的不是有无多重共线性,而是多重共线性的程度。

引起多重共线性的原因有很多种,主要原因如下。

① 经济变量往往存在共同变化的趋势。
② 经济变量之间有着密切的关联。
③ 模型中引入了滞后变量。
④ 解释变量选择不当。

(二) 多重共线性的后果及检验

在完全共线性下,参数估计量不存在;在近似共线性下,用 OLS 估计的参数方差增大,引起 t 检验失效、预测精度降低等问题。

多重共线性的检验主要有以下三种方法。

1. 相关系数检验

如果两个解释变量之间的相关系数的绝对值比较大,或者大于它们各自与被解释变量之间的相关系数,则认为存在多重共线性。

2. 方差膨胀因子检验

用任何一个解释变量对其他解释变量做辅助回归,得到拟合优度,构造方差膨胀因子

$\text{VIF}\left(\text{VIF}_i = \dfrac{1}{1-R_i^2}\right)$，当 $\text{VIF}_i > 5$（或 $\text{VIF}_i > 10$）时，认为模型存在较为严重的多重共线性。

3. 综合检验法

先对模型进行 OLS 估计，若 R^2 和 F 值均很大，而各解释变量的 t 值均偏小，或者系数的符号不合理，当一个变量删除后回归结果发生显著变化等，则认为存在多重共线性。在 OLS 估计下，R^2 与 F 值较大，但 t 值较小，说明各个解释变量对被解释变量的联合线性作用显著，由于各解释变量之间存在共线性，从而使得它们对被解释变量的独立作用无法分辨，因此 t 检验不显著。

（三）多重共线性的处理

当存在多重共线性时，应采取必要的补救措施，如减少解释变量个数或者去掉与其他解释变量高度相关的变量。常用的方法有以下五个。

1. 去掉可替代的解释变量或合并一些变量

计量模型的建立必须以经济理论为依据，如果理论分析表明某些变量是影响被解释变量的关键因素，那么这些变量就是重要的变量，应该保留。而对于那些没有充分的理论基础或者相对来说不是重要的影响因素的变量可以剔除，或者适当合并，以减少解释变量个数，缓解共线性。

2. 利用参数约束条件减少解释变量

根据已知的一些参数信息，如根据 C-D 函数中的规模报酬不变假定（$\alpha + \beta = 1$），将产出对劳动、资本的回归转化为人均产出对人均资本的回归，从而避免劳动和资本之间的共线性。

3. 变换模型形式

可以通过对模型进行适当变换来缓解共线性，如变换模型的函数形式，将线性模型转换成对数模型、半对数模型、多项式模型等；或者改变变量的形式，如用差分变量、相对数变量等。

4. 综合使用截面数据与时间序列数据

该方法的基本思路是利用约束最小二乘法（RLS），先用截面数据求出一个或多个回归系数的估计值，再把它们代入原模型，通过将被解释变量与上述估计值所对应的解释变量相减，从而得到新被解释变量，然后建立新被解释变量对那些保留解释变量的回归模型，并利用时间序列样本估计回归系数。

5. 逐步回归法

逐步回归法包括逐个剔除法与逐个引入法。"逐步"是指在使用回归分析方法建立模型时，一次只能剔除（减少）一个解释变量或者一次只能引入（增加）一个解释变量。进行一次剔除或引入称"一步"，这样逐步进行下去，直到得到的模型达到"最优"。

引入的准则：引入后能使模型的拟合优度（及 F 统计量）显著增加的解释变量，应当引入；否则不引入。

剔除的准则：剔除后不会使模型的拟合优度（及 F 统计量）显著减少的解释变量，应当剔除；否则不剔除。

二、异方差

(一) 异方差的来源及表现

在实际中,经常会遇到随机误差项不满足同方差假定的情况,即 μ_i 的方差随着解释变量的变化而变化,μ_i 的方差常常表示为 $\mathrm{Var}(\mu_i)=\sigma_i^2$,称异方差。

以多元线性回归模型为例,若

$$\mathrm{Var}(u)=\boldsymbol{\sigma}^2\boldsymbol{\Omega}=\boldsymbol{\sigma}^2\begin{bmatrix}\lambda_{11} & 0 & \cdots & 0\\ 0 & \lambda_{22} & \cdots & 0\\ \vdots & \vdots & \vdots & \vdots\\ 0 & 0 & \cdots & \lambda_{mn}\end{bmatrix}\neq\boldsymbol{\sigma}^2\boldsymbol{I} \tag{7.1}$$

即 u 的方差协方差矩阵主对角线的元素不相等,则表明存在异方差。

引起异方差的原因有很多,主要有遗漏了重要的解释变量,模型函数设定误差,样本数据观测误差,截面数据中单位的差异及随机因素的影响等。

异方差的表现形式常常有三种:一是递增的异方差,即随机误差项的方差随着解释变量的增加而增大,如储蓄与收入之间往往是这种情况;二是递减的异方差,即随机误差项的方差随着解释变量的增加而减小,如出错率与工作时间之间往往是这种情况;三是复杂的异方差,即随机误差项方差变化表现出较大的波动,所以又称自回归条件异方差,如金融时间序列往往是这种情况。

(二) 异方差的后果及检验

存在异方差时,用 OLS 估计的参数仍然具有无偏性和一致性,但不再具有有效性。异方差的检验主要有以下五种方法。

1. 图示法

用残差趋势图、解释变量和残差的散点图大致判断是否存在异方差。

2. 怀特检验

首先,通过 OLS 估计得到残差,构建残差平方对解释变量的一次项、二次项及交叉项的辅助回归模型。然后,进行假设检验。零假设:不存在异方差;备择假设:存在异方差。最后,进行卡方检验,如果 $nR^2>\chi^2_{\alpha,k}$,拒绝零假设,说明存在异方差;反之,说明不存在异方差。

3. 戈德菲尔德-匡特检验

基本思路是将样本按照解释变量的大小排序,中间去除 c 个样本,将样本分成容量相等的两部分,分别对两部分样本进行回归,构造 F 统计量,用 F 检验判断是否存在异方差。如果 $F>F_\alpha$,则认为存在异方差。

4. 戈里瑟检验

利用 OLS 估计得到残差,用残差绝对值分别对解释变量的 h 次方回归 ($h=\pm1,\pm2,\pm0.5,\cdots$),如果某个形式非常显著,说明存在异方差。

5. 帕克检验

利用 OLS 估计得到残差，用残差平方对 x^a 回归，检验是否显著，如果显著，则说明存在异方差。

（三）异方差的处理

当存在异方差时，可以通过模型变换，即对每个变量乘以一个权数，来消除异方差，这种方法也称加权最小二乘法（WLS）。实际上，就是寻找一个正定矩阵 M，利用 $M\Omega M' = I$，克服 $\Omega \neq I$，从而消除异方差。

三、自相关

（一）自相关的来源及表现

若模型中随机误差项之间的协方差不为零，即 $\text{Cov}(\mu_i, \mu_j) \neq 0, i \neq j$，则称随机误差项之间存在自相关。

引起自相关的原因有很多，主要的原因有：经济惯性；遗漏了重要的解释变量；模型函数设定误差；样本数据观测误差；等等。

自相关的形式可以分为两大类：一阶自相关和高阶自相关。当随机误差项只与其滞后 1 期有关时，即 $\mu_t = f(\mu_{t-1}) + v_t$，称其为一阶自相关；当随机项不但与其前一期有关，而且与其前若干期有关，即 $\mu_t = f(\mu_{t-1}, \mu_{t-2}, \cdots) + v_t$，则称其为高阶自相关。通常假定随机误差项的自相关是线性的，最常见的自相关的形式是一阶线性自相关。

（二）自相关的后果及检验

当存在自相关时，用 OLS 估计的参数仍然具有无偏性和一致性，但不再具有有效性。自相关的检验主要包括以下五种。

1. 图示法

利用残差时序图或者残差与其滞后 1 期的散点图，可以大致判断是否存在自相关。

2. DW 检验

利用残差构造 DW 统计量，判断是否存在一阶自相关，其判断准则见表 7-1。

表 7-1　DW 检验准则

$0 \leqslant DW \leqslant D_L$	$D_L < DW < D_U$	$D_U \leqslant DW \leqslant 4 - D_U$	$4 - D_U < DW < 4 - D_L$	$4 - D_L \leqslant DW \leqslant 4$
正自相关	不确定	无自相关	不确定	负自相关

3. 回归检验

利用残差对其滞后项的各种形式进行回归，如果显著，则可以确定具体的自相关形式，并可以检验高阶自相关。

4. 偏相关系数检验

对残差序列进行偏相关系数检验，也可以检验高阶自相关。

5. 拉格朗日乘数检验

拉格朗日乘数检验又称 LM 检验、BG 检验。它是利用残差对其自身若干期滞后项的辅助回归，构造 LM 统计量，若 $LM = nR^2 > \chi^2_{\alpha, P}$，则拒绝零假设，说明存在自相关。

（三）克服自相关

当存在自相关时，应分析自相关产生的原因。如果是遗漏了重要变量，就应将其纳入模型进一步检验；如果是模型形式设定不正确，就应该修改模型形式。当各种原因都消除后还存在自相关，就可以通过模型变换，即广义差分变换来克服。

但广义差分变换需要知道自相关系数，这就需要对自相关系数进行估计，可以用杜宾两步法、迭代法或 DW 值进行估计。其中，迭代法在软件中的实现更为方便，其基本思路是：先给定一个初始值，进行广义差分变换，再估计相关系数，进一步做广义差分变换，直到收敛为止。

第二节 多重共线性的检验与处理

一、实验要求

理解多重共线性的检验方法，能够运用综合检验法、相关系数检验等方法判别多重共线性，掌握逐步回归法以处理多重共线性。

二、建模思路与实验数据

促进旅游产业发展，是活跃经济的重要途径。从个体角度来看，生活水平决定了消费水平。随着生活水平的提高，人们更有能力去旅游。另外，时间因素也是影响旅游的重要因素，特别是对于上班族而言，是否有充足的时间去实现旅游的愿望？交通基础设施建设的不断完善，大大节省了旅途时间，无疑对旅游产生重要的推动作用。基于此，本节拟建立多元模型，检验生活水平、交通基础条件对个体旅游的影响，并进行多重共线性检验。个体旅游选用中国城镇居民人均旅游支出数据，生活水平选用常用的指标恩格尔系数，交通基础条件分别选用公路里程、高速公路里程和铁路里程数据，实验数据的时间范围为1994—2021 年，具体数据见表 7-2。

表 7-2　1994—2021 年中国城镇居民人均旅游支出、恩格尔系数及交通基础条件相关数据

年份	城镇居民人均旅游支出/元	恩格尔系数/（％）	公路里程/万千米	高速公路里程/万千米	铁路里程/万千米
1994	414.7	49.9	111.78	0.16	5.9
1995	464	49.9	115.7	0.21	6.24
1996	534	48.6	118.58	0.34	6.49

续表

年份	城镇居民人均旅游支出/元	恩格尔系数/(%)	公路里程/万千米	高速公路里程/万千米	铁路里程/万千米
1997	599	46.4	122.64	0.48	6.6
1998	607	44.2	127.85	0.87	6.64
1999	614.8	41.3	135.17	1.16	6.74
2000	678.6	38.6	167.98	1.63	6.87
2001	708.3	37	169.8	1.94	7.01
2002	739.7	36.4	176.52	2.51	7.19
2003	684.9	35.5	180.98	2.97	7.3
2004	731.8	35.8	187.07	3.43	7.44
2005	737.1	34.5	334.52	4.1	7.54
2006	766.4	33.3	345.7	4.53	7.71
2007	906.9	33.6	358.37	5.39	7.8
2008	849.4	34.5	373.02	6.03	7.97
2009	801.1	32.9	386.08	6.51	8.55
2010	883	31.9	400.82	7.41	9.12
2011	877.8	32.3	410.64	8.49	9.32
2012	914.5	32	423.75	9.62	9.76
2013	946.6	30.1	435.62	10.44	10.31
2014	975.4	30	446.39	11.19	11.18
2015	985.5	29.7	457.73	12.35	12.1
2016	1009.10	29.3	469.63	13.1	12.4
2017	1024.60	28.6	477.35	13.64	12.7
2018	1034.00	27.7	484.65	14.26	13.17
2019	1062.60	27.6	501.25	14.96	13.99
2020	870.30	29.2	519.81	16.1	14.63
2021	1009.60	28.6	528.07	16.91	15.07

资料来源:《中国统计年鉴》。

三、实验内容

1. 建立模型并回归
2. 多重共线性检验
3. 修正多重共线性

四、实验步骤

(一) 建立模型并回归

创建一个时间范围为1994—2021年的时间序列工作文件(输入命令:create a 1994

2021），用 trav、engr、road、hway、rail 分别代表城镇居民人均旅游支出、恩格尔系数、公路里程、高速公里里程和铁路里程，创建变量序列（输入命令：data trav engr road hway rail），并输入数据，然后进行回归，回归结果如图 7-1 所示。

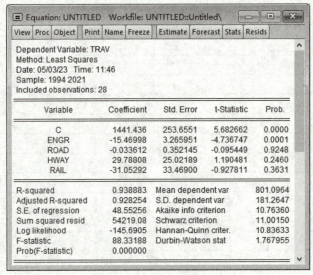

图 7-1　人均旅游回归结果

（二）多重共线性检验

1. 综合检验法

图 7-1 中的回归结果显示，$\overline{R}^2$ 为 0.928254，F 统计量高度显著，说明模型总体拟合情况较好。但从单个参数的显著性来看，只有恩格尔系数的系数显著，其他解释变量的系数均不显著，因此可以判断模型存在较强的多重共线性。

2. 相关系数检验法

在命令窗口输入命令：cor trav engr road hway rail，得到变量间的相关系数矩阵，如图 7-2 所示。

图 7-2　相关系数矩阵

从图 7-2 可以看出，解释变量之间的相关系数很大，特别是公路里程与高速公路里程、高速公路里程与铁路里程之间的相关系数高于它们各自与城镇居民人均旅游支出的相关系数，即解释变量之间相关程度较高，可能存在一定的多重共线性。

(三) 修正多重共线性

利用逐个引入法，进行逐步回归。建立城镇居民人均旅游支出与各个解释变量的一元线性回归模型，分别进行回归，确定要引入的第一个变量。城镇居民人均旅游支出对恩格尔系数、公路里程、高速公路里程、铁路里程的回归结果分别如图 7-3、图 7-4、图 7-5、图 7-6 所示。

```
Equation: UNTITLED    Workfile: UNTITLED::Untitled\
View Proc Object  Print Name Freeze  Estimate Forecast Stats Resids

Dependent Variable: TRAV
Method: Least Squares
Date: 05/03/23   Time: 11:56
Sample: 1994 2021
Included observations: 28

Variable          Coefficient   Std. Error    t-Statistic    Prob.

C                 1690.443      57.20212      29.55210       0.0000
ENGR              -25.16849     1.590221      -15.82704      0.0000

R-squared             0.905966    Mean dependent var        801.0964
Adjusted R-squared    0.902349    S.D. dependent var        181.2647
S.E. of regression    56.64365    Akaike info criterion     10.98019
Sum squared resid     83421.09    Schwarz criterion         11.07534
Log likelihood        -151.7226   Hannan-Quinn criter.      11.00928
F-statistic           250.4953    Durbin-Watson stat        1.152153
Prob(F-statistic)     0.000000
```

图 7-3 城镇居民人均旅游支出对恩格尔系数的回归结果

```
Equation: UNTITLED    Workfile: UNTITLED::Untitled\
View Proc Object  Print Name Freeze  Estimate Forecast Stats Resids

Dependent Variable: TRAV
Method: Least Squares
Date: 05/03/23   Time: 11:57
Sample: 1994 2021
Included observations: 28

Variable          Coefficient   Std. Error    t-Statistic    Prob.

C                 442.9350      30.74283      14.40775       0.0000
ROAD              1.118322      0.087146      12.83278       0.0000

R-squared             0.863646    Mean dependent var        801.0964
Adjusted R-squared    0.858402    S.D. dependent var        181.2647
S.E. of regression    68.20910    Akaike info criterion     11.35178
Sum squared resid     120964.5    Schwarz criterion         11.44694
Log likelihood        -156.9250   Hannan-Quinn criter.      11.38087
F-statistic           164.6802    Durbin-Watson stat        1.130507
Prob(F-statistic)     0.000000
```

图 7-4 城镇居民人均旅游支出对公路里程的回归结果

综合来看，以恩格尔系数为解释变量的一元线性回归模型拟合最好，以此为基础，分别引入其他变量进行回归，如图 7-7、图 7-8、图 7-9 所示。

综合来看，在图 7-8 的回归结果中，$\bar{R}^2$ 最高，F 统计量最大，而且两个参数均高度显著，故以此为基础，继续引入第三个解释变量，即分别引入公路里程、铁路里程，得到图 7-10、图 7-11 所示的回归结果。

图 7-5 城镇居民人均旅游支出对高速公路里程的回归结果

Dependent Variable: TRAV
Method: Least Squares
Date: 05/03/23   Time: 11:58
Sample: 1994 2021
Included observations: 28

Variable	Coefficient	Std. Error	t-Statistic	Prob.
C	598.2115	23.96307	24.96390	0.0000
HWAY	29.78439	2.755767	10.80802	0.0000

R-squared	0.817944	Mean dependent var		801.0964
Adjusted R-squared	0.810942	S.D. dependent var		181.2647
S.E. of regression	78.81534	Akaike info criterion		11.64084
Sum squared resid	161508.3	Schwarz criterion		11.73600
Log likelihood	-160.9718	Hannan-Quinn criter.		11.66993
F-statistic	116.8133	Durbin-Watson stat		0.696433
Prob(F-statistic)	0.000000			

图 7-5　城镇居民人均旅游支出对高速公路里程的回归结果

图 7-6

Dependent Variable: TRAV
Method: Least Squares
Date: 05/03/23   Time: 11:59
Sample: 1994 2021
Included observations: 28

Variable	Coefficient	Std. Error	t-Statistic	Prob.
C	300.0892	64.19312	4.674787	0.0001
RAIL	54.42773	6.677404	8.151030	0.0000

R-squared	0.718734	Mean dependent var		801.0964
Adjusted R-squared	0.707916	S.D. dependent var		181.2647
S.E. of regression	97.96408	Akaike info criterion		12.07583
Sum squared resid	249521.0	Schwarz criterion		12.17099
Log likelihood	-167.0616	Hannan-Quinn criter.		12.10492
F-statistic	66.43930	Durbin-Watson stat		0.469337
Prob(F-statistic)	0.000000			

图 7-6　城镇居民人均旅游支出对铁路里程的回归结果

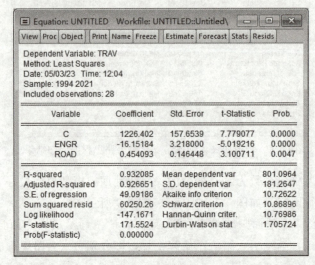

Dependent Variable: TRAV
Method: Least Squares
Date: 05/03/23   Time: 12:04
Sample: 1994 2021
Included observations: 28

Variable	Coefficient	Std. Error	t-Statistic	Prob.
C	1226.402	157.6539	7.779077	0.0000
ENGR	-16.15184	3.218000	-5.019216	0.0000
ROAD	0.454093	0.146448	3.100711	0.0047

R-squared	0.932085	Mean dependent var		801.0964
Adjusted R-squared	0.926651	S.D. dependent var		181.2647
S.E. of regression	49.09186	Akaike info criterion		10.72622
Sum squared resid	60250.26	Schwarz criterion		10.86896
Log likelihood	-147.1671	Hannan-Quinn criter.		10.76986
F-statistic	171.5524	Durbin-Watson stat		1.705724
Prob(F-statistic)	0.000000			

图 7-7　城镇居民人均旅游支出对恩格尔系数、公路里程的回归结果

```
Dependent Variable: TRAV
Method: Least Squares
Date: 05/03/23   Time: 12:06
Sample: 1994 2021
Included observations: 28

Variable          Coefficient   Std. Error    t-Statistic   Prob.

C                 1350.649      113.6022      11.88929      0.0000
ENGR              -17.65255     2.642925      -6.679174     0.0000
HWAY              10.89481      3.291626      3.309856      0.0028

R-squared              0.934617    Mean dependent var     801.0964
Adjusted R-squared     0.929386    S.D. dependent var     181.2647
S.E. of regression     48.16786    Akaike info criterion  10.68822
Sum squared resid      58003.58    Schwarz criterion      10.83095
Log likelihood         -146.6351   Hannan-Quinn criter.   10.73185
F-statistic            178.6814    Durbin-Watson stat     1.640287
Prob(F-statistic)      0.000000
```

图 7-8　城镇居民人均旅游支出对恩格尔系数、高速公路里程的回归结果

```
Dependent Variable: TRAV
Method: Least Squares
Date: 05/03/23   Time: 12:07
Sample: 1994 2021
Included observations: 28

Variable          Coefficient   Std. Error    t-Statistic   Prob.

C                 1362.530      128.9050      10.57004      0.0000
ENGR              -19.99669     2.344780      -8.528176     0.0000
RAIL              15.77007      5.692942      2.770110      0.0104

R-squared              0.928050    Mean dependent var     801.0964
Adjusted R-squared     0.922294    S.D. dependent var     181.2647
S.E. of regression     50.52892    Akaike info criterion  10.78393
Sum squared resid      63829.30    Schwarz criterion      10.92666
Log likelihood         -147.9750   Hannan-Quinn criter.   10.82756
F-statistic            161.2322    Durbin-Watson stat     1.499133
Prob(F-statistic)      0.000000
```

图 7-9　城镇居民人均旅游支出对恩格尔系数、铁路里程的回归结果

```
Dependent Variable: TRAV
Method: Least Squares
Date: 05/03/23   Time: 12:10
Sample: 1994 2021
Included observations: 28

Variable          Coefficient   Std. Error    t-Statistic   Prob.

C                 1257.098      157.2339      7.995078      0.0000
ENGR              -16.15000     3.173409      -5.089165     0.0000
HWAY              7.135339      5.460489      1.306721      0.2037
ROAD              0.206285      0.238371      0.865396      0.3954

R-squared              0.936596    Mean dependent var     801.0964
Adjusted R-squared     0.928670    S.D. dependent var     181.2647
S.E. of regression     48.41159    Akaike info criterion  10.72892
Sum squared resid      56248.37    Schwarz criterion      10.91923
Log likelihood         -146.2049   Hannan-Quinn criter.   10.78710
F-statistic            118.1741    Durbin-Watson stat     1.739729
Prob(F-statistic)      0.000000
```

图 7-10　城镇居民人均旅游支出对恩格尔系数、高速公路里程、公路里程的回归结果

```
┌─────────────────────────────────────────────────────────┐
│ ▣ Equation: UNTITLED   Workfile: UNTITLED::Untitled\ □ ▣ ✕│
│ View Proc Object | Print Name Freeze | Estimate Forecast Stats Resids │
│                                                         │
│ Dependent Variable: TRAV                                │
│ Method: Least Squares                                   │
│ Date: 05/03/23   Time: 12:12                            │
│ Sample: 1994 2021                                       │
│ Included observations: 28                               │
│                                                         │
│   Variable      Coefficient   Std. Error   t-Statistic   Prob. │
│                                                         │
│      C           1420.487     124.5003     11.40851     0.0000 │
│     ENGR        -15.40852     3.135034    -4.914943     0.0001 │
│     HWAY         27.79467     13.49389     2.059797     0.0504 │
│     RAIL        -28.70732     22.24748    -1.290363     0.2092 │
│                                                         │
│ R-squared             0.938859   Mean dependent var    801.0964 │
│ Adjusted R-squared    0.931216   S.D. dependent var    181.2647 │
│ S.E. of regression    47.53970   Akaike info criterion  10.69257 │
│ Sum squared resid     54240.56   Schwarz criterion      10.88289 │
│ Log likelihood       -145.6960   Hannan-Quinn criter.   10.75075 │
│ F-statistic           122.8447   Durbin-Watson stat     1.770772 │
│ Prob(F-statistic)     0.000000                          │
└─────────────────────────────────────────────────────────┘
```

图 7-11 城镇居民人均旅游支出对恩格尔系数、高速公路里程、铁路里程的回归结果

从图 7-10 的回归结果来看，高速公路里程、公路里程的系数均不显著，与图 7-8 中的回归结果相比，F 统计量显著降低，说明引入公路里程后，模型没有显著地变好，说明不应该引入该变量。从图 7-11 的回归结果来看，铁路里程的系数不显著，高速公路里程的系数在 10% 的水平上显著，与图 7-8 的回归结果相比，参数的显著性、F 统计量均下降了，说明引入铁路里程是不恰当的。

所以，最终的模型应是图 7-8 中的模型形式，即：

$$\hat{trav} = 1350.649 - 17.65255 engr + 10.89481 hway \tag{7.2}$$

$$\text{s.e} \quad 113.6022 \quad 2.642925 \quad 3.291626$$

$$t \quad 11.88929 \quad -6.679174 \quad 3.309856$$

通过对回归结果的考察，发现多重共线性已经消除，模型比较理想。恩格尔系数的系数为负且显著，说明生活水平提高有助于推动旅游发展。恩格尔系数常常用来反映人们的生活水平，恩格尔系数每降低一个百分点，城镇居民人均旅游支出平均增加 17.65 元，说明人们生活水平越高，就有越高的支付能力，因而生活水平的提高能够增加旅游需求。高速公路对城镇居民人均旅游支出产生正向影响。高速公路每增加 1 万千米，城镇居民人均旅游支出平均增加 10.89 元，说明高速公路建设方便了人们的出行，尤其是节约了时间，有力地促进了旅游发展。

第三节 异方差的检验与消除

一、实验要求

熟悉异方差的戈里瑟检验、怀特检验、戈德菲尔德-匡特检验和帕克检验等方法，学会用加权最小二乘法消除异方差。

二、建模思路与实验数据

加强科技创新,促进创新成果转化是实现高质量发展的核心动力。党的二十大报告提出,要加快实施创新驱动发展战略。而从技术创新到新产品的商业化应用,需要投入大量的资金。本节拟建立一元线性回归模型,分析新产品开发经费对新产品销售收入的影响。考虑到不同地区间的科技创新水平差异较大,因此,选用中国 31 个省份的截面数据进行研究,并进行异方差检验,实验选用 2021 年中国 31 个省份的规模以上工业企业新产品销售收入与新产品开发经费数据(表 7-3)。

表 7-3 2021 年中国 31 个省份的规模以上工业企业新产品销售收入与新产品开发经费数据

单位:亿元

省份	新产品销售收入	新产品开发经费	省份	新产品销售收入	新产品开发经费
北京	8252.96	606.66	湖北	13695.56	932.46
天津	4814.09	288.08	湖南	12169.23	941.67
河北	9668.26	720.92	广东	49684.90	4636.98
山西	2940.60	187.10	广西	3033.50	217.31
内蒙古	1655.49	149.29	海南	244.50	28.17
辽宁	5010.87	382.49	重庆	6995.18	490.42
吉林	2955.14	167.77	四川	6138.75	572.05
黑龙江	1252.24	110.88	贵州	1020.77	105.44
上海	10574.88	1076.53	云南	1205.58	137.42
江苏	42622.37	3357.44	西藏	5.43	2.07
浙江	36890.12	2325.07	陕西	3811.37	352.43
安徽	15101.73	908.83	甘肃	766.27	54.08
福建	7822.14	821.04	青海	171.46	16.89
江西	9575.04	588.44	宁夏	540.05	55.87
山东	27540.30	1747.50	新疆	582.09	77.18
河南	8825.81	594.39			

资料来源:《中国统计年鉴》。

三、实验内容

1. 初步回归
2. 异方差检验
3. 异方差处理

四、实验步骤

(一)初步回归

根据表 7-3 的数据,建立一个包含 31 个截面的工作文件(输入命令:create u 31),

新产品销售收入用 nico 表示，新产品开发经费用 nrdk 表示，创建序列组（输入命令：data nico nrdk），将表中数据复制到序列组中，并用 OLS 进行初步回归（输入命令：ls nico c nrdk），回归结果如图 7-12 所示。

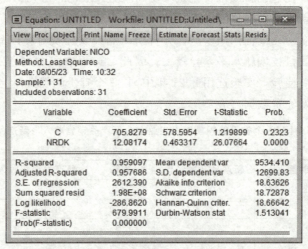

图 7-12　新产品销售收入对新产品开发经费的回归结果

（二）异方差检验

1. 图示法

运用菜单方式或命令方式生成散点图（输入命令：scat nrdk nico），如图 7-13 所示。可以看出，随着新产品开发经费的增加，新产品销售收入呈现出发散趋势，初步判断可能存在递增的异方差。

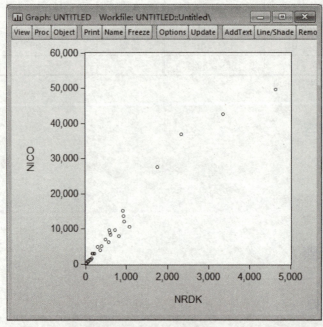

图 7-13　新产品销售收入与新产品开发经费的散点图

也可以在回归窗口单击"Resids",得到残差趋势图(图7-14),可以看出,残差有增大的趋势,说明存在异方差。

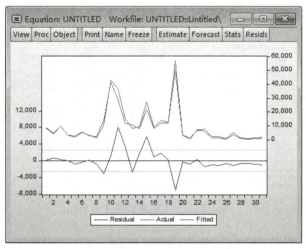

图 7-14　残差趋势图

还可以用命令方式,生成解释变量与残差的散点图(输入命令:scat nrdk resid),如图 7-15 所示。由图 7-15 可以观察到,随着解释变量的增加,残差呈现出发散趋势,说明存在异方差。

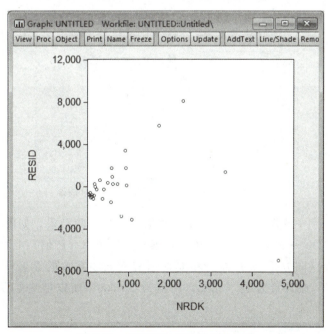

图 7-15　解释变量与残差的散点图

2. 怀特检验

在回归窗口中,执行【View】→【Residual Diagnostics】→【Heteroskedasticity Tests】命令,如图 7-16 所示。

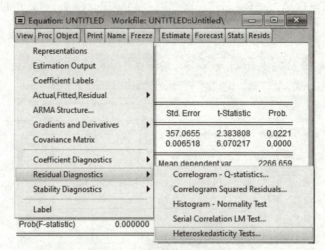

图 7-16 异方差检验操作界面

执行命令后，将弹出"Heteroskedasticity Tests"（异方差检验）对话框，如图 7-17 所示。

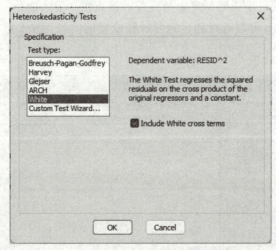

图 7-17 "Heteroskedasticity Tests"对话框

在"Test type"中选择"White"，系统将给出怀特检验结果，如图 7-18 所示。怀特检验的统计量为"Obs * R-squared"（nR^2），通过相伴概率（P 值）可以很方便地判断出是否应拒绝零假设（同方差）。F 统计量是对所有交叉项系数的显著性进行检验的统计量。在本例中，nR^2 统计量为 16.36823，P 值为 0.0003，所以拒绝零假设，即该模型存在异方差。

3. 戈德菲尔德-匡特检验

戈德菲尔德-匡特检验程序较为烦琐，需要依次执行多个命令，表 7-4 对相关命令做了进一步的说明。需要说明的是，戈德菲尔德-匡特检验是在已经建立了工作文件、定义了变量序列、输入了数据的基础上进行的，因此表 7-4 中的命令应根据已经建立的工作文件做相应的调整，具体如下。

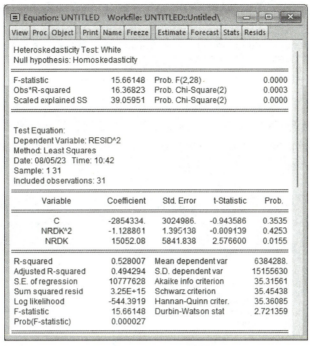

图 7-18 怀特检验结果

一是样本范围,即命令 3 和命令 7。本例中,总的截面数为 31,排序后中间去掉 c 个数据,一般 $n/4<c<n/3$,则有 $8<c<11$,简便起见,c 取奇数,因为要保证样本 1 和样本 2 的样本容量相等,所以 c 取 9,由此可以计算出样本 1 的范围为 1~11,样本 2 的范围为 21~31。类似地,如果是时间序列数据,也应做相应的处理,只不过样本范围应用年份界定,如 1986—2021 年的时间序列数据,中间去掉 10 个数据,则样本 1 的范围为 1986~1998,命令 3 应调整为:smpl 1986 1998,样本 2 依次类推。

二是回归命令中的变量名应与已经建立的工作文件中的保持一致。

表 7-4 戈德菲尔德-匡特检验的命令和含义

序号	命令	含义
1	vector(5) m	创建一个含有五个数字的向量 **M**
2	sort nrdk	对解释变量序列进行排序
3	smpl 1 11	定义样本 1 的范围为 1~11
4	m(1)=9	向量的第一个数字为 9,即样本 1 的自由度($n-k-1$)
5	ls nico c nrdk	对样本 1 进行 OLS 估计
6	m(2)=@ssr	向量的第二个数字为样本 1 回归的残差平方和
7	smpl 21 31	定义样本 2 的范围为 21~31
8	ls nico c nrdk	对样本 2 进行 OLS 估计
9	m(3)=@ssr	向量的第三个数字为样本 2 回归的残差平方和
10	m(4)=m(3)/m(2)	向量的第四个数字为 m(3)/m(2),即计算 F 统计量

续表

序号	命令	含义
11	m(5)=@fdist(m(4),m(1),m(1))	向量的第五个数字为 F 统计量的显著性水平
12	show m	显示向量 M

依次执行表 7-4 中的命令后，如图 7-19 所示，软件将给出戈德菲尔德-匡特检验结果。在创建的向量中，包含了样本自由度、样本 1 和样本 2 回归的残差平方和、F 统计量及相应的 P 值，第五个数据就是 F 检验的相伴概率（P 值），可以看出该值远远小于 0，由此拒绝零假设（样本 1 和样本 2 的方差相同，即同方差），说明模型存在异方差。

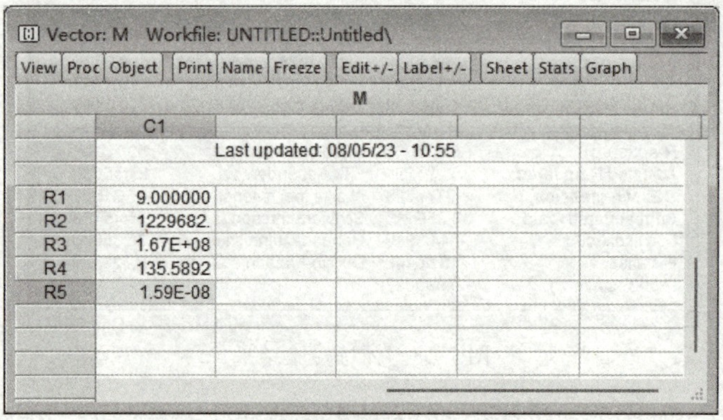

图 7-19　戈德菲尔德-匡特检验结果

4. 戈里瑟检验

戈里瑟检验主要是通过残差绝对值对解释变量的各种形式的回归，选择拟合最好的回归模型，从而确定异方差的具体形式。其检验程序一般为：首先，对原模型进行初步的 OLS 估计，得到残差及其绝对值；其次，生成解释变量的各种形式的序列；最后，用残差绝对值对解释变量的各种形式进行回归。具体可以采用命令方式或菜单方式操作。

（1）命令方式

先创建工作文件（输入命令：create u 31），然后定义变量并生成序列组（输入命令：data nico nrdk），将数据复制粘贴到序列组中，最后进行戈里瑟检验。

由于前面已经做了怀特检验，软件中已存在相应的工作文件和相应的序列和数据，因此本例中只需要依次执行以下命令（需要说明的是，如果刚才做了戈德菲尔德-匡特检验，应将数据范围改回来，即执行命令：smpl 1 31，否则以下命令将是对戈德菲尔德-匡特检验中样本 2 的操作）。

命令 1：ls nico c nrdk　　　　（得到残差序列）

命令 2：genr e1=abs(resid)（生成残差绝对值）

命令 3：ls e1 c nrdk　　　　（对一次项回归）

命令 4：genr nrdk2=nrdk^2（生成二次项）

命令 5：ls e1 c nrdk2　　　　（对二次项回归）

接下来重复命令 4、命令 5（命令 4 一般生成解释变量的 h 次方，$h=\pm 1, \pm 2, \pm 0.5, \cdots$）。如输入命令：genr nrdk3=nrdk^(-1)，可生成 nrdk 的 -1 次方，输入命令：

ls e1 c nrdk3，即可对新模型进行回归。

利用上述命令，分别对模型进行 OLS 估计，生成残差绝对值序列和解释变量的 h 次方序列，并分别回归。残差绝对值对解释变量一次项的回归结果如图 7-20 所示，对二次项的回归结果如图 7-21 所示。图 7-22、图 7-23 分别为残差绝对值对解释变量倒数和 -2 次方的回归结果。

图 7-20　残差绝对值对解释变量一次项的回归结果

图 7-21　残差绝对值对解释变量二次项的回归结果

从四个回归结果来看，图 7-20 中的拟合程度更好，而最后两个回归（图 7-22、图 7-23）的参数都不显著，所以可以初步判断异方差的基本形式为解释变量的一次项。

（2）菜单方式

菜单方式与怀特检验的菜单方式类似。先对原模型进行 OLS 估计，得到残差（选择戈里瑟检验，自动生成残差绝对值序列），然后在回归窗口执行【View】→【Residual Diagnostics】→【Heteroskedasticity Tests】命令，弹出图 7-24 所示的对话框，选择 "Glejser"，在 "Regressors" 中输入回归表达式，如 "c nrdk"（表示残差绝对值对解释变量一次项的回归，其他幂次检验类似），具体结果如图 7-25 所示。

120　计量经济学实验教程——EViews分析与应用（第2版）

```
Equation: UNTITLED   Workfile: UNTITLED::Untitled\
View Proc Object | Print Name Freeze | Estimate Forecast Stats Resids

Dependent Variable: E1
Method: Least Squares
Date: 08/05/23   Time: 11:13
Sample: 1 31
Included observations: 31

Variable        Coefficient   Std. Error    t-Statistic   Prob.
C               1658.275      373.5720      4.438969      0.0001
NRDK3          -2639.765      4249.384     -0.621211      0.5393

R-squared            0.013132    Mean dependent var    1598.515
Adjusted R-squared  -0.020898    S.D. dependent var    1989.139
S.E. of regression   2009.815    Akaike info criterion 18.11181
Sum squared resid    1.17E+08    Schwarz criterion     18.20433
Log likelihood      -278.7331    Hannan-Quinn criter.  18.14197
F-statistic          0.385903    Durbin-Watson stat    1.004041
Prob(F-statistic)    0.539313
```

图 7-22　残差绝对值对解释变量倒数的回归结果

```
Equation: UNTITLED   Workfile: UNTITLED::Untitled\
View Proc Object | Print Name Freeze | Estimate Forecast Stats Resids

Dependent Variable: E1
Method: Least Squares
Date: 08/05/23   Time: 11:14
Sample: 1 31
Included observations: 31

Variable        Coefficient   Std. Error    t-Statistic   Prob.
C               1629.148      368.4009      4.422216      0.0001
NRDK4          -3963.679      8780.275     -0.451430      0.6550

R-squared            0.006978    Mean dependent var    1598.515
Adjusted R-squared  -0.027264    S.D. dependent var    1989.139
S.E. of regression   2016.072    Akaike info criterion 18.11803
Sum squared resid    1.18E+08    Schwarz criterion     18.21055
Log likelihood      -278.8295    Hannan-Quinn criter.  18.14819
F-statistic          0.203789    Durbin-Watson stat    0.994297
Prob(F-statistic)    0.655038
```

图 7-23　残差绝对值对解释变量-2次方的回归结果

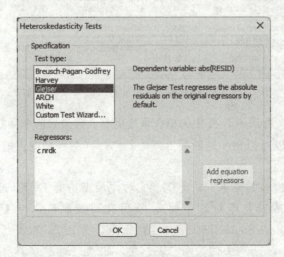

图 7-24　戈里瑟检验对话框

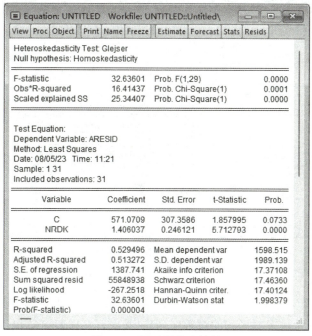

图 7-25　戈里瑟检验结果

比较图 7-25 与图 7-20，回归参数完全相同，但菜单方式给出了戈里瑟检验的统计量和检验结果。本例中，戈里瑟检验的统计量为 16.41437，P 值为 0.0001，高度显著，说明存在异方差。类似地，可以进一步在戈里瑟检验对话框中输入解释变量其他幂次形式进行检验，然后比较，从而找出异方差的具体形式。

5. 帕克检验

帕克检验主要是通过残差平方的对数对解释变量的对数进行回归。假定 μ 的方差有如下形式：

$$\sigma_i^2 = \sigma^2 x^\alpha e^v \tag{7.3}$$

对式(7.3)两端取自然对数，并用 e_i^2 替代 σ_i^2，可得：

$$\ln e_i^2 = \alpha_0^* + \alpha \ln x + v \tag{7.4}$$

帕克检验实际上就是对式(7.4)进行估计，具体可通过以下两种方式操作。

（1）命令方式

帕克检验的命令方式与前面的检验基本类似，即在已经有工作文件的基础上，依次执行以下命令（以本例来说明）。

ls nico c nrdk　　　　　（得到残差序列）
genr e2＝log(resid^2)　　（生成残差平方的对数序列）
genr lnrdk＝log(nrdk)　　（生成解释变量的对数序列）
ls e2 c lnrdk　　　　　　（残差平方的对数对解释变量的对数回归）

执行命令后，软件将给出帕克检验结果，如图 7-26 所示。

图 7-26 中的结果表明，残差平方的对数对解释变量的对数的回归结果在 10% 的水平上显著。

```
Equation: UNTITLED   Workfile: UNTITLED::Untitled\
View Proc Object  Print Name Freeze  Estimate Forecast Stats Resids

Dependent Variable: E2
Method: Least Squares
Date: 08/05/23   Time: 11:28
Sample: 1 31
Included observations: 31

Variable         Coefficient   Std. Error   t-Statistic   Prob.

C                 10.66551    1.563585     6.821188    0.0000
LNRDK              0.497385    0.264956     1.877239    0.0706

R-squared          0.108352    Mean dependent var      13.48975
Adjusted R-squared 0.077605    S.D. dependent var       2.469043
S.E. of regression 2.371303    Akaike info criterion    4.627097
Sum squared resid  163.0692    Schwarz criterion        4.719612
Log likelihood    -69.72000    Hannan-Quinn criter.     4.657255
F-statistic        3.524027    Durbin-Watson stat       1.334487
Prob(F-statistic)  0.070578
```

图 7-26　帕克检验结果（命令方式）

（2）菜单方式

帕克检验的菜单方式与戈里瑟检验类似。首先，对原模型进行 OLS 估计，得到残差（选择帕克检验自动生成残差平方的对数序列）；其次，在回归窗口执行【View】→【Residual Diagnostics】→【Heteroskedasticity Tests】命令，弹出如图 7-27 所示的对话框，选择"Harvey"，在"Regressors"中输入回归表达式，如"c log(nrdk)"，结果如图 7-28 所示。

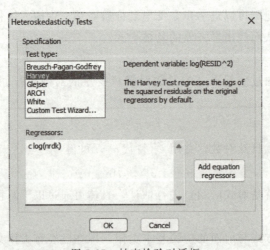

图 7-27　帕克检验对话框

比较图 7-28 与图 7-26，回归参数相同，但菜单方式给出了帕克检验的具体结果。本例中检验统计量为 3.358897，P 值为 0.0668，在 10% 的水平上显著，说明随机误差项的方差与解释变量存在较为显著的关系，即存在异方差。

（三）异方差处理

消除异方差的关键在于权数的选择。本例中，戈里瑟检验结果表明一次项最为显著，那么权数可以设定为"nrdk^(-1)"。当然，也可以根据帕克检验结果，将权数设定为

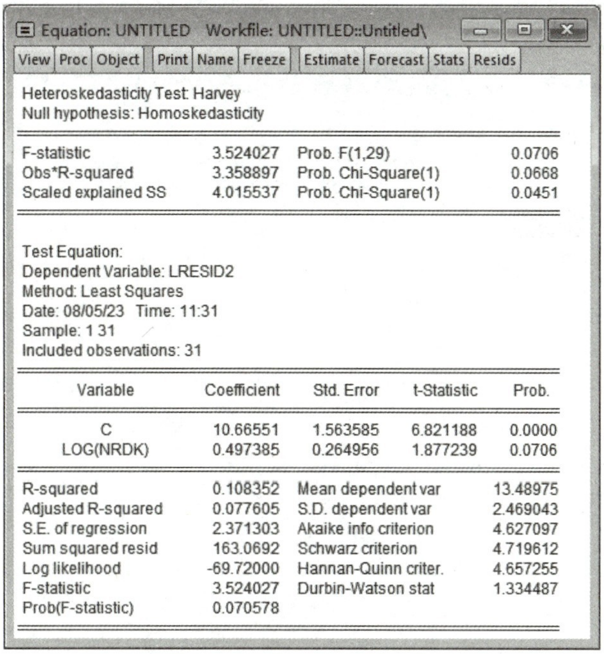

```
┌─────────────────────────────────────────────────┐
│ ▤ Equation: UNTITLED   Workfile: UNTITLED::Untitled\  □ × │
│ View Proc Object │ Print Name Freeze │ Estimate Forecast Stats Resids │
│                                                  │
│ Heteroskedasticity Test: Harvey                 │
│ Null hypothesis: Homoskedasticity               │
│                                                  │
│ F-statistic          3.524027   Prob. F(1,29)         0.0706 │
│ Obs*R-squared        3.358897   Prob. Chi-Square(1)   0.0668 │
│ Scaled explained SS  4.015537   Prob. Chi-Square(1)   0.0451 │
│                                                  │
│ Test Equation:                                   │
│ Dependent Variable: LRESID2                      │
│ Method: Least Squares                            │
│ Date: 08/05/23   Time: 11:31                     │
│ Sample: 1 31                                     │
│ Included observations: 31                        │
│                                                  │
│   Variable    Coefficient  Std. Error  t-Statistic  Prob.  │
│                                                  │
│      C         10.66551    1.563585    6.821188    0.0000  │
│   LOG(NRDK)     0.497385   0.264956    1.877239    0.0706  │
│                                                  │
│ R-squared            0.108352   Mean dependent var    13.48975 │
│ Adjusted R-squared   0.077605   S.D. dependent var     2.469043 │
│ S.E. of regression   2.371303   Akaike info criterion  4.627097 │
│ Sum squared resid    163.0692   Schwarz criterion      4.719612 │
│ Log likelihood      -69.72000   Hannan-Quinn criter.   4.657255 │
│ F-statistic          3.524027   Durbin-Watson stat     1.334487 │
│ Prob(F-statistic)    0.070578                    │
└─────────────────────────────────────────────────┘
```

图 7-28　帕克检验结果（菜单方式）

"nrdk^(-0.25)"，因为根据帕克检验假定，随机误差项方差是解释变量的幂次函数，如果检验显著，权数应为该幂次的-1/2次方，本例近似为-0.25，也可以用于尝试消除异方差。这里选择权数为"nrdk^(-1)"的理由有两个：一是戈里瑟检验的显著性高于帕克检验，二是权数设定为"nrdk^(-0.25)"时未能消除异方差。

1. 菜单方式

对原模型进行 OLS 估计，在回归窗口单击 "Estimate" 或者执行【Proc】→【Specify/Estimate】命令，弹出 "Equation Estimation" 对话框（图 7-29），在弹出的对话框中单击 "Options"，出现权数设定界面，如图 7-30 所示。

权数设定界面有权数设定 "Weights" 栏，先设定类型 "Type"，其下拉列表中有五个选项："None"（无权数）、"Inverse std. dev."（标准差的倒数）、"Inverse variance"（方差的倒数）、"Std. deviation"（标准差）、"Variance"（方差）。一般情况下选择 "Inverse std. dev."。

然后设定权数。在 "Weight series" 中输入权数，本例中输入 "nrdk^(-1)" 或 "1/nrdk"。单击 "确定" 按钮后，得到 WLS 估计结果（图 7-31）。要注意的是，当选择无权数 "None" 时，"Weight series" 处于不可操作状态，只有选择其他类型后才可以输入权数。

2. 命令方式

运用命令方式也可以进行 WLS 估计。命令格式为：ls(权数表达式) 被解释变量名 c 解释名，本例中输入命令：ls(w=nrdk^(-1)) nico c nrdk，执行命令后可以得到与图 7-31 一样的回归结果。不过，用命令方式进行 WLS 估计时，默认的 "Type" 为 "Inverse std. dev."，如果想改变此选项，可以先在回归窗口执行【Estimate】→【Options】命令，进一步更改。

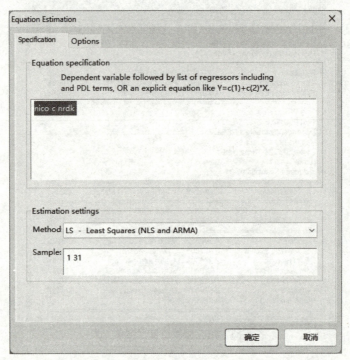

图 7-29 "Equation Estimation"对话框

图 7-30 权数设定界面

接下来对 WLS 估计后的模型进行怀特检验，查看异方差是否消除，怀特检验结果如图 7-32 所示。

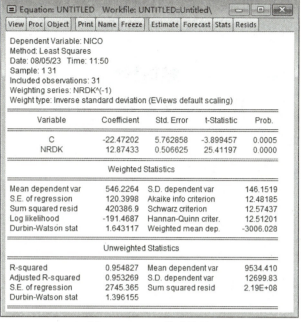

图 7-31　WLS 估计结果

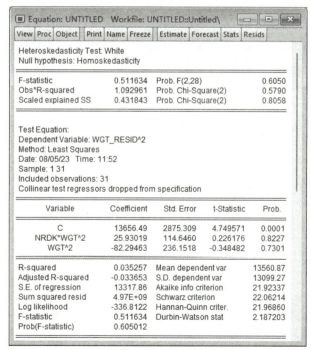

图 7-32　WLS 估计的怀特检验结果

怀特检验结果显示，统计量的 P 值为 0.5790，不能拒绝原假设（同方差），说明异方差已经消除。所以，本例中应该按照图 7-31 的 WLS 估计，报告回归结果，即：

$$\hat{nico} = -22.47202 + 12.87433 nrdk \qquad (7.5)$$

$$\text{s.e} \qquad 5.762858 \quad 0.506625$$

$$t \qquad -3.899457 \quad 25.41197$$

回归结果表明,新产品开发经费对新产品销售收入产生正向影响,新产品开发经费每增加 1 亿元,新产品销售收入平均增加 12.87433 亿元。

第四节 自相关的检验与消除

一、实验要求

理解自相关的含义,学会自相关的图示法检验、DW 检验、偏相关系数检验、LM 检验,能够利用一阶差分变换消除自相关。

二、建模思路与实验数据

消费和收入具有惯性,如果用时间序列数据建立模型,很可能存在自相关,为了更好地学习和掌握自相关的检验与消除,本节选用 1990—2022 年中国居民人均消费支出与人均可支配收入数据进行实验(表 7-5)。

表 7-5　1990—2022 年中国居民人均消费支出与人均可支配收入数据　　单位:元

年份	人均消费支出	人均可支配收入	年份	人均消费支出	人均可支配收入
1990	768	904	2007	6592	8584
1991	844	976	2008	7548	9957
1992	937	1125	2009	8377	10977
1993	1145	1385	2010	9378	12520
1994	1540	1870	2011	10820	14551
1995	1957	2363	2012	12054	16510
1996	2288	2814	2013	13220	18311
1997	2437	3070	2014	14491	20167
1998	2516	3254	2015	15712	21966
1999	2658	3485	2016	17111	23821
2000	2914	3721	2017	18322	25974
2001	3139	4070	2018	19853	28228
2002	3548	4532	2019	21559	30733
2003	3889	5007	2020	21210	32189
2004	4395	5661	2021	24100	35128
2005	5035	6385	2022	24538	36883
2006	5634	7229			

资料来源:国家统计局数据(https://data.stats.gov.cn/easyquery.htm? cn=C01)。

三、实验内容

1. OLS 估计（创建工作文件，定义变量，输入数据，建立模型并进行回归）
2. 自相关检验（包括图示法、DW 检验、偏相关系数检验和 LM 检验）
3. 自相关处理（用迭代法估计模型）

四、实验步骤

（一）OLS 估计

建立时间范围为 1990—2022 年的时间序列工作文件，创建序列组，并输入数据，定义消费为 cons，收入为 inco，建立一元线性回归模型并进行 OLS 估计，人均消费支出对人均可支配收入的初步回归结果如图 7-33 所示。

```
Equation: UNTITLED    Workfile: UNTITLED::Untitled\
View  Proc  Object  Print  Name  Freeze  Estimate  Forecast  Stats  Resids

Dependent Variable: CONS
Method: Least Squares
Date: 08/05/23  Time: 12:23
Sample: 1990 2022
Included observations: 33

Variable        Coefficient   Std. Error    t-Statistic    Prob.

C               508.0357      98.02316      5.182813       0.0000
INCO            0.677047      0.005926      114.2427       0.0000

R-squared               0.997630    Mean dependent var    8803.909
Adjusted R-squared      0.997554    S.D. dependent var    7647.881
S.E. of regression      378.2445    Akaike info criterion 14.76765
Sum squared resid       4435136.    Schwarz criterion     14.85835
Log likelihood          -241.6562   Hannan-Quinn criter.  14.79817
F-statistic             13051.39    Durbin-Watson stat    0.752767
Prob(F-statistic)       0.000000
```

图 7-33　人均消费支出对人均可支配收入的初步回归结果

（二）自相关检验

1. 图示法

在回归窗口单击"Resids"或执行【View】→【Actual, Fitted, Residual】→【Actual, Fitted, Residual Graph】命令，输出残差趋势图（图 7-34）。

从残差趋势图可以看出，残差随着时间的变化连续上升或下降，说明存在正的自相关趋势。利用命令方式[输入命令：scat resid(1) resid]生成残差与其滞后项的散点图（图 7-35）。

由图 7-35 所示散点图可以看出，残差与其滞后项之间存在着明显的正相关关系，说明该模型存在正自相关性。

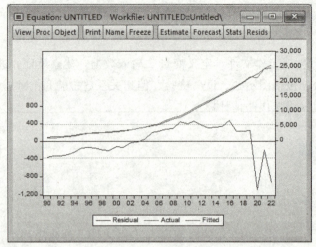

图 7-34 残差趋势图

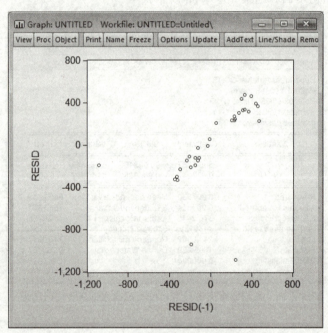

图 7-35 残差与其滞后项的散点图

2. DW 检验

图 7-33 的初步回归结果报告了 DW 统计量为 0.752767，查 DW 临界值表可知，$D_{L,33}=1.38$，DW<1.38，说明模型存在正的一阶自相关。

3. 偏相关系数检验（Q 检验）

（1）命令方式

初步回归后，在命令窗口输入命令：ident resid，执行命令后，出现如图 7-36 所示的对话框，滞后期默认为 16

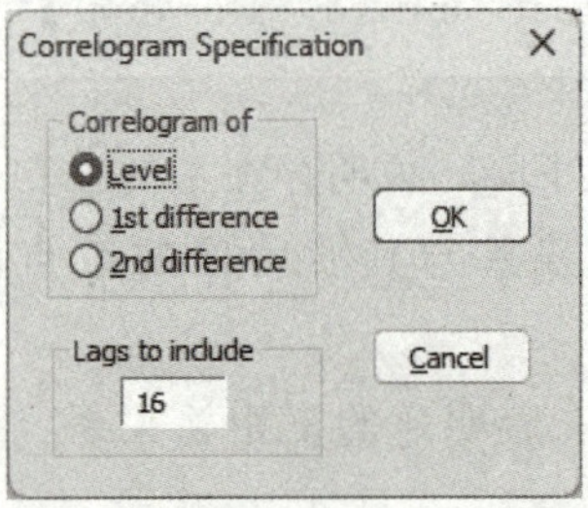

图 7-36 自相关检验对话框

（可以根据需要更改），单击"OK"按钮，出现偏相关系数检验结果。

（2）菜单方式

在回归窗口执行【View】→【Residual- Diagnostics】→【Correlogram-Q-statistics】命令，如图 7-37 所示。

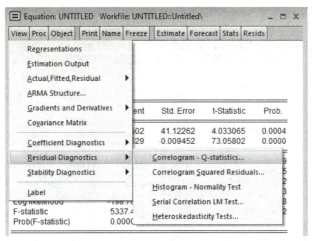

图 7-37　偏相关系数检验操作界面

选择"Correlogram-Q-statistics"后，软件会弹出一个滞后期设定对话框（图 7-38），滞后期默认为 16。单击"OK"按钮后，出现偏相关系数检验结果（图 7-39）。

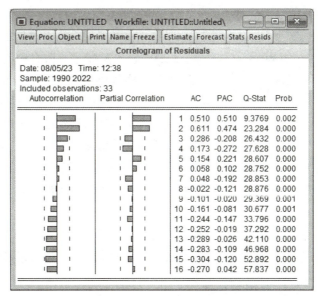

图 7-38　滞后期设定对话框　　　　图 7-39　偏相关系数检验结果

偏相关系数检验结果主要包括以下几个部分：Autocorrelation（自相关图）、Partial Correlation（偏相关系数图）、滞后期、AC（自相关系数）、PAC（偏相关系数）、Q-Stat（Q 统计量）、Prob（P 值）。这里只需要看第二列的偏相关系数图，从图形中可以很容易地看出自相关情况，虚线表示临界范围，超出虚线表明变量与滞后项之间的相关性显著。

第四列也给出了各滞后项之间的相关系数。本例中，滞后 1 期和滞后 2 期的偏相关系数超出第二列右侧虚线部分，说明存在二阶正自相关。

4. LM 检验（BG 检验）

在回归窗口执行【View】→【Residual- Diagnostics】→【Serial Correlation LM Test】命令，如图 7-40 所示。

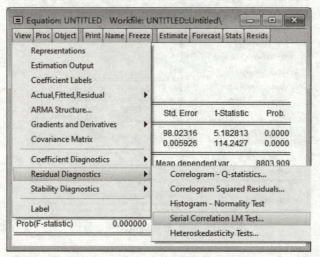

图 7-40　LM 检验操作界面

图 7-41　滞后期设定对话框

选择 LM 检验后，出现如图 7-41 所示的滞后期设定对话框。

在对话框中输入滞后期数，一般从滞后 2 期开始（因为 DW 已经检验了一阶自相关），单击 "OK" 按钮，滞后 2 期的 LM 检验结果（图 7-42）。

LM 检验需要依次增加滞后期数，逐个检验，直到不显著为止，从而确定自相关的阶数。本例中，残差滞后 1 期和滞后 2 期的系数均显著，增加滞后 3 期的检验（在图 7-42 所示的检验结果界面执行【View】→【Residual- Diagnostics】→【Serial Correlation LM Test】命令，在出现的如图 7-41 所示的滞后期设定对话框中，将 2 修改为 3），输出如图 7-43 所示的结果。

滞后 3 期的 LM 检验结果表明，滞后 1 期、滞后 3 期的系数均不显著，说明该模型不存在更高阶的自相关，最终的自相关阶数为 2，与偏相关系数检验结果相同。

（三）自相关处理

检验表明，人均消费支出与人均可支配收入的回归模型存在二阶自相关，需要通过广义差分变换进行消除。如前所述，广义差分变换需要知道自相关系数，迭代法就是一种常用的方法。EViews 给出了用迭代法进行估计的命令 ar()，在 ar 后的括号中输入自相关阶数，如 ar(1)、ar(2) 等。本例的检验结果表明存在二阶自相关，故输入并执行回归命令：ls cons c inco ar(1) ar(2)，迭代法的估计结果如图 7-44 所示。

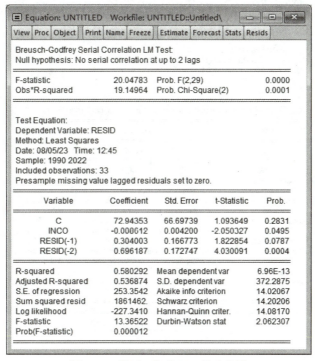

图 7-42 滞后 2 期的 LM 检验结果

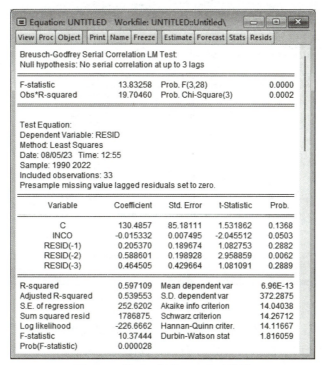

图 7-43 滞后 3 期的 LM 检验结果

从图 7-44 中的估计结果可以看出,DW＝1.920147,说明已经不存在一阶自相关,进一步用前述方法对其进行偏相关系数检验,结果如图 7-45 所示。

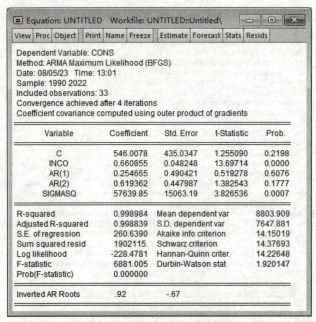

Equation: UNTITLED Workfile: UNTITLED::Untitled\

View | Proc | Object | Print | Name | Freeze | Estimate | Forecast | Stats | Resids

Dependent Variable: CONS
Method: ARMA Maximum Likelihood (BFGS)
Date: 08/05/23 Time: 13:01
Sample: 1990 2022
Included observations: 33
Convergence achieved after 4 iterations
Coefficient covariance computed using outer product of gradients

Variable	Coefficient	Std. Error	t-Statistic	Prob.
C	546.0078	435.0347	1.255090	0.2198
INCO	0.660855	0.048248	13.69714	0.0000
AR(1)	0.254665	0.490421	0.519278	0.6076
AR(2)	0.619362	0.447987	1.382543	0.1777
SIGMASQ	57639.85	15063.19	3.826536	0.0007

R-squared	0.998984	Mean dependent var	8803.909
Adjusted R-squared	0.998839	S.D. dependent var	7647.881
S.E. of regression	260.6390	Akaike info criterion	14.15019
Sum squared resid	1902115.	Schwarz criterion	14.37693
Log likelihood	-228.4781	Hannan-Quinn criter.	14.22648
F-statistic	6881.005	Durbin-Watson stat	1.920147
Prob(F-statistic)	0.000000		

Inverted AR Roots	.92	-.67

图 7-44 迭代法的估计结果

Equation: UNTITLED Workfile: UNTITLED::Untitled\

View | Proc | Object | Print | Name | Freeze | Estimate | Forecast | Stats | Resids

Correlogram of Residuals

Date: 08/05/23 Time: 13:07
Sample: 1990 2022
Q-statistic probabilities adjusted for 2 ARMA terms

Autocorrelation	Partial Correlation		AC	PAC	Q-Stat	Prob*
		1	0.008	0.008	0.0025	
		2	0.181	0.181	1.2290	
		3	0.083	0.083	1.4955	0.221
		4	-0.096	-0.134	1.8603	0.394
		5	0.002	-0.031	1.8604	0.602
		6	-0.006	0.033	1.8619	0.761
		7	0.063	0.094	2.0400	0.844
		8	0.006	-0.010	2.0417	0.916
		9	-0.037	-0.080	2.1082	0.954
		10	-0.045	-0.061	2.2115	0.974
		11	-0.121	-0.085	2.9812	0.965
		12	-0.082	-0.051	3.3509	0.972
		13	-0.081	-0.047	3.7303	0.977
		14	-0.097	-0.080	4.3025	0.977
		15	-0.153	-0.161	5.8093	0.953
		16	-0.074	-0.057	6.1804	0.962

*Probabilities may not be valid for this equation specification.

图 7-45 迭代法估计后的偏相关系数检验结果

由图 7-45 可以看出，没有任何一期的偏相关系数超过虚线部分，说明自相关已经消除，所以本例最终的回归模型如图 7-44 所示，具体表示如下：

$$\widehat{cons}=546.0078+0.660855inco \tag{7.6}$$

$$\begin{array}{lll} s.e & 435.0347 & 0.048248 \\ t & 1.255090 & 13.69714 \end{array}$$

[AR(1)=0.254665，t=0.519278；AR(2)=0.619362，t=1.382543]

（注意：AR项的含义相当于$\hat{\mu}_t = 0.254665\mu_{t-1} + 0.619362\mu_{t-2}$）。

回归结果表明，人均可支配收入对人均消费支出产生正向影响，平均边际消费倾向为0.66。

小结

现实中，经济变量之间往往存在较高的共线性。多元模型中，如果解释变量之间高度相关，就容易产生多重共线性，引起参数估计量方差增大、精度差和t值较低等问题。多重共线性的检验方法包括相关系数检验、方差膨胀因子检验和综合检验法等。解决共线性的方法包括减少解释变量个数、变换模型形式等。

异方差是现实中常常会遇到的问题，有递增、递减或不规则（复杂）的异方差，异方差会使参数估计失去有效性。常用的异方差检验方法有图示法、怀特检验、戈德菲尔德-匡特检验、戈里瑟检验和帕克检验。异方差主要通过加权最小二乘法（WLS）来消除。

时间序列数据往往存在较多的自相关，导致OLS估计失去有效性。自相关的检验方法包括图示法、DW检验、回归检验、偏相关系数检验和拉格朗日乘数（LM）检验。消除自相关的主要方法是进行广义差分变换。

思考题

1. 多重共线性的实质是什么？为什么会出现多重共线性？
2. 什么是加权最小二乘法？它的基本思想是什么？
3. DW检验的应用范围是什么？如何进行DW检验？该检验方法有哪些不足？
4. 广义差分变换的实质是什么？

第三部分
扩展计量模型

第八章

虚拟变量模型

第一节 知识准备

一、虚拟变量的含义

在实际建模过程中，一些定性因素如性别、民族、历史时期、季节、企业所有制性质等对被解释变量的影响常常也需要考虑，所以应在模型中加入这些因素。但定性因素往往表现为某种特征的有或无，很难用数据直接度量，需要构造一个人工变量（取值为 1 或 0），这种人工变量被称作虚拟变量，用 D 表示。含有虚拟变量的模型称虚拟变量模型。

二、虚拟变量的设置

当某定性因素具有 m 种属性时，应该引入 $m-1$ 个虚拟变量，如季节具有四个属性，因此应引入以下三个虚拟变量。

$$D_1=\begin{cases}1 & (1\text{季度}) \\ 0 & (2,3,4\text{季度})\end{cases} \quad D_2=\begin{cases}1 & (2\text{季度}) \\ 0 & (1,3,4\text{季度})\end{cases} \quad D_3=\begin{cases}1 & (3\text{季度}) \\ 0 & (1,2,4\text{季度})\end{cases}$$

如果引入四个虚拟变量，则恒有 $D_1+D_2+D_3+D_4=1$，会产生完全的多重共线性。但是，如果模型没有常数项，则应引入四个虚拟变量。

需要注意的是，虚拟变量中的哪个类别取 0，哪个类别取 1，不影响检验结果。一般将比较的基础设置为 0。

三、虚拟变量的应用

（一）测定截距变动

将虚拟变量作为一个单独的解释变量引入模型，就可以测定截距变动，如：

$$y = \beta_0 + \beta_1 x + \beta_2 D + \mu \tag{8.1}$$

式中，y，x 为定量变量；D 为虚拟变量。当 $D=0$ 或 $D=1$ 时，模型可表示为：

$$y = \begin{cases} \beta_0 + \beta_1 x + \mu & D=0 \\ (\beta_0 + \beta_2) + \beta_1 x + \mu & D=1 \end{cases} \tag{8.2}$$

对比虚拟变量的两种情况，可以发现仅仅是截距不同，这一差异被认为是由虚拟变量引起的，这种引入虚拟变量的方式称加法方式，这种模型称加法模型。

(二) 测定斜率变动

将虚拟变量与解释变量的交互项引入模型，就可以测定斜率变动，如：

$$y = \beta_0 + \beta_1 x + \beta_2 x D + \mu \tag{8.3}$$

式(8.3) 中的变量含义与式(8.1) 相同。当 $D=0$ 或 $D=1$ 时，式(8.3) 可表示为：

$$y = \begin{cases} \beta_0 + \beta_1 x + \mu & D=0 \\ \beta_0 + (\beta_1 + \beta_2) x + \mu & D=1 \end{cases} \tag{8.4}$$

对比虚拟变量的两种情况，可以发现只是斜率不同，这一差异被认为是由虚拟变量引起的，这种引入方式称乘法方式，这种模型称乘法模型。

事实上，人们在回归时为了检验虚拟变量的影响，常常是加法模型和乘法模型同时使用，这种模型被称为混合模型，如：

$$y = \beta_0 + \beta_1 x + \beta_2 D + \beta_3 x D + \mu \tag{8.5}$$

通过检验虚拟变量 D 及其与解释变量交互项的系数是否显著，可以确定模型的具体形式。

(三) 模型结构的稳定性检验

如果有两个样本，二者是否可以合并？

样本 1：$y = b_0 + b_1 x + \mu_t$

样本 2：$y = a_0 + a_1 x + \mu_t$

设定虚拟变量

$$D = \begin{cases} 1 & 样本 2 \\ 0 & 样本 1 \end{cases}$$

将两个样本合并（以取值为 0 的样本模型为基础，引入的虚拟变量的系数等于取值为 1 的参数与取值为 0 的相应参数之差），建立以下模型：

$$y = b_0 + (a_0 - b_0) D_1 + b_1 x + (a_1 - b_1) x D_1 + \mu_t \tag{8.6}$$

① 重合回归：D_1、$x D_1$ 的系数均等于零。
② 平行回归：D_1 的系数不等于零，$x D_1$ 的系数等于零。
③ 汇合回归：D_1 的系数等于零，$x D_1$ 的系数不等于零；
④ 相异回归：D_1、$x D_1$ 的系数均不等于零。

只有在第一种情况下，模型结构是稳定的。

(四) 分段回归

在回归模型中加入一个虚拟变量与解释变量和间断点观测值差的乘积项，可以测定回归模型中的断点问题，形式如下：

$$y = \beta_0 + \beta_1 x + \beta_2 (x - x^*) D_1 + \mu \tag{8.7}$$

通过对式(8.7)进行回归，检验虚拟变量的系数是否显著。如果显著，表明模型存在断点，即存在一个临界点 x^*，在该临界点前后，解释变量与被解释变量的关系发生了变化。

第二节 虚拟变量模型回归

一、实验要求

掌握虚拟变量的应用方法。学会构建虚拟变量模型，能够利用软件对虚拟变量模型进行参数估计及检验。

二、建模思路与实验数据

不同地区有不同的风俗习惯，这种地区差异是否存在于消费与收入的关系中？本节拟引入反映地区因素的虚拟变量，构建虚拟变量模型并进行检验，实验选用2021年中国31个省份的城镇居民人均消费与人均收入数据（表8-1）。

表8-1　2021年中国31个省份的城镇居民人均消费、人均收入、虚拟变量及相关交互项

地区	人均消费(cons)/元	人均收入(inco)/元	D_1	D_2	inD_1	inD_2
北京	46776	81518	1	0	81518	0
天津	36067	51486	1	0	51486	0
河北	24192	39791	1	0	39791	0
山西	21966	37433	0	1	0	37433
内蒙古	27194	44377	0	1	0	44377
辽宁	28438	43051	1	0	43051	0
吉林	24421	35646	0	1	0	35646
黑龙江	24422	33646	0	1	0	33646
上海	51295	82429	1	0	82429	0
江苏	36558	57744	1	0	57744	0
浙江	42194	68487	1	0	68487	0
安徽	26495	43009	0	1	0	43009
福建	33942	51141	1	0	51141	0
江西	24587	41684	0	1	0	41684
山东	29314	47066	1	0	47066	0

续表

地区	人均消费(cons)/元	人均收入(inco)/元	D_1	D_2	inD_1	inD_2
河南	23178	37095	0	1	0	37095
湖北	28506	40278	0	1	0	40278
湖南	28294	44866	0	1	0	44866
广东	36621	54854	1	0	54854	0
广西	22555	38530	0	0	0	0
海南	27565	40213	1	0	40213	0
重庆	29850	43503	0	0	0	0
四川	26971	41444	0	0	0	0
贵州	25333	39211	0	0	0	0
云南	27441	40905	0	0	0	0
西藏	28159	46503	0	0	0	0
陕西	24784	40713	0	0	0	0
甘肃	25757	36187	0	0	0	0
青海	24513	37745	0	0	0	0
宁夏	25386	38291	0	0	0	0
新疆	25724	37642	0	0	0	0

注：资料来源于《中国统计年鉴》。表中 $inD_1 = inco \times D_1$，$inD_2 = inco \times D_2$。

三、实验内容

1. 基础准备（创建工作文件，创建序列组）
2. 构建虚拟变量模型
3. 估计虚拟变量模型
4. 调整模型

四、实验步骤

(一) 基础准备

1. 创建工作文件

创建一个包含 31 个截面的工作文件（输入命令：create u 31）。

2. 创建序列组

用 cons 表示人均消费，inco 表示人均收入，引入两个虚拟变量 D_1、D_2。

$$D_1 = \begin{cases} 1 & 东部 \\ 0 & 其他 \end{cases}, \quad D_2 = \begin{cases} 1 & 中部 \\ 0 & 其他 \end{cases} \tag{8.8}$$

在命令窗口输入命令：data cons inco d1 d2 ind1 ind2，创建序列，并输入数据。

(二) 构建虚拟变量模型

1. 加法方式

为分析不同地区间城镇居民人均消费的差异，可以通过加法方式引入虚拟变量，建立以下虚拟变量模型：

$$\text{cons} = \beta_0 + \beta_1 \text{inco} + \beta_2 D_1 + \beta_3 D_2 + \mu \tag{8.9}$$

2. 乘法方式

如果想进一步分析不同地区间城镇居民边际消费倾向的差异，可以通过乘法方式引入虚拟变量，建立以下虚拟变量模型：

$$\text{cons} = \beta_0 + \beta_1 \text{inco} + \beta_2 \text{inD}_1 + \beta_3 \text{inD}_2 + \mu \tag{8.10}$$

(三) 估计虚拟变量模型

1. 估计加法模型

对于式(8.9)，可以在命令窗口输入命令：ls cons c inco d1 d2，执行命令后得到加法模型估计结果，如图 8-1 所示。

```
Dependent Variable: CONS
Method: Least Squares
Date: 08/06/23   Time: 09:14
Sample: 1 31
Included observations: 31

Variable         Coefficient   Std. Error    t-Statistic   Prob.
C                4819.111      1423.209      3.386088      0.0022
INCO             0.529786      0.033224      15.94577      0.0000
D1               1150.979      891.0937      1.291648      0.2074
D2               -443.3654     751.2787      -0.590148     0.5600

R-squared             0.949367    Mean dependent var    29306.39
Adjusted R-squared    0.943742    S.D. dependent var    7046.550
S.E. of regression    1671.362    Akaike info criterion 17.80058
Sum squared resid     75423143    Schwarz criterion     17.98561
Log likelihood        -271.9090   Hannan-Quinn criter.  17.86089
F-statistic           168.7511    Durbin-Watson stat    2.098560
Prob(F-statistic)     0.000000
```

图 8-1 加法模型估计结果

图 8-1 中的估计结果显示，虚拟变量 D_1、D_2 的系数均不显著，将虚拟变量 D_1、D_2 单独引入模型，结果也都不显著（结果略），说明不同地区间城镇居民自主消费倾向的差异不显著。

2. 估计乘法模型

对于式(8.10)，可以在命令窗口输入命令：ls cons c inco ind1 ind2，执行命令后得到乘法模型估计结果，如图 8-2 所示。

图 8-2 中的估计结果显示，两个虚拟变量交互项的系数均不显著，说明不同地区间城镇居民的边际消费倾向差异不显著。

```
Equation: UNTITLED   Workfile: UNTITLED::Untitled\
View  Proc  Object    Print  Name  Freeze    Estimate  Forecast  Stats  Resids

Dependent Variable: CONS
Method: Least Squares
Date: 08/06/23   Time: 09:25
Sample: 1 31
Included observations: 31

Variable        Coefficient   Std. Error    t-Statistic   Prob.

C                5973.811     1823.554      3.275917     0.0029
INCO             0.500760     0.046964      10.66273     0.0000
IND1             0.029606     0.021185      1.397500     0.1736
IND2            -0.012012     0.018568     -0.646932     0.5231

R-squared            0.950383    Mean dependent var    29306.39
Adjusted R-squared   0.944870    S.D. dependent var    7046.550
S.E. of regression   1654.512    Akaike info criterion 17.78031
Sum squared resid    73910039   Schwarz criterion     17.96534
Log likelihood      -271.5949    Hannan-Quinn criter.  17.84063
F-statistic          172.3900    Durbin-Watson stat    2.102617
Prob(F-statistic)    0.000000
```

图 8-2　乘法模型估计结果

（四）调整模型

通过前面的分析可知，无论是加法模型还是乘法模型，虚拟变量及其与解释变量交互项的系数均不显著，但图 8-2 的估计结果中的 ind1 的 P 值较小，所以将 ind1 单独引入模型，构建以下模型：

$$\text{cons}_i = \beta_0 + \beta_1 \text{inco} + \beta_2 \text{inD}_1 + \mu \tag{8.11}$$

式(8.11) 中，引入虚拟变量的目的是分析东部地区和中、西部地区城镇居民边际消费倾向的差异（当 D_1 为 1 时，表示东部地区，为 0 时表示非东部即中部和西部地区）。

在命令窗口输入命令：ls cons c inco ind1，得到调整后的模型估计结果（图 8-3）。

```
Equation: UNTITLED   Workfile: UNTITLED::Untitled\
View  Proc  Object    Print  Name  Freeze    Estimate  Forecast  Stats  Resids

Dependent Variable: CONS
Method: Least Squares
Date: 08/06/23   Time: 09:27
Sample: 1 31
Included observations: 31

Variable        Coefficient   Std. Error    t-Statistic   Prob.

C                5965.086     1804.470      3.305727     0.0026
INCO             0.495601     0.045799      10.82132     0.0000
IND1             0.034910     0.019330      1.806013     0.0817

R-squared            0.949614    Mean dependent var    29306.39
Adjusted R-squared   0.946015    S.D. dependent var    7046.550
S.E. of regression   1637.242    Akaike info criterion 17.73118
Sum squared resid    75055703   Schwarz criterion     17.86995
Log likelihood      -271.8333   Hannan-Quinn criter.   17.77642
F-statistic          263.8553   Durbin-Watson stat     2.073021
Prob(F-statistic)    0.000000
```

图 8-3　调整后的模型估计结果

图 8-3 中的结果显示，交互项系数通过了 10% 的显著性检验，与前面的加法模型和乘法模型相比，拟合优度和 F 统计量也显著提高，说明调整后的模型更优。从最终结果来

看，东部地区城镇居民边际消费倾向高于中西部地区。

小结

对于定性因素，由于难以定量度量，常常需要通过引入虚拟变量来建立模型，从而进行研究。对于虚拟变量的设置，一般是将比较的基础取值为 0，如果定性因素有 m 个属性，则引入 $m-1$ 个虚拟变量，通过加法或乘法形式将虚拟变量引入模型。虚拟变量模型在测定截距变动、测定斜率变动、模型结构的稳定性检验、分段回归等方面有着较多的应用。

思考题

1. 什么是虚拟变量？它在模型中的主要作用是什么？
2. 虚拟变量的引入方式有哪些？它们分别适用于什么情况？
3. 引入虚拟变量的背景是什么？不同引入方式会产生何种效应？

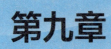

第九章

滞后变量模型

第一节 知识准备

一、滞后效应与滞后变量模型概述

（一）滞后效应

现实中，解释变量与被解释变量之间的因果联系往往不能在短时间内全部完成，这一联系过程通常都存在时间滞后，也就是说，解释变量需要经过一段时间才能完全作用于被解释变量。此外，由于经济活动的惯性，一个经济指标以前的变化态势往往会延续到当期，从而形成被解释变量的当期变化同自身过去值相关的情形。这种被解释变量受自身或其他经济变量过去值影响的现象被称为滞后效应。

（二）滞后变量模型的定义

在经济运行过程中，广泛存在着滞后效应。某个经济变量不但受到同期的各种因素的影响，而且受到过去时期的各种因素甚至自身过去值的影响。通常把这种过去时期的，具有滞后作用的变量叫作滞后变量（Lagged Variable）。含有滞后变量的模型称滞后变量模型。

滞后变量模型考虑了时间因素的作用，使静态分析变为动态分析，这在理论上和方法上都是一个进步，滞后变量模型也更接近于真实的经济过程。

（三）滞后变量模型的分类

1. 分布滞后模型

解释变量对被解释变量的影响分布在解释变量的不同时期，例如以下模型：

$$y_t = \alpha + \beta_0 x_t + \beta_1 x_{t-1} + \cdots + \beta_k x_{t-k} + \mu_t \tag{9.1}$$

具有这种滞后分布结构的模型被称为分布滞后模型，其中，k 为滞后长度。根据滞后

长度 k 是有限的还是无限的,模型可分为有限分布滞后模型和无限分布滞后模型。

2. 自回归模型

如果滞后变量模型的解释变量仅包括自变量 x 的当期值和被解释变量的若干期滞后值,模型形如:

$$y_t = \alpha + \beta_0 x_t + \gamma_1 y_{t-1} + \cdots + \gamma_p y_{t-p} + \mu_t \tag{9.2}$$

则称这类模型为自回归模型,其中,p 为自回归模型的阶数。

二、产生滞后效应的原因

产生滞后效应的原因主要有以下几个。
① 经济变量自身原因。
② 心理原因。在经济转型变革时期,人们往往因心理定势,而不能及时适应新的变化,表现为行为决策滞后。
③ 技术原因。投入和产出之间总是存在时间滞后。
④ 制度原因。契约因素:合同,定期存款;管理因素:管理层次过多,信息不灵。

三、分布滞后模型的估计

分布滞后模型估计面临的困难主要有:自由度问题;多重共线性问题;滞后长度难以确定问题。

分布滞后模型的处理方法是:对于有限分布滞后模型,主要是设法减少模型中需要直接估计的参数个数,以缓解多重共线性,保证自由度;对于无限分布滞后模型,主要是通过适当的模型变换,使原模型转化为只需要估计有限个参数的自回归模型。

(一) 经验加权法

所谓经验加权法,是根据实际经济问题的特点及经验判断,赋予滞后变量一定的权数,利用这些权数构建各滞后变量的线性组合,以形成新的变量,再应用 OLS 估计。常见的滞后结构类型有递减滞后结构、不变滞后结构、A 型滞后结构。

例如,对于以下模型:

$$y_t = \alpha + \beta_0 x_t + \beta_1 x_{t-1} + \beta_2 x_{t-2} + \beta_3 x_{t-3} + \mu_t \tag{9.3}$$

假定权数结构为:$1, \frac{1}{2}, \frac{1}{4}, \frac{1}{8}$。其含义相当于 $\beta_0 : \beta_1 : \beta_2 : \beta_3 = 1 : \frac{1}{2} : \frac{1}{4} : \frac{1}{8}$,将这种关系代入式(9.3),有:

$$y_t = \alpha + \beta_0 \left(x_t + \frac{1}{2} x_{t-1} + \frac{1}{4} x_{t-2} + \frac{1}{8} x_{t-3} \right) + \mu_t \tag{9.4}$$

令 $z_1 = x_t + \frac{1}{2} x_{t-1} + \frac{1}{4} x_{t-2} + \frac{1}{8} x_{t-3}$,则式(9.4)变为如下一元线性回归模型:

$$y_t = \alpha + \beta_0 z_1 + \mu_t \tag{9.5}$$

对式(9.5)进行 OLS 估计可以得到相关参数,再利用前面的权数结构,可以进一步计算出原模型中的所有参数。

经验加权法的优点是简单易行，不损失自由度，能够避免多重共线性干扰，以及参数估计具有一致性。

经验加权法的缺点是设置权数的主观随意性较大，要求分析者对实际问题的特征有比较透彻的了解。

通常的做法是依据先验信息，多选几组权数，分别估计多个模型，然后根据判定系数、F 统计量、t 统计量、估计标准误及 DW 值，选出最佳的模型。

（二）阿尔蒙法

阿尔蒙法的基本原理是：在有限分布滞后模型滞后长度 k 已知的情况下，把滞后项系数的取值结构看成相应滞后期 i 的函数。在以滞后期 i 为横轴、滞后项系数取值为纵轴的坐标系中，如果这些滞后项系数落在一条光滑曲线上，或近似落在一条光滑曲线上，滞后项系数就可以由一个关于 i 的次数较低的 m 次多项式（这种多项式被称为阿尔索多项式）很好地逼近，即：

$$\beta_i = \alpha_0 + \alpha_1 i + \alpha_2 i^2 + \cdots + \alpha_m i^m$$
$$i = 0, 1, 2, \cdots, k, \quad m < k \tag{9.6}$$

将阿尔蒙多项式变换代入有限分布滞后模型并整理，模型变为如下形式：

$$y_t = \alpha + \alpha_0 z_{0t} + \alpha_1 z_{1t} + \cdots + \alpha_m z_{mt} + \mu_t \tag{9.7}$$

其中，

$$z_{0t} = x_t + x_{t-1} + x_{t-2} + \cdots + x_{t-k}$$
$$z_{1t} = x_{t-1} + 2x_{t-2} + 3x_{t-3} + \cdots + kx_{t-k}$$
$$z_{2t} = x_{t-1} + 2^2 x_{t-2} + 3^2 x_{t-3} + \cdots + k^2 x_{t-k}$$
$$\vdots$$
$$z_{mt} = x_{t-1} + 2^m x_{t-2} + 3^m x_{t-3} + \cdots + k^m x_{t-k}$$

对于上述模型，在满足古典假定的条件下，可用最小二乘法进行估计。将估计的参数值代入阿尔蒙多项式，就可求出原有限分布滞后模型参数的估计值。

在实际应用中，阿尔蒙多项式的次数 m 通常取值较小，一般取 2 或 3，很少超过 4。

第二节
分布滞后模型的估计

一、实验要求

学会建立分布滞后模型，掌握经验加权法和阿尔蒙法，学会对有限分布滞后模型进行估计。

二、建模思路与实验数据

内生经济增长理论强调了科技进步在经济增长中的作用,创新驱动发展战略是提升经济增长质量的关键。创新需要大量的前期投入,从技术研发到创新成果产生,再到创新成果转化运用,实现经济增长,需要经过较长时间,也就是说创新投入对经济增长的影响具有典型的滞后效应。基于此,本节拟建立滞后变量模型,分析创新投入对经济增长的影响,研发(R&D)经费支出是常用的反映创新水平的指标,因此用 R&D 经费支出表示创新投入,用 GDP 表示经济增长,实验选用 1996—2022 年中国 GDP 与 R&D 经费支出数据(表 9-1)。

表 9-1 1996—2022 年中国 GDP 与 R&D 经费支出数据   单位:亿元

年份	GDP	R&D 经费支出	年份	GDP	R&D 经费支出
1996	71813.6	404.48	2010	412119.3	7063.00
1997	79715.0	509.16	2011	487940.2	8687.00
1998	85195.5	551.12	2012	538580.0	10298.41
1999	90564.4	678.91	2013	592963.2	11846.60
2000	100280.1	896.00	2014	643563.1	13015.63
2001	110863.1	1042.49	2015	688858.2	14169.88
2002	121717.4	1287.64	2016	746395.1	15676.75
2003	137422.0	1539.63	2017	832035.9	17606.13
2004	161840.2	1966.33	2018	919281.1	19677.93
2005	187318.9	2449.97	2019	986515.2	22143.60
2006	219438.5	3003.10	2020	1013567.0	24393.11
2007	270092.3	3710.24	2021	1149237.0	27956.31
2008	319244.6	4616.02	2022	1210207.2	30870.00
2009	348517.7	5802.11			

资料来源:国家统计局数据(https://data.stats.gov.cn/easyquery.htm?cn=C01)。

三、实验内容

1. 创建工作文件,创建变量序列并输入数据
2. 建立分布滞后模型
3. 运用经验加权法估计参数
4. 运用阿尔蒙法估计参数

四、实验步骤

(一)创建工作文件,创建变量序列并输入数据

根据资料建立时间范围为 1996—2022 年的工作文件(输入命令:create a 1996

2022），用 gdp 表示 GDP，用 rdk 表示 R&D 经费支出，创建变量序列并输入数据（data gdp rdk）。

（二）建立分布滞后模型

使用交叉相关分析命令"cross"，在命令窗口输入命令：cross gdp rdk，出现"Lag Specification"（滞后期设定）对话框（图 9-1），选择滞后期数，默认条件下滞后期数为 12，单击"OK"按钮，交叉相关分析结果如图 9-2 所示。

图 9-1 "Lag Specification" 对话框

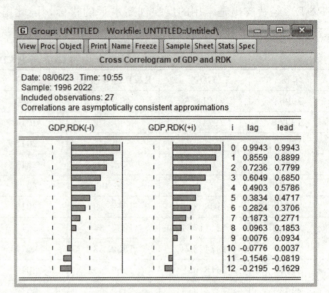

图 9-2 交叉相关分析结果

图 9-2 中，第 1、2 列分别为 GDP 与 R&D 经费支出各滞后期、超前期的交叉相关系数图，超过虚线的部分表明相关显著，第 3 列为滞后期数，第 4、5 列分别为 GDP 与 R&D 经费支出各滞后期、超前期交叉相关系数的值。观察第 1 列可以发现，滞后期数 i 应为 4，因此建立滞后期数为 4 的多项式模型，即：

$$\mathrm{gdp}_t = \alpha + \beta_0 \mathrm{rdk}_t + \beta_1 \mathrm{rdk}_{t-1} + \cdots + \beta_5 \mathrm{gdp}_{t-4} + \mu_t \tag{9.8}$$

（三）运用经验加权法估计参数

运用经验加权法估计时，首先要给定权数结构，在此我们给定以下三种权数结构：
① 递减滞后结构：1，4/5，3/5，2/5，1/5。
② 不变滞后结构：1/5，1/5，1/5，1/5，1/5。
③ A 型滞后结构：2/5，3/5，4/5，3/5，1/5。

利用软件生成 Z_1，Z_2，Z_3 三个序列（分别对应上述三种结构），分别进行回归。在命令窗口依次执行以下命令：

genr z1＝rdk＋4/5 * rdk(−1)＋3/5 * rdk(−2)＋2/5 * rdk(−3)＋1/5 * rdk(−4)
genr z2＝1/5 * rdk＋1/5 * rdk(−1)＋1/5 * rdk(−2)＋1/5 * rdk(−3)＋1/5 * rdk(−4)

```
genr z3=2/5 * rdk+3/5 * rdk(-1)+4/5 * rdk(-2)+3/5 * rdk(-3)+1/5 * rdk(-4)
ls gdp c z1
ls gdp c z2
ls gdp c z3
```

需要特别说明的是，在 EViews 中，变量后的（−1）表示滞后 1 期，如 rdk（−1）表示 rdk_{t-1}，其他依次类推。

执行命令后，得到的回归结果如图 9-3、图 9-4、图 9-5 所示。

Equation: UNTITLED Workfile: UNTITLED::Untitled\

View | Proc | Object | Print | Name | Freeze | Estimate | Forecast | Stats | Resids

Dependent Variable: GDP
Method: Least Squares
Date: 08/06/23 Time: 11:19
Sample (adjusted): 2000 2022
Included observations: 23 after adjustments

Variable	Coefficient	Std. Error	t-Statistic	Prob.
C	128873.5	13936.94	9.246901	0.0000
Z1	14.49122	0.380544	38.08027	0.0000

R-squared	0.985725	Mean dependent var	530347.7
Adjusted R-squared	0.985045	S.D. dependent var	357470.8
S.E. of regression	43714.93	Akaike info criterion	24.29171
Sum squared resid	4.01E+10	Schwarz criterion	24.39045
Log likelihood	-277.3546	Hannan-Quinn criter.	24.31654
F-statistic	1450.107	Durbin-Watson stat	0.316042
Prob(F-statistic)	0.000000		

图 9-3 递减滞后结构的回归结果

Equation: UNTITLED Workfile: UNTITLED::Untitled\

View | Proc | Object | Print | Name | Freeze | Estimate | Forecast | Stats | Resids

Dependent Variable: GDP
Method: Least Squares
Date: 08/06/23 Time: 11:22
Sample (adjusted): 2000 2022
Included observations: 23 after adjustments

Variable	Coefficient	Std. Error	t-Statistic	Prob.
C	137206.9	14928.87	9.190707	0.0000
Z2	46.31808	1.319214	35.11037	0.0000

R-squared	0.983250	Mean dependent var	530347.7
Adjusted R-squared	0.982452	S.D. dependent var	357470.8
S.E. of regression	47353.10	Akaike info criterion	24.45159
Sum squared resid	4.71E+10	Schwarz criterion	24.55033
Log likelihood	-279.1933	Hannan-Quinn criter.	24.47643
F-statistic	1232.738	Durbin-Watson stat	0.287044
Prob(F-statistic)	0.000000		

图 9-4 不变滞后结构的回归结果

比较而言，递减滞后结构的拟合优度、F 统计量、t 统计量更大，说明递减滞后结构

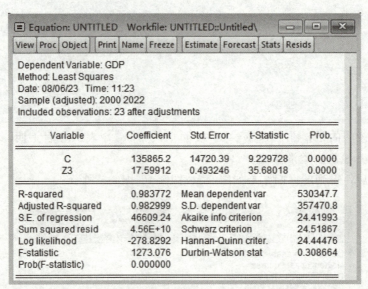

图 9-5　A 型滞后结构的回归结果

更适用于该问题的研究。需要说明的是，经验加权法具有很大的主观性，本例中，在初步确定为递减滞后结构后，可以多选取几种递减的权数结构进行比较，从而获得更优的估计结果。

（四）运用阿尔蒙法估计参数

在 EViews 中，用阿尔蒙法进行估计的命令为"pdl"，格式为：ls 被解释变量名 c pdl（解释变量名，k，m，d），具体含义如下。

① k 为滞后长度。

② m 为多项式次数。

③ d 为分布滞后特征控制的参数。有以下三个参数可以选择。

1——近端约束，强制在分布的近期（β_0）趋近于 0。

2——远端约束，强制在分布的远期（β_k）趋近于 0。

3——同时采用近端约束和远端约束，限制在分布的近期和远期（β_0，β_k）都趋近于 0。实践中，不加任何限制，即默认为 0。本例的命令为：ls gdp c pdl(rdk, 4, 2)，当然，m 也可以取 3，本例中，m 取 2 的效果更好一些。阿尔蒙法估计结果如图 9-6 所示。

需要说明的是，EViews 所采用的滞后项系数变换不是阿尔蒙多项式，而是阿尔蒙多项式的派生公式：$\hat{\beta}_i = \alpha_0 + (i-1)\alpha_1 + (i-1)^2 \alpha_2$，但这并不影响最终的估计结果。

根据派生公式可以计算出解释变量及其滞后项的系数，不过，软件已经报告了换算的最终结果。在图 9-6 下方的"Lag Distribution of"中报告了各个系数及其统计量。本例最终的估计结果显示，R&D 经费支出及其滞后项对 GDP 的边际影响分别为 37.0647、17.8085、2.57397、−8.63882、−15.8299。

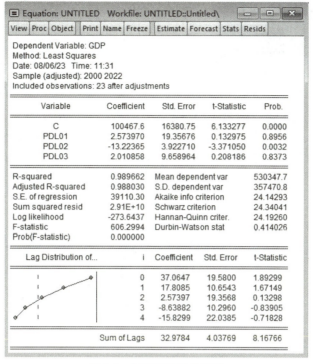

图 9-6 阿尔蒙法估计结果

小结

由于心理、技术及制度等原因，经济变量之间的影响往往具有滞后效应。含有滞后变量的模型称滞后变量模型。如果滞后变量只是解释变量的滞后，则称模型为分布滞后模型；如果滞后变量只是被解释变量的滞后，则称模型为自回归模型。

分布滞后模型根据滞后长度可以分为有限分布滞后模型与无限分布滞后模型。对于有限分布滞后模型，各滞后变量之间的共线性、自由度损失较多、滞后长度难以确定等问题，给模型估计带来了困难。实践中，可以通过经验加权法和阿尔蒙法进行估计。对于无限分布滞后模型，不能直接估计。

思考题

1. 什么是滞后效应，其产生原因有哪些？
2. 有限分布滞后模型的估计存在哪些困难，用什么方法克服？其核心思想是什么？

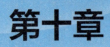

第十章 时间序列分析

第一节 知识准备

一、平稳和非平稳时间序列

(一) 平稳时间序列

平稳时间序列是指统计规律不会随着时间变化而变化的时间序列。直观来看，平稳时间序列是围绕其平均值上下波动的曲线，理论上它可分为严平稳时间序列和弱平稳时间序列。

1. 严平稳时间序列

如果 $P\{y_{t_1} \leqslant b_1, y_{t_2} \leqslant b_2, \cdots, y_{t_n} \leqslant b_n\} = P\{y_{t_1+m} \leqslant b_1, y_{t_2+m} \leqslant b_2, \cdots, y_{t_n+m} \leqslant b_n\}$，则称时间序列是严平稳时间序列。其中，$m$，$n$ 为任意正整数，$t_1 < t_2 < \cdots < t_n$，$t_i \in T$，$b_1, b_2, \cdots, b_n$ 是实数。

2. 弱平稳时间序列

如果满足：①$E(y_t) = \mu$；②$\mathrm{Var}(y_t) = \sigma^2$；③$\mathrm{Cov}(y_t, y_{t+k}) = r_k$，其中 $t = 1, 2, \cdots$，r_k 与 t 无关，则称时间序列 $\{y_{t_1}, t = 1, 2, \cdots\}$ 是弱平稳时间序列。

通常所说的平稳时间序列是指弱平稳时间序列。

(二) 非平稳时间序列

非平稳时间序列是指统计规律随着时间变化而发生变化的时间序列，下面介绍几种非平稳时间序列。

1. 随机游走序列

$$y_t = y_{t-1} + \mu_t \tag{10.1}$$

式中，μ_t 为白噪声。

式(10.1) 是一个简单的随机过程，由此可知，$E(y_t)=E(y_{t-1})$，$\mathrm{Var}(y_t)=\mathrm{Var}(y_0+\sum_{i=1}^{t}\mu_i)=t\sigma^2$，弱平稳时间序列的第二个条件不满足，所以随机游走序列是非平稳时间序列。若将其写成一阶差分形式：

$$\Delta y_t = y_t - y_{t-1} = \mu_t \tag{10.2}$$

则一阶差分 Δy_t 是一个平稳时间序列。

2. 带漂移的随机游走序列

$$y_t = \mu + y_{t-1} + \mu_t \tag{10.3}$$

式中，μ 为非零常数，μ_t 为白噪声。

式(10.3) 的一阶差分为 $\Delta y_t = y_t - y_{t-1} = \mu + \mu_t$，表明时间序列向上或向下漂移，所以 μ 被称为"漂移项"。由式(10.3) 可知，$E(y_t)=y_0+t\mu$，$\mathrm{Var}(y_t)=\mathrm{Var}(y_0+t\mu+\sum_{i=1}^{t}\mu_i)=t\sigma^2$，弱平稳时间序列的第一、二个条件不满足，所以带漂移的随机游走序列也是非平稳时间序列。

3. 带趋势项的随机游走序列

带趋势项的随机游走序列 y_t 可以表示为：

$$y_t = \mu + \beta t + y_{t-1} + \mu_t \tag{10.4}$$

同理可知，带趋势项的随机游走序列也是非平稳时间序列。

二、时间序列的平稳性检验

（一）散点图判断

绘制某时间序列与时间的散点图，如果散点图围绕其均值上下波动，则认为该时间序列是平稳的。如果存在明显的上升或下降趋势，则该时间序列是非平稳的。

（二）样本自相关函数判断

样本自相关函数如下：

$$\hat{\rho}_k = \frac{\sum_{t=1}^{T-k}(y_t-\overline{y})(y_{t+k}-\overline{y})}{\sum_{i=1}^{T}(y_t-\overline{y})^2} \tag{10.5}$$

若时间间隔期数 k 增大，样本自相关系数 $\hat{\rho}_k$ 迅速衰减，则认为该时间序列是平稳的；如果衰减缓慢，则认为是非平稳的。

（三）单位根检验

事实上，式(10.1) 至式(10.3) 是式(10.4) 的特例，其更一般的形式为：

$$y_t = \alpha + \gamma y_{t-1} + \mu_t \tag{10.6}$$

如果 $\alpha=0$，式(10.6) 可以写为：

$$y_t = \gamma y_{t-1} + \mu_t \tag{10.7}$$

式(10.7) 是一个一阶自回归过程，当 $|\gamma|<1$ 时，可以证明时间序列是平稳的。其他情况是非平稳的。该式两端同时减去 y_{t-1}，可得：

$$\Delta y_t = \gamma y_{t-1} - y_{t-1} + \mu_t = \delta y_{t-1} + \mu_t \quad (\delta = \gamma - 1) \tag{10.8}$$

对多数时间序列而言，γ 为正，所以检验等价于检验 $\delta<0$，假设检验为：

$$H_0: \delta \geqslant 0; \ H_1: \delta < 0 \tag{10.9}$$

如果 $\delta<0$，时间序列是平稳的；如果 $\delta\geqslant 0$，时间序列是非平稳的。但是，当 $\delta=0$，即 $\gamma=1$ 时，时间序列是一个随机游走序列，即一阶差分是平稳的，所以平稳性检验常常简化为检验 $\delta=0$ 或 $\gamma=1$ 的问题，也称单位根检验。

1. DF 检验（Dickey-Fuller Test）

DF 检验的基本思路是估计式(10.8)，得到 t_δ 统计量，然后进行检验（左单侧检验），如果 $t_\delta<\tau$（τ 为临界值），则拒绝 H_0，时间序列为平稳的；反之，说明时间序列存在单位根，时间序列是非平稳的。

2. ADF 检验（Augmented Dickey-Fuller Test）

DF 检验没有考虑到自相关问题，因此现在普遍采用扩展的 DF 检验，即 ADF 检验进行单位根检验。该检验的基本模型有以下三种。

$$\text{模型 1：} \Delta y_t = \delta y_{t-1} + \sum_{j=1}^{p} \lambda_j \Delta y_{t-j} + \mu_t$$

$$\text{模型 2：} \Delta y_t = \mu + \delta y_{t-1} + \sum_{j=1}^{p} \lambda_j \Delta y_{t-j} + \mu_t$$

$$\text{模型 3：} \Delta y_t = \mu + \beta t + \delta y_{t-1} + \sum_{j=1}^{p} \lambda_j \Delta y_{t-j} + \mu_t$$

ADF 检验由模型 3 开始检验，再依次检验模型 2 和模型 1。如果其中任何一个模型不存在单位根，停止检验，说明序列是平稳的；如果所有的检验都表明存在单位根，说明序列是非平稳的。

三、协整分析

当变量为非平稳时间序列时，对其回归可能导致伪回归现象，如现实中多数经济现象都具有长期向上的趋势，直接对其估计往往会出现较好的拟合优度和较高的显著性。因而能够解决此类问题的协整分析在时间序列分析中得到了广泛应用。

(一) 单整

在进行协整分析之前应进行单整，单整的内在含义就是通过对非平稳时间序列不断进行差分变换来进行平稳性检验。如果一个非平稳时间序列经过 d 阶差分变换为平稳时间序列，称该时间序列是 d 阶单整的，记为 $y_t \sim I(d)$。

当然，有些时间序列不管差分多少次，都不能变为平稳序列，则称其为非单整的。

(二) 协整

如果有两个时间序列 $y_t \sim I(d)$ 和 $x_t \sim I(d)$，其线性组合是 $(d-b, d\geqslant b \geqslant 0)$ 阶

单整的,则称 x_t, y_t 是 (d, b) 阶协整的,记为 y_t, $x_t \sim CI(d, b)$。需要注意的是,只有当变量的单整阶数相同时,才有可能是协整的。

协整实际上是表示变量间存在长期均衡关系的另一种方式,若长期均衡存在,则均衡误差应当围绕均衡值 0 波动,即均衡误差 μ_t 应是一个平稳时间序列。

1. 一元模型协整检验

一元模型只有两个变量,常使用恩格尔-格兰杰检验(Engle-Granger,EG),简称 EG 两步法。其思路是,对于单整阶数相同的变量,先估计长期均衡方程,保存残差;然后对残差序列进行平稳性检验,即:

$$\Delta e_t = \delta e_{t-1} + \sum_{j=2}^{p} \delta_j \Delta e_{t-j+1} + v_t \tag{10.10}$$

如果残差是平稳的,则解释变量与被解释变量是协整的,反之就不是协整的。需要注意的是,式(10.10)的检验中不包括常数项,而且临界值与单位根检验中的不同,必须用协整检验的临界值。

2. 多元模型协整检验

在多个变量的协整分析中,常用的是 Johansen 协整检验方法,即先检验协整关系的个数,然后获得协整矢量估计值,再进一步估计误差修正模型(Error Correction Model,ECM)和向量自回归(Vector Autoregression,VAR)模型。协整检验是通过计算迹统计量(Trace)和最大特征值(Max-Eigenvalue)等统计量进行的。它采用循环检验规则,第一原假设为"None",表示没有协整关系。如果 P 值大于显著水平,就表示没有协整关系,检验结束;如果小于显著水平,就认为至少存在一个协整关系,继续下一个原假设(最多有一个协整关系"at most 1"),依次检验,K 个变量之间最多有 $K-1$ 个协整关系。

四、误差修正模型

按照协整理论,如果变量间存在协整关系,则它们之间存在着长期均衡。而这种长期稳定的关系是在短期动态过程的不断调整下得以维持的。也就是说,存在一种内在的纠偏机制(误差修正机制),可以用误差修正模型来描述。

$$\Delta y_t = \alpha \text{ECM}_{t-1} + \text{lagged}(\Delta y, \Delta x) + v_t \tag{10.11}$$

式中的误差修正项 ECM 反映了变量之间偏离长期均衡关系的非均衡误差,其系数为调整参数,一般取值为 $(-1, 0)$,反映了短期内调整系数,以及消除非均衡误差或调整到均衡关系的速度。

五、向量自回归模型

向量自回归(VAR)模型采用多方程联立的形式,在模型的每一个方程中,内生变量对模型的全部内生变量的滞后项进行回归,从而估计全部内生变量的动态关系。一般的 VAR 模型可表示为:

$$Y_t = C_t + \sum_{i=1}^{t} \pi_i Y_{t-i} + U_t \tag{10.12}$$

式中，Y_t 为内生变量列向量；C_t 为常数项列向量；π_i 为系数向量；U_t 为随机列向量；i 为滞后阶数。

（一）格兰杰因果关系检验

实际上，变量间的因果关系并不是那么一目了然的，所以，建立 VAR 模型时常常要对变量间的因果关系进行检验，格兰杰因果检验是最为著名的检验之一。其思路是对以下两个模型进行检验。

$$y_t = \sum_{i=1}^{q} \alpha_i x_{t-i} + \sum_{j=1}^{q} \beta_j y_{t-j} + \mu_{1t} \tag{10.13}$$

$$x_t = \sum_{i=1}^{s} \lambda_i x_{t-i} + \sum_{j=1}^{s} \delta_j y_{t-j} + \mu_{2t} \tag{10.14}$$

（1）如果式(10.13)中 x 的系数显著不为 0，且式(10.14)中 y 的系数显著为 0，说明 x 是引起 y 变化的原因。

（2）如果式(10.14)中 y 的系数显著不为 0，且式(10.13)中 x 的系数显著为 0，说明 y 是引起 x 变化的原因。

（3）如果式(10.13)中 x 的系数显著不为 0，且式(10.14)中 y 的系数显著不为 0，说明 x 与 y 互为因果关系。

（4）如果式(10.13)中 x 的系数显著为 0，且式(10.14)中 y 的系数显著为 0，说明 x 与 y 之间不存在因果关系。

（二）VAR 模型的稳定条件和滞后期选择

VAR 模型稳定的充分与必要条件是式(10.12) 中 π_i 的所有特征值都要在单位圆（在以横轴为实数轴，纵轴为虚数轴的坐标体系中，以原点为圆心，半径为 1 的圆称单位圆）以内，或特征值倒数的模都要小于 1。

VAR 模型涉及滞后期的选择，一般根据经济理论或统计量，如赤池信息量准则（Akaike Information Criterion，AIC）、施瓦兹准则（Schwarz Criterion，SC）来选择。滞后期的选择原则应该遵循经济理论，如季度数据为 4 等；如果根据统计量选择，滞后期的选择原则是在增加滞后期的过程中使 AIC、SC 的值达到最小。

（三）脉冲响应函数和方差分解

由于 VAR 模型参数的 OLS 估计量只具有一致性，对单个参数估计值做经济解释是很困难的。因此，要想对一个 VAR 模型做出分析，通常要观察系统的脉冲响应函数和方差分解。

1. 脉冲响应函数

脉冲响应函数描述一个内生变量对误差冲击的反应。具体地说，它描述的是在随机误差项上施加一个标准差大小的冲击，对内生变量的当期值和未来值所产生的影响。

2. 方差分解

方差分解即分析未来 $t+s$ 期的 $y_{j,t+s}$ 的预测误差的方差受不同信息的冲击影响的比例。

第二节

单整与协整

一、实验要求

熟悉时间序列平稳性，掌握单位根检验方法，学会单整和一元模型协整检验。能够对多元模型进行协整检验，掌握 Johansen 协整检验方法，建立多元协整回归模型。

二、建模思路与实验数据

实现高水平的对外开放是新发展理念之一，合理利用外资促进经济高质量发展是现代经济发展中的重要命题。党的二十大报告提出，要增强国内国际两个市场两种资源联动效应，提升贸易投资合作质量和水平。考虑到经济增长和利用外资均具有明显的时间趋势，所以本节选取 GDP 和外商直接投资（Foreign Direct Investment，FDI）数据，检验两个序列的平稳性，并通过协整检验，进行协整回归，以研究二者之间的长期均衡关系。实验选用 1985—2021 年中国 GDP 与 FDI 数据（表 10-1）。

表 10-1　1985—2021 年中国 GDP 与 FDI 数据

年份	GDP/亿元	FDI/亿美元	年份	GDP/亿元	FDI/亿美元
1985	9098.90	19.56	2004	51500.53	606.3
1986	9912.32	22.44	2005	57369.42	603.25
1987	11070.96	23.14	2006	64666.51	630.21
1988	12314.73	31.94	2007	73869.45	747.68
1989	12830.21	33.92	2008	81001.02	923.95
1990	13331.50	34.87	2009	88614.96	900.33
1991	14570.54	43.66	2010	98040.17	1057.35
1992	16641.91	110.08	2011	107403.91	1160.11
1993	18949.74	275.15	2012	115845.45	1117.16
1994	21423.09	337.67	2013	124845.04	1175.86
1995	23768.75	375.21	2014	134114.19	1195.62
1996	26128.60	417.26	2015	143558.32	1262.67
1997	28540.47	452.57	2016	153390.24	1260.01
1998	30777.36	454.63	2017	164045.03	1310.35
1999	33137.21	403.19	2018	175120.72	1349.66
2000	35951.06	407.15	2019	185539.06	1381.35
2001	38949.35	468.78	2020	189695.99	1443.69
2002	42505.67	527.43	2021	205718.37	1734.83
2003	46771.37	535.05			

注：资料来源于《中国统计年鉴》，表中的 GDP 数据（除 1985 年外）是以 1985 年为 100% 进行平减后的数据。

三、实验内容

1. 基础准备（创建工作文件，定义变量序列并输入数据）
2. 平稳性检验
3. 单整
4. 协整（一元协整与多元协整）

四、实验步骤

（一）基础准备

用命令方式或菜单方式建立 1985—2021 年的工作文件，定义变量序列并输入数据（本例的两个变量序列分别为 GDP 和 FDI）。我们拟建立双对数模型，故用"genr"命令生成两个对数序列 lgdp 和 lfdi。命令如下：

gner lgdp＝log(gdp)
genr lfdi＝log(fdi)

（二）平稳性检验

1. 自相关函数检验

在工作文件中，打开待检验的序列如 LFDI，执行【View】→【Correlogram】命令，打开如图 10-1 所示的对话框。如果选择默认设置，则可以得到原序列的自相关函数图。当然，也可进一步在"Correlogram of"栏中选择一阶或二阶差分。滞后期系统默认为 16，一般不用调整。单击"OK"按钮后显示 LFDI 的自相关函数图（图 10-2）。

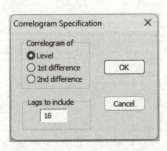

图 10-1 自相关函数对话框

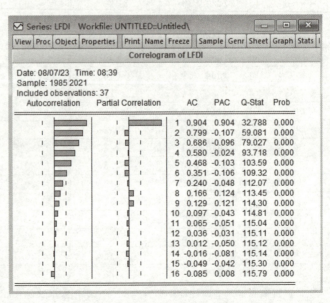

图 10-2 LFDI 的自相关函数图

观察图 10-2 中第一列的条形图是否随着滞后阶数增加而快速下降为 0，如果是，则为平稳时间序列；否则为非平稳时间序列。本例中，LFDI 到滞后 13 期后才下降到接近 0，说明该序列是非平稳的。类似地，也可以检验 LGDP 序列，结果表明 LGDP 序列也是非平稳的（图 10-3）。

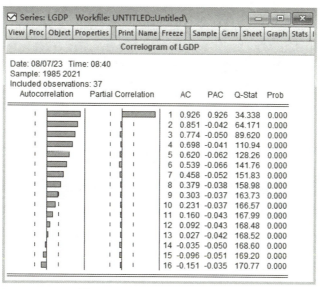

图 10-3　LGDP 的自相关函数图

2. 单位根检验

在工作文件中，打开待检验的序列，如 LFDI，执行【View】→【Unit Root Test】→【Standard Unit Root Test】命令，出现图 10-4 所示的对话框。

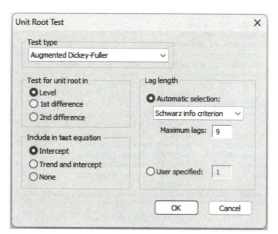

图 10-4　单位根检验对话框

对话框左边有"Test for unit root in"和"Include in test equation"两个选项组。前者是检验序列选项，包括 Level（原序列）、1st difference（一阶差分）、2nd difference（二阶差分）。后者是检验方程形式选项，包括 Intercept（带常数项）、Trend and intercept（带趋势项和常数项）和 None（无趋势项和常数项）三种形式，这三种形式的选择次序如下。

① 选择"Trend and intercept"进行检验，如果不存在单位根，停止检验，说明该序列是平稳的，否则进行下一步。

② 选择"Intercept"进行检验，如果不存在单位根，停止检验，说明该序列是平稳的，否则进行下一步。

③ 选择"None"进行检验，如果不存在单位根，停止检验，说明该序列是平稳的，否则说明该序列是非平稳的。

总之，在这三种形式中，只要有一种形式的检验表明不存在单位根，就说明序列是平稳的；当三种形式的检验都存在单位根时，说明该序列是非平稳的。

以序列 LFDI 为例，第一步是检验原序列，选择"Level"（系统默认项），第二步是选择检验方程形式，先选择"Trend and intercept"，单击"OK"按钮，单位根检验结果如图 10-5 所示。

图 10-5　LFDI 单位根检验结果（带趋势项和常数项）

检验结果显示，ADF 检验统计量为 -1.357393，P 值为 0.8564，远高于显著水平，所以不能拒绝零假设（存在单位根），即说明 LFDI 有单位根，是非平稳时间序列。

图 10-5 还给出了 1%、5%、10%三种显著水平下 ADF 检验的 δ 临界值，由于是左单侧检验，检验的拒绝域为小于临界值，而本例中的 t 统计量大于 δ 临界值，因此不能拒绝零假设，即存在单位根。由于软件更为精确地给出了 P 值，意在降低拒绝零假设犯第一

类错误（拒真）的概率，因此在实践中我们只需观察 P 值就可方便地做出决策。

本例中，由于 LFDI 是非平稳时间序列，还需对其他形式进行检验，在图 10-5 界面中执行【View】→【Unit Root Test】→【Standard Unit Root Test】命令，出现如图 10-4 所示的对话框，在该对话框中选择"Intercept"，单击"OK"按钮，单位根检验结果如图 10-6 所示。

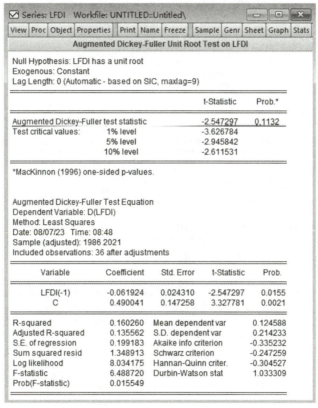

图 10-6　LFDI 单位根检验结果（带常数项）

从图 10-6 的检验结果来看，ADF 检验统计量为 -2.547297，P 值为 0.1132，所以不能拒绝零假设，即存在单位根，说明 LFDI 是非平稳时间序列，还需进一步检验。在图 10-6 界面中执行【View】→【Unit Root Test】→【Standard Unit Root Test】命令，出现图 10-4 所示的对话框，在该对话框中选择"None"，单击"OK"按钮，单位根检验结果如图 10-7 所示。

检验结果显示，不能拒绝单位根的假设，说明存在单位根。由于三种形式的检验都表明 LFDI 存在单位根，说明该序列是非平稳时间序列。同理，对 LGDP 进行检验，三种形式的检验（图 10-8～图 10-10）都表明存在单位根，所以该序列也是一个非平稳时间序列。

（三）单整

LFDI 是非平稳时间序列，要看能否单整，还需对其差分进行检验，检验步骤与单位根检验基本类似，具体步骤如下。

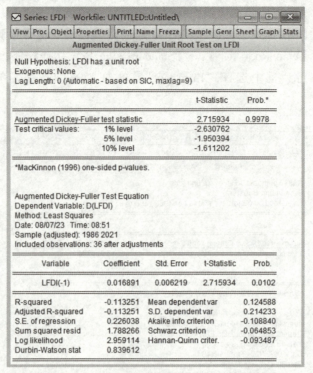

图 10-7　LFDI 单位根检验结果（无趋势项和常数项）

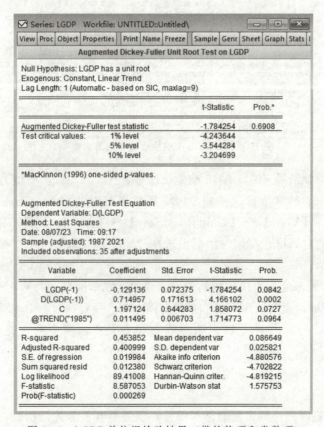

图 10-8　LGDP 单位根检验结果（带趋势项和常数项）

第十章 时间序列分析

```
Series: LGDP  Workfile: UNTITLED::Untitled\
View Proc Object Properties Print Name Freeze Sample Genr Sheet Graph Stats
```

Augmented Dickey-Fuller Unit Root Test on LGDP

Null Hypothesis: LGDP has a unit root
Exogenous: Constant
Lag Length: 1 (Automatic - based on SIC, maxlag=9)

		t-Statistic	Prob.*
Augmented Dickey-Fuller test statistic		-1.304929	0.6163
Test critical values:	1% level	-3.632900	
	5% level	-2.948404	
	10% level	-2.612874	

*MacKinnon (1996) one-sided p-values.

Augmented Dickey-Fuller Test Equation
Dependent Variable: D(LGDP)
Method: Least Squares
Date: 08/07/23   Time: 09:18
Sample (adjusted): 1987 2021
Included observations: 35 after adjustments

Variable	Coefficient	Std. Error	t-Statistic	Prob.
LGDP(-1)	-0.005207	0.003990	-1.304929	0.2012
D(LGDP(-1))	0.546475	0.144906	3.771236	0.0007
C	0.095308	0.048722	1.956147	0.0592

R-squared	0.402048	Mean dependent var	0.086649
Adjusted R-squared	0.364676	S.D. dependent var	0.025821
S.E. of regression	0.020581	Akaike info criterion	-4.847098
Sum squared resid	0.013554	Schwarz criterion	-4.713783
Log likelihood	87.82422	Hannan-Quinn criter.	-4.801078
F-statistic	10.75800	Durbin-Watson stat	1.494658
Prob(F-statistic)	0.000267		

图 10-9　LGDP 单位根检验结果（带常数项）

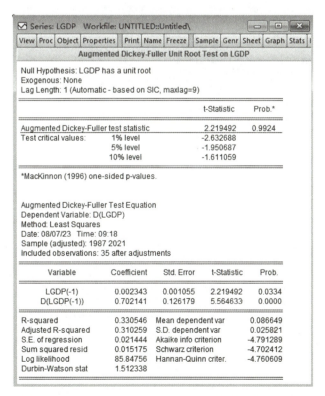

图 10-10　LGDP 单位根检验结果（无趋势项和常数项）

① 在工作文件中单击打开待检验序列，如 LFDI，执行【View】→【Unit Root Test】→【Standard Unit Root Test】命令，在单位根检验对话框（图 10-4）中选择"1st difference"，对 LFDI 的一阶差分序列进行平稳性检验，检验过程与前面单位根检验相同。如果某种形式的检验表明不存在单位根，停止检验，说明该序列的一阶差分是平稳的，即原序列是一阶单整的；如果所有形式的检验都表明存在单位根，说明该序列的一阶差分是非平稳的，进入下一步。

② 同第一步类似，但在图 10-4 的对话框中选择"2nd difference"，继续对二阶差分检验，如果平稳，则停止检验；如果不平稳，则继续检验，如继续对三阶差分检验，依次类推。

需要指出的是，软件只给出了二阶差分，如果要检验序列更高阶差分的平稳性，可以先利用命令方式生成差分序列，再进行检验。比如在本例中，要检验 LFDI 高阶差分的平稳性，可以在命令区输入命令：genr x1＝d(lfdi)，genr x2＝d(lfdi,2)，genr x3＝d(lfdi,3)……x1、x2、x3 分别表示序列 LFDI 的一阶差分、二阶差分、三阶差分。在命令中，d 表示差分命令，括号中的数字为差分的阶数，从而可以生成 LFDI 的更高阶差分。对 LFDI 高阶差分的检验，实质是对 x1、x2、x3 的较低阶数的检验，如对 x1 的一阶、二阶差分检验等价于对原序列 LFDI 的二阶、三阶差分检验；对 x2 的一阶、二阶差分检验等价于对原序列 LFDI 的三阶、四阶差分检验，依次类推。

本例中，打开 LFDI 序列，执行【View】→【Unit Root Test】→【Standard Unit Root Test】命令，在弹出的对话框中选择"1st difference"，并选择"Trend and intercept"进行检验，结果如图 10-11 所示。

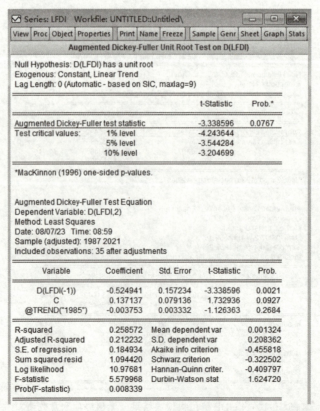

图 10-11　LFDI 一阶差分单位根检验结果（带趋势项和常数项）

检验结果显示，D（LFDI）单位根检验的统计量为 -3.338596，P 值为 0.0767，表明在 10% 的显著水平上拒绝原假设，即不存在单位根，该序列为平稳序列。所以，LFDI 是一阶单整的。

同理，对 LGDP 一阶差分进行单位根检验，结果如图 10-12 所示。P 值为 0.0645，表明在 10% 的显著水平上拒绝原假设，即不存在单位根，该序列为平稳序列。所以，LGDP 是一阶单整的。

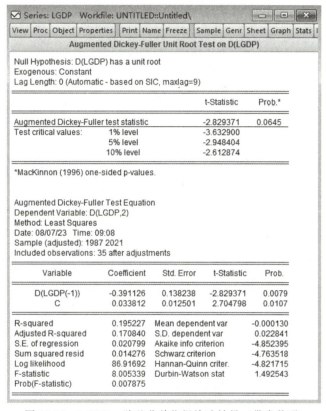

图 10-12　LGDP 一阶差分单位根检验结果（带常数项）

（四）协整

1. 一元协整

（1）协整回归

由前面分析可知，LFDI、LGDP 都是一阶单整序列，要想知道它们之间是否存在长期均衡关系？需要先建立协整回归方程并进行回归，结果如图 10-13 所示。

（2）残差的平稳性检验

进行协整回归后，得到残差序列，由于软件不允许对残差直接进行平稳性检验，因此需要先用"genr"命令生成新的序列，再进行平稳性检验。本例中，对残差取名为 E1，在命令区输入命令：genr e1＝resid，生成残差序列 E1，单击打开该序列，进行平稳性检验。需要说明的是，由于该序列是残差序列，不应包括常数项，因此我们选择无趋势项和常数项形式进行检验，结果如图 10-14 所示。

图 10-13 LGDP 与 LFDI 协整回归结果

Dependent Variable: LGDP
Method: Least Squares
Date: 08/07/23 Time: 09:31
Sample: 1985 2021
Included observations: 37

Variable	Coefficient	Std. Error	t-Statistic	Prob.
C	6.908187	0.289106	23.89497	0.0000
LFDI	0.649029	0.047397	13.69333	0.0000

R-squared	0.842702	Mean dependent var	10.76580
Adjusted R-squared	0.838208	S.D. dependent var	0.982301
S.E. of regression	0.395115	Akaike info criterion	1.033259
Sum squared resid	5.464061	Schwarz criterion	1.120336
Log likelihood	−17.11530	Hannan-Quinn criter.	1.063958
F-statistic	187.5073	Durbin-Watson stat	0.103551
Prob(F-statistic)	0.000000		

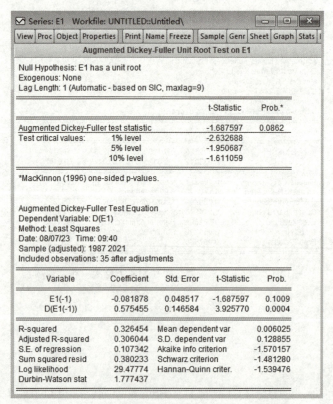

图 10-14 E1 单位根检验结果（无趋势项和常数项）

图 10-14 的检验结果显示，在 10% 的显著水平上，残差是一个平稳序列，即说明 LGDP 和 LFDI 之间存在协整关系。进一步发现，在图 10-13 的回归结果中，DW 统计量为 0.103551，说明模型存在自相关，因此对模型进行自相关检验。结果表明存在二阶自相关（检验过程略），所以运用迭代法重新回归，估计结果如图 10-15 所示。

用迭代法估计后，给残差命名，如取名为 E2，用 "genr" 命令（genr e2＝resid）生成残差序列，对 E2 序列进行平稳性检验，结果如图 10-16 所示。

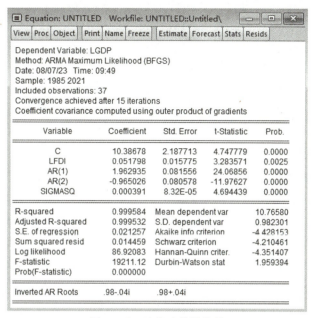

图 10-15　迭代法估计结果

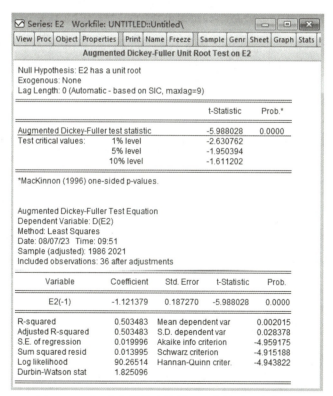

图 10-16　E2 单位根检验结果（无趋势项和常数项）

检验结果表明，在 1% 的水平上拒绝单位根，残差平稳性更为显著，说明 LGDP 与 LFDI 之间存在协整关系，也说明迭代法估计更有效，最终回归结果如图 10-15 所示。可以用如下形式报告回归结果。

$$\widehat{\lg dp} = 10.38678 + 0.051798 lfdi \qquad (10.15)$$

$$\begin{array}{cccc} \text{s.e} & 2.187713 & 0.015775 \\ t & 4.747779 & 3.283571 \end{array}$$

$$[AR(1) = 1.962935, AR(2) = -0.965026]$$

$$t = (24.06856)(-11.97627)$$

回归结果表明，FDI 对经济增长产生正向影响，当 FDI 增加 1% 时，GDP 平均增加 0.05%。

2. 多元协整

多元模型的协整检验与一元模型有相似之处，但也存在着较大差异，其检验较为烦琐，最常用的是 Johansen 协整检验方法。

与一元模型类似，多元模型在进行协整检验之前应该先对各序列进行平稳性检验，求得各序列的单整阶数，只有当各序列的单整阶数相同时，才可进行协整检验。

由于工业发展有助于出口结构优化，工业资本反映了工业基础状况，同时，FDI 可带来学习效应、竞争效应、产业关联效应等，有利于参与国际分工，从而促进出口，因此，我们选择 2003—2022 年中国出口、工业资本、FDI 的数据（表 10-2），建立模型并进行协整检验。

表 10-2 2003—2022 年中国出口、工业资本、FDI 单位：亿元

年份	出口	工业资本	FDI	年份	出口	工业资本	FDI
2003	36287.89	161120.00	4428.61	2013	137131.43	617838.76	7282.34
2004	49103.33	174081.00	5018.22	2014	143883.75	709356.82	7344.45
2005	62648.09	192964.95	4941.64	2015	141166.83	803445.98	7864.41
2006	77597.89	216579.70	5023.91	2016	138419.29	896140.68	8369.36
2007	93627.14	246751.72	5685.36	2017	153309.40	987303.65	8847.22
2008	100394.94	284779.13	6416.93	2018	164128.80	1082393.47	8931.24
2009	82029.69	331717.17	6150.15	2019	172373.60	1177278.79	9529.24
2010	107022.84	387778.32	7157.73	2020	179278.80	1267568.85	9958.00
2011	123240.56	455760.40	7492.92	2021	217287.38	1371585.41	11192.26
2012	129359.25	532592.38	7052.07	2022	239654.00	1487010.14	12721.24

资料来源：国家统计局（https：//data.stats.gov.cn/easyquery.htm? cn=C01）。其中，工业资本运用第二产业固定资产投资数据，用永续盘存法，折旧率按 5% 估算得出；FDI 数据按当年的人民币对美元汇率（年平均价）折算。

(1) 平稳性检验

与前面的单位根检验相同。首先，建立工作文件，定义变量输入数据；然后，分别对三个序列 EX（出口）、CAP（工业资本）、FDI 进行单位根检验。例如，对 EX 的检验结果如图 10-17 所示。

图 10-17 中的检验结果显示存在单位根，另外两种形式的检验也表明存在单位根，说明 EX 是非平稳时间序列。类似地，对 CAP、FDI 进行单位根检验，对这两个序列进行的三种形式的检验都表明它们存在单位根，所以 CAP、FDI 也是非平稳时间序列（具体结果略）。

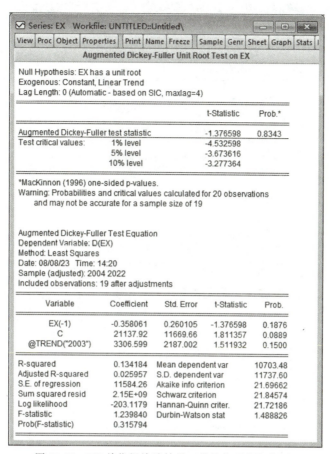

图 10-17　EX 单位根检验结果（带趋势项和常数项）

（2）单整

平稳性检验表明，EX、CAP、FDI 都是非平稳时间序列，需进一步对其一阶差分进行检验，结果如图 10-18～图 10-20 所示。

结果表明，EX、CAP、FDI 都是一阶单整的。

（3）Johansen 协整检验

① 打开协整分析变量组。

有两种方法可以打开协整分析变量组，一是按住 Ctrl 键，在工作文件窗口点选变量序列，单击鼠标右键，选择【Open】→【as Group】命令；二是用 data 命令，在命令区输入命令：data 变量名1 变量名2…。比如，本例中可输入命令：data EX CAP FDI（或在命令区找到以前输入的该命令，按 Enter 键执行该命令）。操作完成后，组窗口打开，在组窗口中执行【View】→【Cointegration Test】→【Johansen System Cointegration Test】命令（图 10-21）。

② 协整参数选择。

选择"Johansen System Cointegration Test"后，弹出 Johansen 协整检验对话框（图 10-22），对话框中主要包括以下四个方面。

a. Deterministic trend assumption of test（确定性趋势假设）。

图 10-18　EX 一阶差分的单位根检验结果（带常数项）

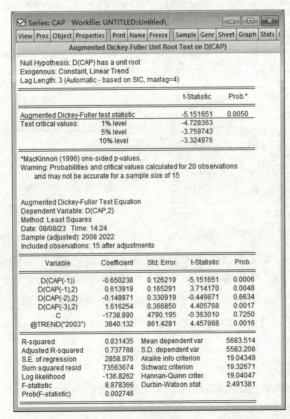

图 10-19　CAP 一阶差分的单位根检验结果（带趋势项和常数项）

```
Series: FDI   Workfile: UNTITLED::Untitled\
View Proc Object Properties | Print Name Freeze | Sample Genr Sheet | Graph Stats Ident
           Augmented Dickey-Fuller Unit Root Test on D(FDI)

Null Hypothesis: D(FDI) has a unit root
Exogenous: Constant, Linear Trend
Lag Length: 0 (Automatic - based on SIC, maxlag=4)

                                        t-Statistic      Prob.*

Augmented Dickey-Fuller test statistic   -3.468044      0.0737
Test critical values:     1% level       -4.571559
                          5% level       -3.690814
                         10% level       -3.286909

*MacKinnon (1996) one-sided p-values.
Warning: Probabilities and critical values calculated for 20 observations
   and may not be accurate for a sample size of 18

Augmented Dickey-Fuller Test Equation
Dependent Variable: D(FDI,2)
Method: Least Squares
Date: 08/08/23   Time: 14:26
Sample (adjusted): 2005 2022
Included observations: 18 after adjustments

   Variable       Coefficient   Std. Error    t-Statistic    Prob.

   D(FDI(-1))      -0.965685    0.278452     -3.468044     0.0034
   C              -44.67126   255.2817      -0.174988     0.8634
   @TREND("2003")  43.78305    22.15449      1.976261     0.0668

R-squared            0.470436   Mean dependent var     52.18690
Adjusted R-squared   0.399828   S.D. dependent var    609.1578
S.E. of regression 471.9192     Akaike info criterion   15.30250
Sum squared resid 3340616.      Schwarz criterion       15.45090
Log likelihood    -134.7225     Hannan-Quinn criter.   15.32297
F-statistic          6.662607   Durbin-Watson stat       1.792918
Prob(F-statistic)    0.008499
```

图 10-20　FDI 一阶差分的单位根检验结果（带趋势项和常数项）

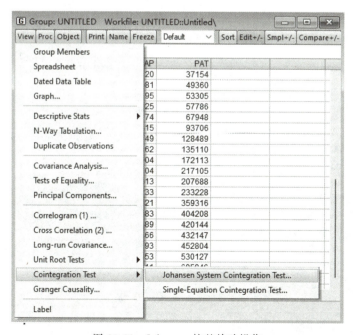

图 10-21　Johansen 协整检验操作

共有六个选项,软件默认选择第三个。

No intercept or trend in CE or test VAR:假设 Y 的组成变量、协整矢量都不含截距(常数项)和趋势项。

Intercept（no trend）in CE-no intercept in VAR:假设 Y 的组成变量含常数项不含趋势项,而协整矢量含确定性趋势项但不含常数项。

Intercept（no trend）in CE and test VAR:假设 Y 的组成变量、协整矢量均含有常数项,不含趋势项。

Intercept and trend in CE-no intercept in VAR:假设 Y 的组成变量含常数项和趋势项,而协整矢量含有二次确定性趋势项但不含常数项。

Intercept and trend in CE- intercept in VAR:假设 Y 的组成变量、协整矢量均含有常数项和趋势项。

Summarize all 5 sets of assumptions:将以上 5 种假设全部报告出来。

实践中,如果没有先验信息表明应采用哪种形式,可以选择第六种,即将前五种形式全部报告出来,通过结果的比较进行选择。

b. Exog variables（外生变量）。

它一般是默认的,除非有明确的理论支撑才会进行设定。如要设定,在对应的文本框中输入外生变量名称（若有多个变量,以空格分开）。

c. Lag intervals（滞后期）。

该设置框中包括两个数字,第一个数字为 1,表示从滞后 1 期开始;第二个数字（空格后）表示滞后期结束,可以根据需要选择。

d. Critical Values（显著水平）。

默认为 5%,一般不用调整。如有特殊需要可以调整,但一般不超过 10%。

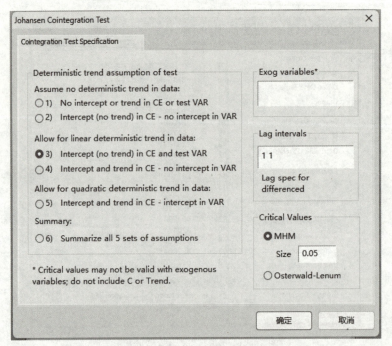

图 10-22　Johansen 协整检验对话框

本例中，由于无法准确判断确定性趋势的形式，所以选择第六种，即报告出所有的检验结果，如图 10-23 所示。

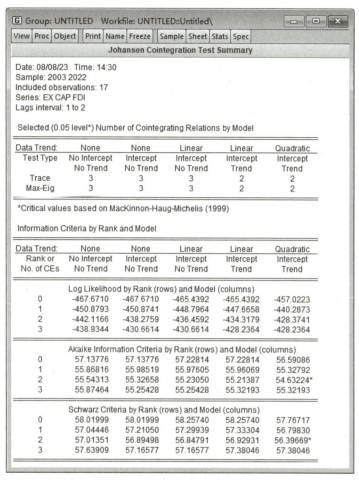

图 10-23　Johansen 协整检验结果（全部形式）

从检验结果来看，前三种形式中，迹统计量（Trace）和最大特征值（Max-Eigenvalue）检验都表明存在三个协整关系；而第四、五种形式的检验表明存在两个协整关系。另外，各种形式的赤池信息量准则（AIC）、施瓦兹准则（SC）在当期和各滞后期中基本接近，整体来看，第一种形式的当期和滞后 1 期的 AIC、SC 更小，因而选择第一种形式进行协整检验。由于结果较长，因此分别展示各部分的结果，如图 10-24～图 10-26 所示。

图 10-24 的上半部分报告了迹统计量的检验结果，下半部分报告了最大特征值的检验结果。两部分格式极为相似，第 1 列均为协整关系原假设；第 2 列均为特征值；第 3 列均为检验统计量；第 4 列均为 5% 的临界值，第 5 列均为 P 值，我们只需根据 P 值便可看出协整关系。本例中，拒绝"最多存在两个协整关系"的假设，说明至少存在两个协整关系。

图 10-25 显示了无约束的参数估计。上半部分为协整向量的估计值，第一行表示第一个协整矢量，依次类推。下半部分为调整参数的估计值，第一行为第一个调整矢量，依次类推。

G Group: UNTITLED Workfile: UNTITLED::Untitled\

View | Proc | Object | Print | Name | Freeze | Sample | Sheet | Stats | Spec

Johansen Cointegration Test

Date: 08/08/23 Time: 14:40
Sample (adjusted): 2006 2022
Included observations: 17 after adjustments
Trend assumption: No deterministic trend
Series: EX CAP FDI
Lags interval (in first differences): 1 to 2

Unrestricted Cointegration Rank Test (Trace)

Hypothesized No. of CE(s)	Eigenvalue	Trace Statistic	0.05 Critical Value	Prob.**
None *	0.861306	57.47308	24.27596	0.0000
At most 1 *	0.643317	23.88984	12.32090	0.0004
At most 2 *	0.312282	6.364396	4.129906	0.0138

Trace test indicates 3 cointegrating eqn(s) at the 0.05 level
* denotes rejection of the hypothesis at the 0.05 level
**MacKinnon-Haug-Michelis (1999) p-values

Unrestricted Cointegration Rank Test (Maximum Eigenvalue)

Hypothesized No. of CE(s)	Eigenvalue	Max-Eigen Statistic	0.05 Critical Value	Prob.**
None *	0.861306	33.58324	17.79730	0.0001
At most 1 *	0.643317	17.52545	11.22480	0.0035
At most 2 *	0.312282	6.364396	4.129906	0.0138

Max-eigenvalue test indicates 3 cointegrating eqn(s) at the 0.05 level
* denotes rejection of the hypothesis at the 0.05 level
**MacKinnon-Haug-Michelis (1999) p-values

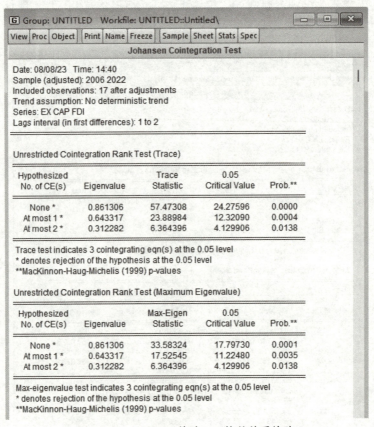

图 10-24 Johansen 检验——协整关系检验

Unrestricted Cointegrating Coefficients (normalized by b'*S11*b=I):

EX	CAP	FDI
0.000245	-7.58E-06	-0.001992
-7.85E-05	9.04E-06	0.001171
-2.49E-05	-4.10E-06	0.001009

Unrestricted Adjustment Coefficients (alpha):

D(EX)	2088.988	7844.898	2821.792
D(CAP)	2886.863	606.9346	1663.704
D(FDI)	228.4438	311.8803	-54.94980

图 10-25 Johansen 检验——无约束的参数估计

图 10-26 上半部分给出了对数似然值最大的协整关系式。第一位变量的系数标准化为 1，后面是其他变量的系数。图 10-26 下半部分还给出了相应的调整系数向量。根据协整关系，可以写出本例的协整方程为：

$$\hat{EX}=0.030914CAP+8.123542FDI \tag{10.16}$$

协整回归表明，出口与工业资本、外商直接投资之间存在着长期均衡关系，工业资本增加 1 亿元，出口平均增加 0.03 亿元；外商直接投资增加 1 亿元，出口平均增加 8.12 亿元。

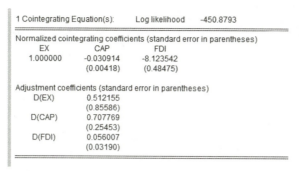

图 10-26 Johansen 检验——极大似然的协整关系式

第三节

误差修正模型（ECM）*

一、实验要求

理解误差修正模型的含义，能够根据单整、协整检验，建立误差修正模型，学会误差修正模型的估计方法。

二、建模思路与实验数据

消费与经济增长具有非常密切的关系：消费拉动经济增长，经济增长带动消费升级。二者之间是否存在短期调节机制？本节拟通过协整检验，构建误差修正模型并进行分析。所用数据为 1985—2022 年中国最终消费与国内生产总值（GDP）（表 10-3）。

表 10-3 1985—2022 年中国最终消费与 GDP   单位：亿元

年份	最终消费	GDP	年份	最终消费	GDP	年份	最终消费	GDP
1985	8.69	9.12	1998	10.85	11.35	2011	12.41	13.09
1986	8.81	9.25	1999	10.94	11.41	2012	12.53	13.20
1987	8.94	9.41	2000	11.06	11.51	2013	12.63	13.30
1988	9.15	9.63	2001	11.14	11.61	2014	12.73	13.38
1989	9.31	9.76	2002	11.21	11.71	2015	12.83	13.45
1990	9.39	9.85	2003	11.29	11.83	2016	12.93	13.52
1991	9.52	10.00	2004	11.40	11.99	2017	13.03	13.63
1992	9.70	10.21	2005	11.53	12.14	2018	13.13	13.73
1993	9.94	10.48	2006	11.66	12.30	2019	13.22	13.81
1994	10.25	10.79	2007	11.83	12.51	2020	13.24	13.84
1995	10.50	11.02	2008	11.98	12.67	2021	13.34	13.95
1996	10.67	11.18	2009	12.07	12.76	2022	13.37	14.00
1997	10.77	11.28	2010	12.21	12.92			

资料来源：国家统计局数据（https://data.stats.gov.cn/easyquery.htm?cn=C01）。表中数据为自然对数。

三、实验内容

1. 基础准备（创建工作文件，定义变量序列并输入数据）
2. 平稳性检验
3. 协整检验
4. 建立误差修正模型

四、实验步骤

（一）基础准备

创建一个时间范围为 1985—2022 年的时间序列工作文件，创建变量序列 LCS（最终消费）和 LGDP（GDP），将数据复制到序列组中。

（二）平稳性检验

与前面的单位根检验相同，这里分别对 LCS 和 LGDP 进行单位根检验。在工作文件中，打开待检验的序列，执行【View】→【Unit Root Test】→【Standard Unit Root Test】命令，先选择"Level"，并按"Trend and intercept""Intercept""None"的次序依次检验，例如，对 LCS 的检验结果如图 10-27～图 10-29 所示。

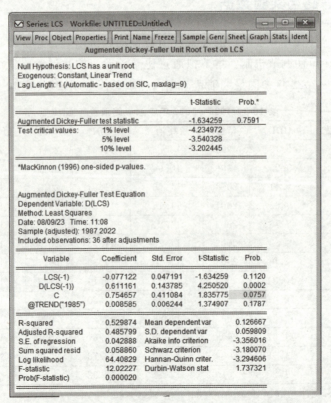

图 10-27 LCS 的单位根检验（带趋势项和常数项）

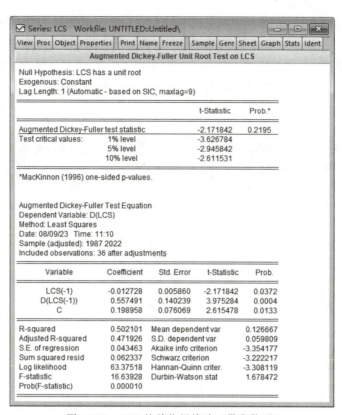

图 10-28　LCS 的单位根检验（带常数项）

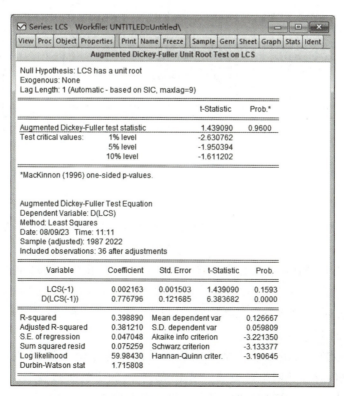

图 10-29　LCS 的单位根检验（无趋势项和常数项）

检验结果表明 LCS 存在单位根，是非平稳时间序列。接着对 LGDP 进行单位根检验，结果显示，LGDP 也是非平稳时间序列。进一步对 LCS、LGDP 的一阶差分进行检验，也存在单位根（过程略）。继续对两个序列的二阶差分进行检验，结果表明都不存在单位根（图 10-30、图 10-31），即二阶差分后的序列为平稳序列，说明 LCS、LGDP 是二阶单整的，即 LCS，LGDP$\sim I(2)$。

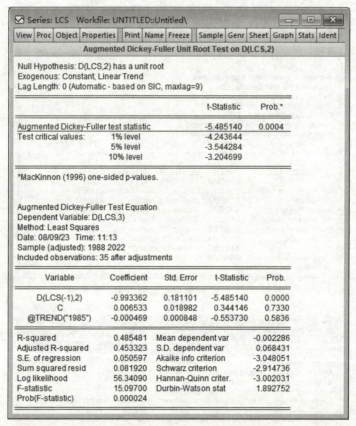

图 10-30　LCS 二阶差分的单位根检验（带趋势项和常数项）

（三）协整检验

建立误差修正模型之前必须进行协整检验，只有当至少存在一个协整关系时，才可建立误差修正模型。由于 LCS 和 LGDP 单整阶数相同，我们可进一步对其进行协整检验。

第一步是进行协整回归。在命令区输入命令：ls lcs c lgdp，结果如图 10-32 所示。

第二步是检验残差的平稳性。在命令区输入命令：genr e1＝resid，保存残差到 E1 中（软件不允许直接对 resid 进行单位根检验），单击工作文件中的 E1，打开序列，进行平稳性检验，结果如图 10-33 所示。

检验结果表明在 5% 的显著水平上拒绝了单位根的假设，即 E1 是平稳序列，表明 LCS 和 LGDP 之间存在长期均衡关系。图 10-32 所示的协整回归显示，LGDP 对 LCS 产生正向影响，从长期看，GDP 增加 1%，最终消费平均增加 0.9551%。

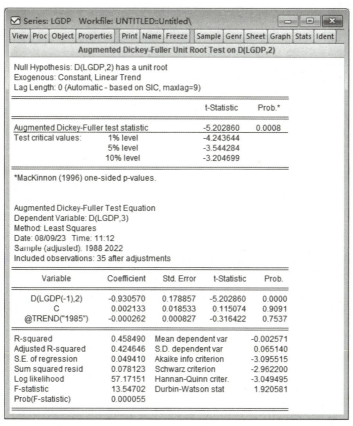

图 10-31　LGDP 二阶差分的单位根检验（带趋势项和常数项）

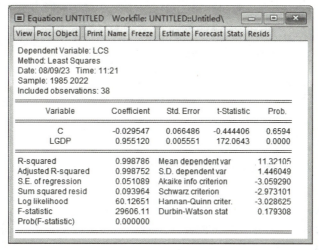

图 10-32　LCS 对 LGDP 的协整回归

（四）建立误差修正模型

进一步讨论，最终消费和 GDP 之间存在着长期均衡关系，那么它们之间是否具有短期的调整机制呢？我们试图通过建立误差修正模型来进行分析。

在主菜单上执行【Quick】→【Estimate VAR】命令，如图 10-34 所示。

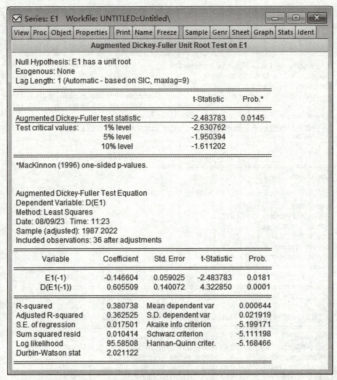

图 10-33　E1 的平稳性检验（无趋势项和常数项）

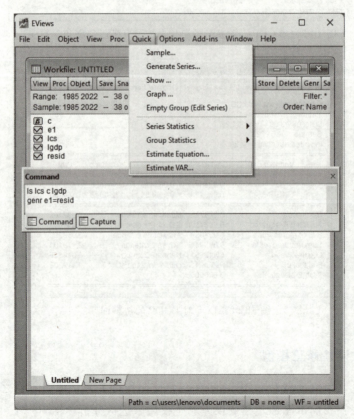

图 10-34　误差修正模型操作

执行命令后出现"VAR Specification"（向量自回归设定）对话框（误差修正模型和向量自回归非常类似，在同一对话框中设置），如图10-35所示。向量自回归设定对话框包括以下五个部分。

① VAR type：VAR形式设定，共有五种选择，系统默认选择"Standard VAR"（标准向量自回归），这里选择"Vector Error Correction"（误差修正）。

② Estimation Sample：样本设定。系统默认为工作文件的样本范围，一般无须变动。如有特殊需要，可以更改范围，但不应超出原工作文件的样本范围。

③ Endogenous variables：内生变量设定，输入模型中涉及的变量，用空格隔开。

④ Lag Intervals for Endogenous：内生变量的滞后期。

⑤ Exogenous variables：外生变量。一般很少涉及，默认的外生变量为常数项C。

本例选择的滞后期为2，输入内生变量：lcs lgdp，完成设置后单击"确定"按钮，输出结果如图10-36所示。结果分为两部分，上半部分为协整关系方程估计结果，下半部分为误差修正参数。根据协整关系表达式可以计算出误差修正项。软件已经将误差修正项计算出来并列于下半部分，用"CointEq1"表示。

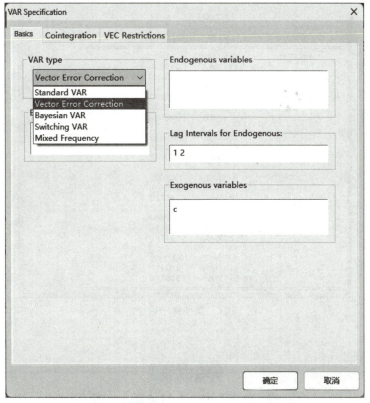

图10-35 "VAR Specification"对话框

根据图10-36所示的估计结果，误差修正项可以表示为：

$$\text{CointEq1} = \text{lcs}_{t-1} - 0.926463 \text{lgdp}_{t-1} - 0.312522 \qquad (10.17)$$

误差修正模型可以表示为：

$$\Delta \text{lcs}_t = 0.069818 - 0.445612 \text{CointEq}_{t-1} +$$

$$\begin{bmatrix} -0.164766 & 0.606598 \end{bmatrix} \begin{bmatrix} \Delta lcs_{t-1} \\ \Delta lcs_{t-2} \end{bmatrix} + \begin{bmatrix} 0.887095 & -0.889109 \end{bmatrix} \begin{bmatrix} \Delta lgdp_{t-1} \\ \Delta lgdp_{t-2} \end{bmatrix}$$

(10.18)

由"CointEq1"的系数可知，短期情况下，当期消费与其长期均衡值的偏差，在下一期有44.56%被修正。

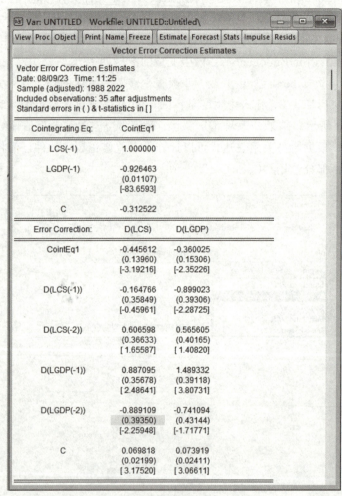

图 10-36　误差修正估计结果

第四节

向量自回归（VAR）模型

一、实验要求

理解向量自回归模型的含义，学会 VAR 模型的构建，掌握格兰杰因果关系检验、稳定性检验、脉冲响应函数和方差分解。

二、建模思路与实验数据

在经济运行中，消费与投资之间存在着相互促进与制约的关系，为了更好地分析二者之间的动态关系，本节拟建立 VAR 模型进行研究。实验所用数据为 1978—2022 年中国最终消费与固定资本形成总额（表 10-4）。

表 10-4　1978—2022 年全国最终消费与固定资本形成总额　　　单位：亿元

年份	最终消费	固定资本形成总额	年份	最终消费	固定资本形成总额
1978	7.71	6.98	2001	11.14	10.52
1979	7.86	7.06	2002	11.21	10.66
1980	8.00	7.18	2003	11.29	10.87
1981	8.10	7.20	2004	11.40	11.07
1982	8.18	7.32	2005	11.53	11.21
1983	8.31	7.44	2006	11.66	11.35
1984	8.47	7.67	2007	11.83	11.54
1985	8.69	7.93	2008	11.98	11.73
1986	8.81	8.07	2009	12.07	11.94
1987	8.94	8.22	2010	12.21	12.11
1988	9.15	8.46	2011	12.41	12.27
1989	9.31	8.39	2012	12.53	12.38
1990	9.39	8.42	2013	12.63	12.48
1991	9.52	8.64	2014	12.73	12.55
1992	9.70	9.02	2015	12.83	12.58
1993	9.94	9.49	2016	12.93	12.64
1994	10.25	9.73	2017	13.03	12.76
1995	10.50	9.90	2018	13.13	12.88
1996	10.67	10.03	2019	13.22	12.95
1997	10.77	10.12	2020	13.24	12.97
1998	10.85	10.24	2021	13.34	13.09
1999	10.94	10.29	2022	13.37	13.14
2000	11.06	10.39			

资料来源：国家统计局数据（https：//data.stats.gov.cn/easyquery.htm? cn＝C01）。表中数据为自然对数。

三、实验内容

1. 基础准备（创建工作文件，定义变量序列并输入数据）

2. 格兰杰因果关系检验
3. VAR 稳定性检验
4. 脉冲响应函数
5. 方差分解

四、实验步骤

(一) 基础准备

创建一个时间范围为 1978—2022 年的时间序列工作文件，定义变量序列 LCS（最终消费）和 LFK（固定资本形成总额），将数据复制到序列组中。对序列 LCS 和 LFK 进行平稳性检验，结果表明两个序列都是一阶单整的，如图 10-37、图 10-38 所示。

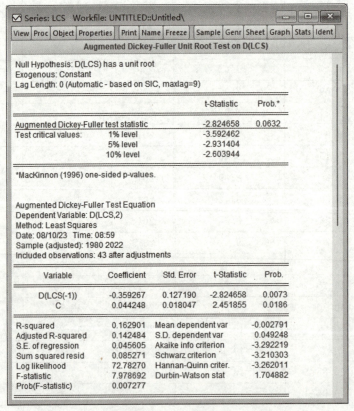

图 10-37　LCS 一阶差分的平稳性检验（带常数项）

进一步做协整回归，保留残差为 E1，检验 E1 的平稳性，结果显示 E1 是平稳的，说明 LCS 和 LFK 之间存在长期协整关系。这里只给出了最后的检验结果（图 10-39）。

(二) 格兰杰因果关系检验

打开序列组，执行【View】→【Granger Causality】命令，如图 10-40 所示。

选择"Granger Causality"（格兰杰因果关系检验）后，出现如图 10-41 所示的滞后期

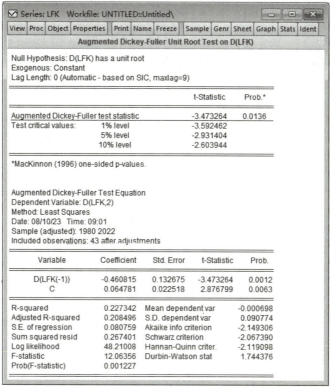

图 10-38　LFK 一阶差分的平稳性检验（带常数项）

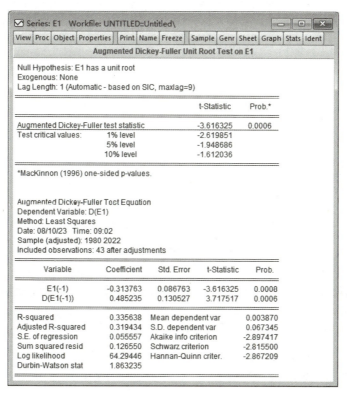

图 10-39　E1 的平稳性检验（无趋势项和常数项）

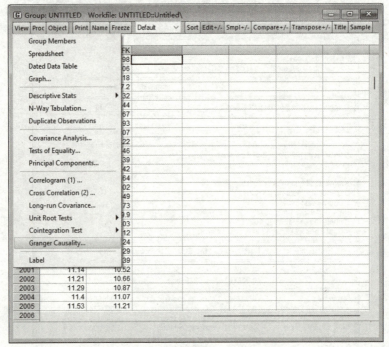

图 10-40　格兰杰因果关系检验操作

设定对话框，在"Lags to include"文本框中输入滞后期，默认从 2 开始，依次增加。本例中，我们分别给出了滞后期为 2、3、4 的检验结果，如图 10-42 所示。结果表明，当滞后期为 2 时，LCS 与 LFK 互为因果关系；当滞后期为 3、4 时，LFK 是 LCS 的格兰杰原因，但 LCS 不是 LFK 的格兰杰原因。

图 10-41　滞后期设定对话框

如果已经估计了 VAR 模型，也可以在 VAR 窗口进行格兰杰因果关系检验，执行【View】→【Lag Structure】→【Grange Causality/Block Exogeneity Wald Tests】命令。检验结果如图 10-43 所示。

图 10-43 的检验结果给出了每个内生变量相对于其他内生变量的格兰杰因果关系检验结果。上半部分给出了 LCS 作为被解释变量，对解释变量 LFK 和 All（所有变量联合）的格兰杰因果关系检验，包括统计量、自由度和 P 值，由 P 值为 0.0000 可以看出，LFK 构成对 LCS 的格兰杰因果关系。下半部分给出了 LFK 作为被解释变量的格兰杰因果关系检验，对应的 P 值为 0.0293，说明 LCS 与 LFK 之间存在格兰杰因果关系。这与前面的分析结论大体一致。

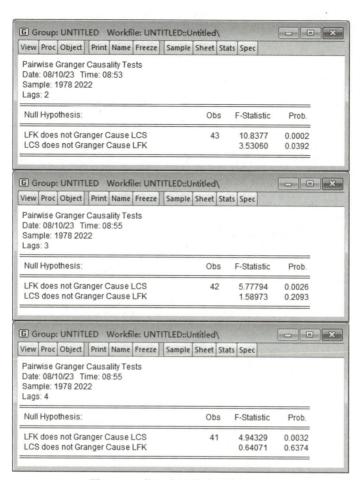

图 10-42　格兰杰因果关系检验结果

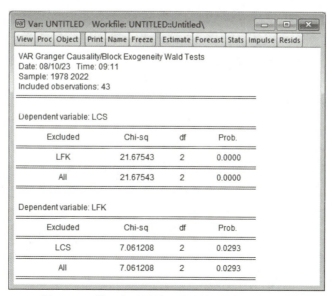

图 10-43　格兰杰因果关系检验结果（VAR 窗口）

（三）VAR 稳定性检验

先估计 VAR 模型，然后进行稳定性检验。

1. VAR 模型估计

VAR 模型估计与误差修正模型估计非常相似，在主菜单上执行【Quick】→【Estimate VAR】命令，出现"VAR Specification"对话框，如图 10-44 所示。

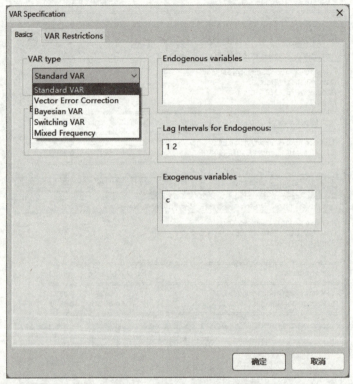

图 10-44 "VAR Specification"对话框

该对话框在第三节已经详细介绍，这里不再赘述。本例中，我们在"Endogenous variables"文本框中输入内生变量：lcs lfk，滞后期分别选择 2、3、4，经比较，滞后期为 2 的 AIC、SC 最小，所以最终选择的滞后期为 2。这里只给出了最终的 VAR 估计结果，如图 10-45 所示。

2. 稳定性检验

View 菜单是 VAR 分析的主要界面。它包括 Representations（VAR 表达式）、Estimation Output（VAR 估计结果）、Simulation（模拟）、Residuals（残差基本统计结果）、Structural Residuals（结构性残差）、Endogenous Table（内生变量表）、Endogenous Graph（内生变量图）、Lag Structure（滞后结构）、Residual Tests（残差检验）、Cointegration Test（协整检验）、Impulse Response（脉冲响应函数）、Variance Decomposition（方差分解）、Historical Decomposition（历史分解）等，如图 10-46 所示。

在 VAR 窗口执行【View】→【Lag Structure】→【AR Roots Graph】命令（图 10-46），AR 特征根的倒数的模（Inverse Roots of AR Characteristic, Polynomial）将以图形展示

第十章 时间序列分析

```
Var: UNTITLED   Workfile: UNTITLED::Untitled\
View Proc Object | Print Name Freeze | Estimate Forecast Stats Impulse Resids
                     Vector Autoregression Estimates

Vector Autoregression Estimates
Date: 08/10/23   Time: 09:10
Sample (adjusted): 1980 2022
Included observations: 43 after adjustments
Standard errors in ( ) & t-statistics in [ ]
```

	LCS	LFK
LCS(-1)	1.143886	-0.289648
	(0.15465)	(0.31892)
	[7.39658]	[-0.90820]
LCS(-2)	-0.224340	0.497449
	(0.13073)	(0.26960)
	[-1.71600]	[1.84512]
LFK(-1)	0.362007	1.590034
	(0.07828)	(0.16143)
	[4.62448]	[9.84954]
LFK(-2)	-0.298366	-0.782599
	(0.07812)	(0.16110)
	[-3.81941]	[-4.85791]
C	0.271028	-0.168185
	(0.13182)	(0.27184)
	[2.05606]	[-0.61869]
R-squared	0.999578	0.998629
Adj. R-squared	0.999534	0.998484
Sum sq. resids	0.050729	0.215737
S.E. equation	0.036537	0.075348
F-statistic	22503.30	6917.993
Log likelihood	83.94866	52.82589
Akaike AIC	-3.672031	-2.224460
Schwarz SC	-3.467240	-2.019669
Mean dependent	10.95953	10.46140
S.D. dependent	1.691822	1.935370

Determinant resid covariance (dof adj.)	5.54E-06
Determinant resid covariance	4.33E-06
Log likelihood	143.5198
Akaike information criterion	-6.210223
Schwarz criterion	-5.800641
Number of coefficients	10

图 10-45　VAR 估计结果

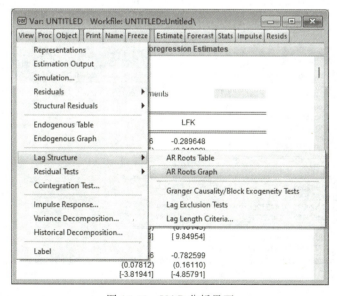

图 10-46　VAR 分析界面

（图10-47）；如果执行【View】→【Lag Structure】→【AR Roots Table】命令，则VAR稳定条件检验以表格形式展示（图10-48）。

本例中，有两个内生变量，滞后期为2，则有四个特征根（2×2）。VAR稳定的条件是，所有的特征根的倒数的模小于1，即位于单位圆内。若任何一个特征根的倒数的模≥1，说明VAR模型不稳定，需要重新设定。图10-47中，圆点表示AR特征根的倒数的模，它们都在单位圆内，说明该模型稳定。

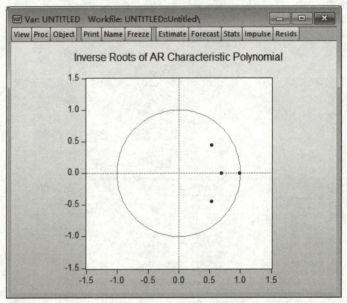

图10-47 AR特征根的倒数的模的单位圆图示

根据图10-48中的数据也可以分析VAR模型的稳定性。该图上半部分是AR特征根的基本说明；下半部分报告了特征根（Root）和特征根的倒数的模（Modulus）的具体数据。数据表明，该模型的所有特征根的模都小于1，所以该模型通过了稳定性检验。

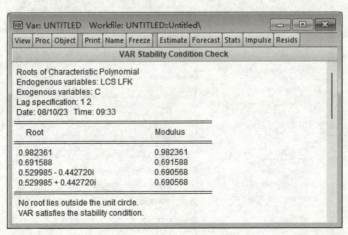

图10-48 VAR稳定条件检验

(四) 脉冲响应函数

在 VAR 窗口执行【View】→【Impulse Response】命令，出现脉冲响应函数对话框（图 10-49），该对话框中包括 "Display" 与 "Impulse Definition" 选项卡。VAR 窗口刚打开时 "Display" 选项卡处于激活状态。

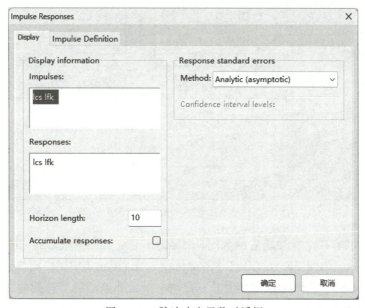

图 10-49 脉冲响应函数对话框

1. "Display" 选项卡

① Display Information：脉冲响应函数的展示。它包括四个文本框。"Impluses" 中填写冲击变量名称，"Responses" 中填写被冲击变量名称，变量之间以空格隔开；"Horizon length" 中填写冲击长度（期数），默认为 10，可以根据需要更改；如果不选 "Accumulate responses"，则显示当期冲击，如果勾选则显示累积冲击。

② Response Standard errors：脉冲响应的标准差计算。其方法包括 None（不计算）、Analytic（asymptotic）（解析方法）、Monte Carlo（蒙特卡洛方法）、Bootstrap：Standard percentile（Bootstrap 标准百分比）等。系统默认选择解析方法。

2. "Impulse Definition" 选项卡

单击 "Impulse Definition"，该选项卡被激活。该选项卡用于设定残差协方差矩阵的分解方法和冲击顺序，一般采用系统默认的形式。

① Decomosition Method：残差协方差矩阵的分解方法。它包括 Residual-one unit（一个单位的残差冲击）、Residual-one std. deviation（残差一个标准差的冲击）、Cholesky-dof adjustde（残差 Cholesky 正交分解后的一个标准差冲击且经过自由度调整）、Cholesky -no dof adjustde（残差 Cholesky 正交分解后的一个标准差冲击且没有经过自由度调整）、Generalized Impuses（广义正交冲击）、User Specifide（自定义冲击形式）。

② Cholesky Ordering：冲击顺序。本例中，我们按照 LCS、LFK 的顺序，采用解析方法 "Analytic（asymptotic）"，冲击长度（期数）选 15，采用 "Impulse Definition" 的

默认形式，具体脉冲响应函数分析如图 10-50 所示。

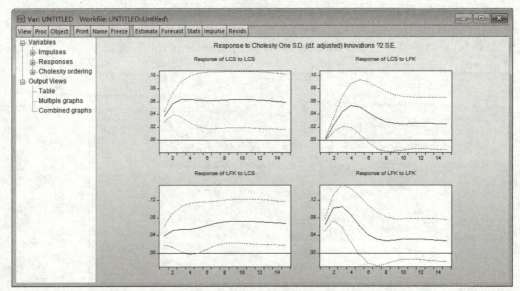

图 10-50　VAR 模型的脉冲响应函数分析

图 10-50 中共有四个脉冲响应函数图，"Response of LCS to LCS""Response of LCS to LFK""Response of LFK to LCS""Response of LFK to LFK"。比如，第二个图表示 LFK 对 LCS 的冲击，即固定资本形成总额变动一个标准差对最终消费的脉冲函数图，图中实线表示最终消费受冲击后的走势，两侧虚线表示走势的两倍标准差。由此可以看出，最终消费受到固定资本形成总额的一个正向冲击后，连续增加，到第 5、6 期达到最大，之后持续下降。图 10-50 左侧还给出了脉冲响应函数的输出形式设定目录树，可根据需要选择，包括 Table（表格）、Multiple graphs（多图）、Combined graphs（组合图）三种形式。

（五）方差分解

在 VAR 窗口执行【View】→【Variance Decomposition】命令，出现方差分解对话框（图 10-51），该对话框主要包含以下五项。

① Decompositions of：方差分解设定。输入需要方差分解的变量名称，变量之间以空格隔开。

② Periods：方差分解的期数。系统默认为设定脉冲响应函数时选择的期数，可以根据需要更改。

③ Factorization：方差分解方法。它包括 Cholesky Decomposition（Cholesky 方法）、Structural Decomposition（结构分解方法）。

④ Cholesky ordering：分解顺序。系统默认为设定脉冲响应函数时选择的顺序，如果是刚开始做，则需要按预定的顺序输入变量名称，变量之间以空格隔开。

⑤ Standard errors：标准差计算。它包括 None（不计算）、Monte Carlo（蒙特卡洛方法）。系统默认为 None。

本例中，我们选择不计算标准差，采用 Cholesky 方法，期数选 15，分解顺序为

LCS、LFK，方差分解结果如图 10-52 所示。

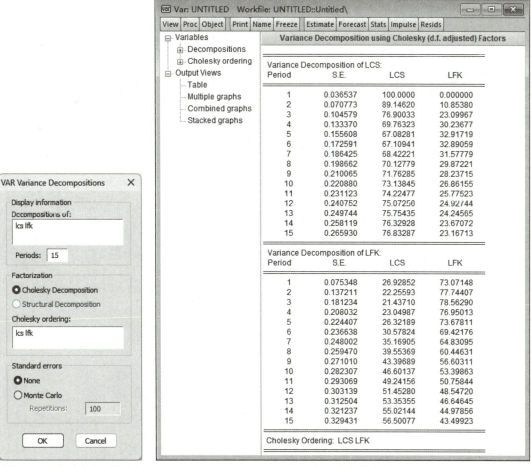

图 10-51　方差分解对话框　　　　图 10-52　方差分解结果

结果分为两部分，分别是最终消费 LCS、固定资本形成总额 LFK 的方差分解结果。以最终消费的方差分解为例，第 1 列为滞后期，第 2 列为最终消费的预期标准差，第 3 列为最终消费对预期标准差影响的百分比，第 4 列为固定资本形成总额对预期标准差影响的百分比。由此可以看出，随着（冲击）期数增加，最终消费对自身的影响逐步减小，中间略有反弹，到第 15 期基本稳定在 76%，固定资本形成总额对最终消费的影响逐步增加，第 5、6 期超过 32%，随后逐步减小。说明固定资本形成总额对最终消费的影响具有长期性和累积性。

图 10-51 左侧还给出了脉冲响应函数的输出形式设定目录树，可根据需要选择，它包括 Table（表格）、Multiple graphs（多图）、Combined graphs（组合图）、Stacked graphs（叠加图）四种形式。

小结

时间序列往往是非平稳的，如果直接进行估计会造成"伪回归"。对时间序列建立模型时，常常要先进行平稳性检验，然后进行协整检验。在时间序列分析中，有时还需要进一步对存在协整关系的时间序列建立误差修正模型（ECM）以检验误差修正机制，从而分析长期均衡与短期调整之间的关系。出于预测的需要，也可以在变量之间进行格兰杰因果关系检验，甚至建立动态关系，即向量自回归（VAR）模型。

 思考题

1. 在时间序列分析中，为什么要进行平稳性检验？
2. 什么是单位根？如何进行单位根检验？
3. 怎样判断变量之间是否存在协整关系？
4. 什么是误差修正机制？误差修正模型的特点是什么？

第十一章 联立方程模型

第一节 知识准备

一、联立方程概述

现实中，变量之间并不是单向的因果关系，它们往往互相影响、互为因果，因此单方程往往难以正确反映变量之间的关系，联立方程应运而生。

由一个以上的相互联系的单方程构成的方程组，称联立方程。联立方程涉及多个内生变量，每个方程都描述了变量间的一个因果关系，结构也较复杂，联立方程能全面反映经济系统的运行规律，如：

$$C_t = \alpha_0 + \alpha_1 Y_t + \mu_{1t}$$
$$I_t = \beta_0 + \beta_1 Y_t + \beta_2 Y_{t-1} + \mu_{2t} \quad (11.1)$$
$$Y_t = C_t + I_t + G_t$$

式(11.1)是一个三部门的宏观经济模型，它是宏观经济分析中最为常见的一个联立方程。其中，C、I、Y、G 分别代表消费、投资、收入、政府购买，下标 t 表示时期。式(11.1)中的第一个方程为消费方程，第二个方程为投资方程，第三个方程为国民收入恒等式。

在该联立方程中，前两个方程为行为方程，第三个方程为恒等式。与单方程不同，恒等式可以出现在联立方程中，也就是说，恒等式不能单独作为一个模型出现在单方程中。

联立方程包括内生变量和前定变量两大类。内生变量是由模型内部所决定的，如 C_t、I_t、Y_t；前定变量是指在模型回归之前就确定的变量，包括外生变量 G_t 和滞后内生变量 Y_{t-1}。

二、联立方程的类型

（一）结构式模型

根据经济理论建立的，描述变量之间直接行为关系的模型就是结构式模型。从形式上看，结构式模型的解释变量中含有内生变量。

由此可知，结构式模型具有明确的经济意义，但由于解释变量中含有内生变量，会产生随机解释变量的问题，因此不能直接用 OLS 估计，也就没有计量意义。

（二）简化式模型

由于结构式模型不能直接用 OLS 估计，因此人们试图通过变换模型中变量的形式来进行估计。比如式(11.1)，将第一、二个方程代入第三个方程，进一步变换求解，可以得到：

$$\begin{aligned} C_t &= \pi_{10} + \pi_{11} Y_{t-1} + \pi_{12} G_t + \varepsilon_{1t} \\ I_t &= \pi_{20} + \pi_{21} Y_{t-1} + \pi_{22} G_t + \varepsilon_{2t} \\ Y_t &= \pi_{30} + \pi_{31} Y_{t-1} + \pi_{32} G_t + \varepsilon_{3t} \end{aligned} \quad (11.2)$$

式(11.2)中，解释变量都是前定变量，不再包含内生变量，因此可以直接估计。式(11.2)虽然反映了前定变量通过各种传导路径对内生变量的最终影响，但很难反映变量间的直接联系，含义不明确。因而，简化式模型虽然具有计量意义，但缺乏经济意义。

结构式模型和简化式模型存在一定的互补性，在完备条件下，结构式模型可以转化为简化式模型。

三、联立方程的识别

由供需规律可知，需求和供给受到均衡价格的影响，而供需相等时的价格就是均衡价格，由此我们可以构建一个简单的微观经济模型：

$$\begin{aligned} Q_t^d &= \alpha_0 + \alpha_1 P_t + \mu_{1t} \\ Q_t^s &= \beta_0 + \beta_1 P_t + \mu_{2t} \\ Q_t^d &= Q_t^s \end{aligned} \quad (11.3)$$

式(11.3)是联立方程在微观研究中的应用，其中 Q^d、Q^s、P 分别代表商品的需求量、供给量、价格，下标 t 表示时期。第一个方程是需求方程，第二个方程是供给方程，第三个方程是表示市场均衡条件的恒等式。

式(11.3)是一个简单的结构式模型，意义明确。当供给与需求在市场上达到平衡时，$Q_t^d = Q_t^s = Q_t$（Q_t 为产量）。当用收集到的 Q_t、P_t 样本值（无其他信息）估计回归参数时，我们无法区分估计值是对 α_0、α_1 的估计，还是对 β_0、β_1 的估计，从而就引出了联立方程的识别问题。

(一) 识别的含义

1. 从参数关系来看

如果结构式模型能转化为简化式模型（得到一组参数关系体系），那么估计出简化式模型参数，根据参数关系体系求出结构式模型参数，会出现以下三种情况。

① 参数关系个数＜结构式模型参数个数，无解，不可识别。
② 参数关系个数＝结构式模型参数个数，有唯一解，恰好识别。
③ 参数关系个数＞结构式模型参数个数，有多个解，过度识别。

后两种情况都称可识别。识别不是估计问题，却是估计的前提。只有当所有的行为方程都可识别时，才能对联立方程进行估计。需要说明的是，恒等式不用识别。

2. 从统计形式来看

如果某个方程的统计形式具有唯一性，则该方程是可识别的。统计形式的唯一性是指该方程不能由其他方程的任意线性组合表示出来。简单来说，就是该方程至少有一个变量是其他方程未包括的。

(二) 识别的条件

当模型中包含的变量个数较多时，用参数关系体系判断识别问题将非常烦琐，这时我们可根据统计形式的唯一性给出识别的阶条件和秩条件。

1. 阶条件

简便起见，我们用 m、k 分别表示内生变量和前定变量个数，下标 i 表示第 i 个方程，每个内生变量做一次被解释变量，共有 m 个方程。根据统计形式的唯一性可知，每个方程至少有一个独特的变量（其他方程不包含）。对于第 i 个方程而言，它不应包括其他方程的独特变量（我们称其为被斥变量），被斥变量个数至少应该不少于 $m-1$（其余 $m-1$ 个方程，各有一个独特变量，共计 $m-1$ 个）。被斥变量个数等于联立方程变量总数减去第 i 个方程的变量总数 $[m+k-(m_i+k_i)]$，那么阶条件可以表示为：

$$m+k-(m_i+k_i) \geqslant m-1 \tag{11.4}$$

$$(m_i+k_i) \leqslant k+1 \tag{11.5}$$

式(11.5)给出了更简化的阶条件，我们只需根据某个方程的变量总数和整个联立方程的前定变量总数，就可以方便地解决联立方程的识别问题了。不过，阶条件只是一个必要条件，如果不满足，联立方程不可识别。如果满足，对其他行为方程进行识别，当所有的行为方程都满足时，还需根据秩条件判别。

2. 秩条件

秩条件是充要条件。具体为：在由 m 个方程构成的模型中，任何一个方程的被斥变量的参数矩阵的秩为 $m-1$，即满秩矩阵。秩条件可以表示为：

$$\operatorname{rank}(\boldsymbol{A}_i) = m-1 \tag{11.6}$$

式中，$\boldsymbol{A}_i$ 表示第 i 个方程的被斥变量系数矩阵。$\boldsymbol{A}_i$ 的求解过程如下。

① 将模型中所有变量及常数项移到等号左边，右边只保留随机项。
② 单独一行依次写出所有内生变量名、前定变量名和常数项，作为表头。
③ 写参数矩阵。矩阵中第一行表示第一个方程，依次类推，每列对应表头写出具体

参数,未包含的变量或常数项用 0 表示。需要强调的是,虽然恒等式不用识别,但在写参数矩阵时,必须写出恒等式。

④ 用划线法求被斥变量系数矩阵。先划去待识别的方程(行),再划去该行非零元素所在的列。未划线的部分构成被斥变量系数矩阵 A_i。

求出 A_i 后,再求出秩,根据秩条件进行判断。如果不满足秩条件,则不可识别。如果满足,再结合阶条件来识别。如果 $(m_i+k_i)=k+1$,恰好识别;如果 $(m_i+k_i)<k+1$,过度识别。其他方程依次类推,只有当所有的行为方程满足秩条件时,联立方程才可识别。

联立方程的识别流程如图 11-1 所示。

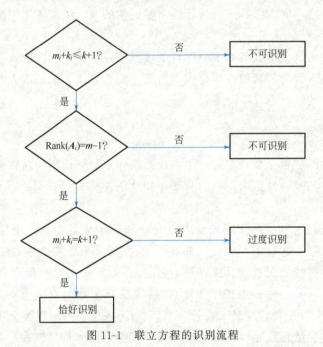

图 11-1 联立方程的识别流程

四、联立方程的估计

由于简化式模型可以直接用 OLS 进行估计,因此联立方程的估计问题主要是针对结构式模型而言的,具体来说有以下四种估计方法。

(一) 间接最小二乘法(Indirect Least Squares, ILS)

ILS 的基本思路是:如果可能,将结构式模型转化为简化式模型,然后通过参数关系体系,得到相关参数。它适用于恰好识别的模型,具体步骤如下。

① 判断结构式模型的识别状态,只有当恰好识别时才可进行下一步。
② 将结构式模型转化为简化式模型,求得参数关系体系。
③ 用 OLS 估计简化式模型。
④ 根据前面的参数关系体系,求出结构式模型参数。

（二）工具变量法

工具变量法的基本思想是利用适当的工具变量（Instrument Variable，IV）去代替结构式模型中作为解释变量的内生变量，以减少解释变量与随机项的相关性。这种方法既可以估计恰好识别模型，也可以估计过度识别模型，但更适合后者，因为使用工具变量后的回归误差要比 OLS 大。其步骤如下。

① 选择适当的工具变量。选择适当的工具变量代替结构式模型中作解释变量的内生变量。工具变量应满足以下条件：与代替的内生变量高度相关；必须是外生变量，与结构式模型的随机项无关；与结构式模型原有外生变量的线性相关程度很低；如果一个结构式模型中使用两个以上的工具变量，这些工具变量之间也不能高度相关。

② 对替换变量后的结构式模型两端分别用解释变量相乘，并对 n 次观察求和，得到方程个数与未知结构参数个数相同的一组线性方程组。

③ 再将这些线性方程组联立求解，求得特定方程结构参数的估计量。

（三）两阶段最小二乘法（Two Stage Least Squares，2SLS）

2SLS 的基本思想是通过回归，用内生变量的估计值作为工具变量，再回归。2SLS 既适用于恰好识别的方程，也适用于过度识别的方程，但更适合后者。其步骤如下。

① 用 OLS 估计简化式方程，得到内生变量的估计值。

② 用内生变量的估计值作为工具变量，替代所有内生变量，再用 OLS 估计得到相应的参数。

（四）三阶段最小二乘法（Three Stage Least Squares，3SLS）

3SLS 是在 2SLS 的基础上，采用广义最小二乘法（Generalized Least Squares，GLS），以克服各个结构式模型随机误差项同期相关等问题。3SLS 是 2SLS 的推广，它将参数估计分为三个阶段，其中，第一、二阶段采用 2SLS，第三阶段采用 GLS 估计。

3SLS 有以下两个优点。

（1）充分利用模型信息

2SLS 只能对模型的一个方程进行参数估计，所利用的只是模型的部分信息。而事实上，总体结构对每个结构参数都有不同程度的影响，3SLS 可以充分利用模型的全部信息，它是系统估计方法。

（2）克服各方程之间随机项相关造成的估计偏误

2SLS 假定各方程之间的随机项是不相关的。但在实际的联立方程中，各方程的随机项之间可能相关，这时应引入 GLS，可以克服由此造成的估计偏误。

五、联立方程的应用

除了前面例子中提到的宏观经济模型、产品供求模型，联立方程还可用于深入研究变量之间的内在影响机理。

(一)处理内生解释变量

在单方程模型中,通常假定解释变量是外生的,但事实并非如此,为了更深入地研究,可借助联立方程来处理此类问题。比如研究金融发展对经济增长的影响,如果建立单方程模型,那么金融发展必然作为外生变量看待。实际上,金融发展也受到经济增长、城镇化水平、市场化程度等多种因素的影响。此时可以建立如下联立方程来进行估计。

方程1:经济增长=f(金融发展,劳动,资本,其他控制变量,…)

方程2:金融发展=f(经济增长,城镇化,市场化,其他控制变量,…)

……

(二)分析影响机制

在实证分析中,如果一个因素对另一个因素有多种影响机制,为了更好地检验每种影响机制,可以建立联立方程进行实证检验。比如分析农业科技进步对农民收入的影响时,发现存在以下机制:①提高农业生产率;②推动农产品优质化;③促进农产品多样化;④促进劳动力转移。此时可以建立如下联立方程。

方程1:农业生产率=f(农业科技进步,控制变量,…)

方程2:农产品优质化=f(农业科技进步,控制变量,…)

方程3:农产品多样化=f(农业科技进步,控制变量,…)

方程4:劳动力转移=f(农业科技进步,控制变量,…)

方程5:农民收入=f(农业生产率,农产品优质化,农产品多样化,劳动力转移,控制变量,…)

用此联立方程可以检验农业科技进步对农民收入各种影响机制的效应及总效应。比如第一种影响机制的效应为:方程1中农业科技进步的系数×方程5中农业生产率的系数,其他影响机制的效应也可依次类推计算,通过对所有影响机制的效应进行加总,可以得到农业科技进步对农民收入影响的总效应。

第二节 联立方程的估计

一、实验要求

理解联立方程的含义及类型,学会构建联立方程。能够利用阶条件和秩条件对联立方程进行识别,掌握3SLS并能用3SLS对联立方程进行系统估计。

二、建模思路与实验数据

党的二十大报告提出,要建设高标准市场体系。构建高标准市场体系,发挥市场机制在资源配置中的决定性作用是供给侧结构性改革的重点。从技术创新来看，完善技术市场，能够促进创新要素流动，提升创新绩效。具体而言，技术市场能够促进创新成果实现，降低创新成本，有利于吸引创新劳动和创新资本，进而影响创新。也就是说，技术市场通过创新劳动、创新资本两条机制影响创新，而创新劳动、创新资本也是内生的（还受到其他因素的影响），因此，本节拟建立联立方程，实验选用2003—2022年中国技术市场与创新相关数据（表11-1）。

表11-1 2003—2022年中国技术市场与创新相关数据

年份	专利授权数/项	创新人员全时当量/万人年	创新资本/亿元	技术市场成交额/亿元	财政科学技术支出/亿元	人均GDP/万元	融资规模/亿元	互联网接入端口/万个
2003	12.11	4.70	8.73	6.99	6.88	9.26	10.44	7.50
2004	12.16	4.75	8.88	7.20	7.00	9.42	10.26	8.18
2005	12.27	4.92	9.06	7.35	7.20	9.56	10.31	8.49
2006	12.50	5.01	9.24	7.51	7.43	9.71	10.66	8.78
2007	12.77	5.16	9.43	7.71	7.49	9.91	11.00	9.05
2008	12.93	5.28	9.63	7.89	7.66	10.07	11.15	9.30
2009	13.27	5.43	9.84	8.02	7.92	10.15	11.84	9.54
2010	13.61	5.54	10.04	8.27	8.09	10.31	11.85	9.84
2011	13.78	5.66	10.25	8.47	8.25	10.47	11.76	10.05
2012	14.04	5.78	10.44	8.77	8.40	10.56	11.97	10.38
2013	14.09	5.87	10.62	8.92	8.53	10.68	12.06	10.49
2014	14.08	5.92	10.78	9.06	8.58	10.76	11.98	10.61
2015	14.36	5.93	10.91	9.19	8.68	10.82	11.95	10.96
2016	14.38	5.96	11.04	9.34	8.79	10.89	12.09	11.17
2017	14.42	6.00	11.16	9.50	8.89	11.00	12.47	11.26
2018	14.71	6.08	11.29	9.78	9.03	11.09	12.32	11.37
2019	14.77	6.17	11.41	10.02	9.16	11.16	12.46	11.42
2020	15.11	6.26	11.52	10.25	9.11	11.18	12.76	11.46
2021	15.34	6.35	11.64	10.53	9.18	11.31	12.66	11.53
2022	15.28	6.40	11.76	10.77	9.21	11.36	12.68	11.58

资料来源：国家统计局数据（https://data.stats.gov.cn/easyquery.htm?cn=C01）。其中，创新资本根据研究与开发经费支出数据，用永续盘存法估算得出，表中数据为自然对数。

三、实验内容

1. 联立方程构建
2. 联立方程识别

3. 联立方程估计

四、实验步骤

(一) 联立方程构建

技术市场发展有利于降低创新的交易成本和风险,实现创新收益,吸引创新劳动和创新资本等要素,创新劳动和创新资本是创新的基本要素,因此,技术市场通过创新劳动、创新资本两条机制影响创新。根据表 11-1 的数据,建立以下联立方程:

$$\begin{aligned} rdl_t &= \alpha_0 + \alpha_1 mar_t + \alpha_2 pgdp_t + \mu_{1t} \\ rdk_t &= \beta_0 + \beta_1 mar_t + \beta_2 fin_t + \beta_3 inf_t + \mu_{2t} \\ inv_t &= \gamma_0 + \gamma_1 rdl_t + \gamma_2 rdk_t + \gamma_3 sci_t + \mu_{3t} \end{aligned} \quad (11.7)$$

第一个方程为创新劳动方程,用来检验技术市场对创新劳动的影响。被解释变量是创新劳动(rdl),用创新人员全时当量表示。解释变量为技术市场(mar),用技术市场成交额反映。随着经济发展水平的提高,人们对创新更加重视,因此将经济发展水平(pgdp)纳入模型作为控制变量,用人均 GDP 表示。

第二个方程为创新资本方程,用来验证技术市场对创新资本的影响。被解释变量为创新资本(rdk),根据研究与开发经费支出测算出创新资本(存量)。解释变量为技术市场。金融发展有利于降低融资成本,对创新资本产生影响,故控制变量包含了金融发展(fin),用融资规模表示。另外,信息化有利于科技信息交流,吸引创新投资,所以模型中控制变量包含了信息化水平(inf),但信息化水平的衡量指标很多,综合考虑,选用了最基本的反映信息化水平的指标——互联网接入端口。

第三个方程为创新总方程,用来分析技术市场通过创新劳动、创新资本两条机制对创新的影响。被解释变量是创新(inv),选用最常用的创新产出指标——专利授权数来反映。创新劳动和创新资本是创新的基础投入要素,二者作为解释变量。创新具有正向溢出效应,政府支持(sci)有利于创新发展,选取财政科学技术支出来反映政府对创新的支持力度。

(二) 联立方程识别

1. 阶条件

模型中内生变量为 rdl_t、rdk_t、inv_t,前定变量有 mar_t、$pgdp_t$、fin_t、inf_t、sci_t,即 $m=3$,即 $k=5$。根据阶条件有:

$$\begin{aligned} m_1 + k_1 &= 3 < k+1 = 6 \\ m_2 + k_2 &= 4 < k+1 = 6 \\ m_3 + k_3 &= 4 < k+1 = 6 \end{aligned}$$

由此可知,三个方程都满足阶条件。继续进行秩条件判别。

2. 秩条件

写出参数系数矩阵(C 表示常数项):

$$\begin{pmatrix} \text{rdl}_t & \text{rdk}_t & \text{inv}_t & \text{mar}_t & \text{pgdp}_t & \text{fin}_t & \text{inf}_t & \text{sci}_t & C \\ 1 & 0 & 0 & -\alpha_1 & -\alpha_2 & 0 & 0 & 0 & -\alpha_0 \\ 0 & 1 & 0 & -\beta_1 & 0 & -\beta_2 & -\beta_3 & 0 & -\beta_0 \\ -\gamma_1 & -\gamma_2 & 1 & 0 & 0 & 0 & 0 & -\gamma_3 & -\gamma_0 \end{pmatrix} \quad (11.8)$$

利用划线法分别求出三个方程的被斥变量系数矩阵：

$$\boldsymbol{A}_1 = \begin{pmatrix} 1 & 0 & -\beta_2 & -\beta_3 & 0 \\ -\gamma_2 & 1 & 0 & 0 & -\gamma_3 \end{pmatrix}, \quad \boldsymbol{A}_2 = \begin{pmatrix} 1 & 0 & -\alpha_2 & 0 \\ -\gamma_1 & 1 & 0 & -\gamma_3 \end{pmatrix},$$

$$\boldsymbol{A}_3 = \begin{pmatrix} -\alpha_1 & -\alpha_2 & 0 & 0 \\ -\beta_1 & 0 & -\beta_2 & -\beta_3 \end{pmatrix}$$

(11.9)

由此可知，$\text{rank}(\boldsymbol{A}_1) = \text{rank}(\boldsymbol{A}_2) = \text{rank}(\boldsymbol{A}_3) = 2 = m - 1$，满足秩条件，再由阶条件可知，三个方程均为过度识别，所以整个联立方程可以识别。

（三）联立方程估计

由于系统估计方法利用了所有方程的信息，而且可以在同一个界面显示所有方程的估计结果，因此我们重点介绍 3SLS。

1. 基础准备

与单方程分析类似，应先建立工作文件，定义变量序列并输入数据。本例中，我们建立一个时间范围为 2003—2022 年的工作文件（输入命令：create a 2003 2022），定义变量序列组（输入命令：data inv rdl rdk mar sci pgdp fin inf），将所用数据复制到序列组中。

2. 模型估计

在主菜单或工作文件菜单执行【Object】→【New Object】命令，弹出如图 11-2 所示的对话框。在"Type of object"下拉列表中选择"System"，单击"OK"按钮，弹出"System"窗口，在窗口中输入方程表达式（图 11-3）。表达式输入时应该规范，参数一律用"c()"表示，括号内填写数字表示参数编号，没有特别要求，只要不同参数的编号不

图 11-2 "New Object" 对话框

重复即可，一般从 1 开始连续编号。滞后变量用变量名后加括号表示，括号内数字表示滞后期。每行写出一个方程表达式，依次类推，无次序要求，其次序只是决定了回归结果显示次序。最后一行一般写出联立方程中的所有前定变量，格式为：inst 前定变量名 1 前定变量名 2 …，如本例中为：inst pgdp inf mar fin sci。

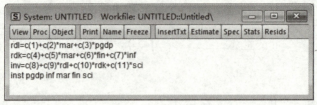

图 11-3 "System" 窗口

方程表达式输入完毕后，执行 "System" 窗口的 "Estimate" 命令，弹出系统估计窗口，包括估计方法（Estimation Method）和迭代（Options）两个选项。刚打开时，估计方法选项为活动状态，其界面如图 11-4 所示。

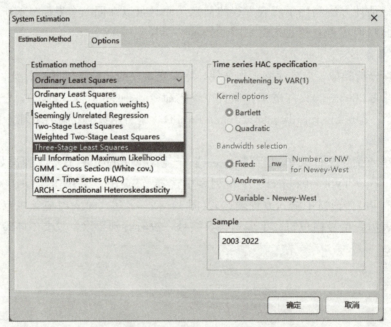

图 11-4 "System Estimation" 中的估计方法选项

EViews 一共提供了十种估计方法，分别为 Ordinary Least Squares（普通最小二乘法估计）、Weighted L. S.(equation weights)（加权最小二乘法估计）、Semingly Unrelated Regression（似不相关回归）、Two-Stage Least Squares（两阶段最小二乘法估计）、Weighted Two-Stage Least Squares（加权两阶段最小二乘法估计）、Three-Stage Least Squares（三阶段最小二乘法估计）、Full Information Maximum Likelihood（完全信息最大似然估计）、GMM-Cross Section（White cov.）（用怀特协方差矩阵的广义矩估计）、GMM-Time series（HAC）（用 HAC 协方差矩阵的时间序列的广义矩阵估计）、ARCH-Conditional Heteroskedasticity（用条件异方差的 ARCH 模型估计）。

迭代选项界面（未激活状态）如图 11-5 所示，主要部分是迭代与更新设置，包括 Simultaneous updating（迭代权数同时更新）、Sequential updating（迭代权数顺序更新）、Iterate coefs to convergence（权数更新后迭代参数转换）、Update coefs once（权数更新后更新参数一次）四个选项。系统默认为第三个，且该选项呈现灰色，为不可操作状态，如果想改变此设置，可以先按系统默认的设置进行回归，在回归界面单击"Estimate"按钮，选择"Option"，此时该设置被激活，可以根据需要选择（图 11-6）。本例中，我们用三阶段最小二乘法（3SLS），以及默认的迭代选项设置来估计联立方程，单击"确定"按钮后，得到的回归结果如图 11-7 所示。

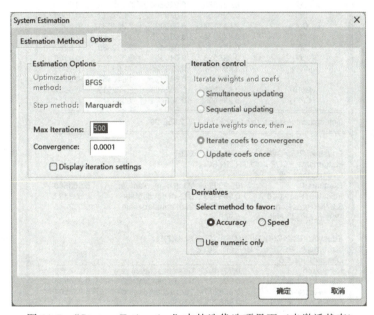

图 11-5 "System Estimation" 中的迭代选项界面（未激活状态）

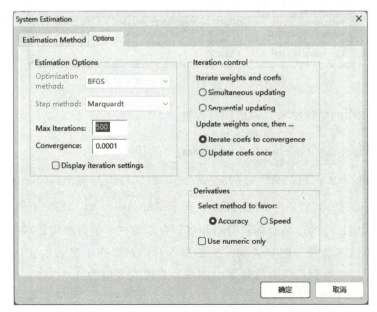

图 11-6 "System Estimation" 中的迭代选项（激活状态）

图 11-7　联立方程的 3SLS 估计结果

根据图 11-7 中的估计结果，写出回归方程：

$$\hat{rdl}_t = -2.768206 + 0.009585 mar_t + 0.795782 pgdp_t$$
$$\hat{rdk}_t = 2.041127 + 0.412934 mar_t + 0.111042 fin_t + 0.336533 inf_t \quad (11.10)$$
$$\hat{inv}_t = 2.694257 + 1.007228 rdl_t + 0.838955 rdk_t - 0.399558 sci_t$$

实证结果表明，技术市场对创新劳动和创新资本均产生正向影响，不过技术市场对创新劳动影响的系数不显著，创新劳动、创新资本对创新均产生显著的正向影响，综合来看，技术市场主要通过创新资本机制影响创新，其影响效应为 0.346433（等于系数 c(5) 乘以 c(10)，即 0.412934× 0.838955＝0.346433），也就是说，技术市场成交额增加 1％，创新产出即专利授权数平均增加 0.35％。

小结

为了反映多个变量间的互为因果的关系，一般需要建立联立方程。联立方程的解释变量中常常含有内生变量，所以不能直接用 OLS 进行估计。除此之外，联立方程还涉及识别问题，在模型估计之前应对行为方程进行识别，可通过阶条件和秩条件进行识别，只有当全部的行为方程可识别时，才可对该联立方程进行估计。联立方程的估计方法有单方程估计方法和系统估计方法，前者包括间接最小二乘法（ILS）、工具变量法、两阶段最小二乘法（2SLS），后者包括三阶段最小二乘法（3SLS）等。

 思考题

1. 联立方程有哪些类型？各类型联立方程的特点是什么？
2. 为什么要对联立方程进行识别，以及如何识别？
3. 联立方程的主要估计方法有哪些？各方法的特点和应用范围是什么？

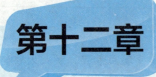

面板数据模型*

第一节 知识准备

一、面板数据概述

在实证分析中,有时采用面板数据构建模型。面板数据综合了时间序列和截面数据两方面的信息,在时间序列上取多个截面,在这些截面上选取指标构成样本数据,是近几十年来计量经济学理论方法的重要发展之一,具有很高的应用价值。面板数据又可以分为静态面板数据和动态面板数据。下面以静态面板数据为主进行介绍。面板数据模型的一般形式为:

$$y_{it} = a_{it} + x_{itk}\beta'_{it} + \mu_{it} \quad i=1,2,\cdots,N; \quad t=1,2,\cdots,T \tag{12.1}$$

式中,y_{it} 为被解释变量;x_{itk} 为解释变量(k 为解释变量个数);i 表示不同的截面;t 表示不同的时间;μ_{it} 为随机扰动项。由于模型(12.1)中有 $NT(k+1)$ 个系数和 NT 个方程,无法从模型中直接识别所有参数,因此在实际应用中需要对模型附加一定的约束条件。假定时间序列参数齐性,即参数满足时间一致性,也就是参数值不随时间的不同而变化,则模型(12.1)可以表示为:

$$y_{it} = \alpha_i + x_{itk}\beta'_i + \mu_{it} \tag{12.2}$$

二、面板数据模型的类型

模型(12.2)又可分为以下三种情形。

情形 1:$\alpha_i \neq \alpha_j$,$\beta_i \neq \beta_j$。
情形 2:$\alpha_i \neq \alpha_j$,$\beta_i = \beta_j$。
情形 3:$\alpha_i = \alpha_j$,$\beta_i = \beta_j$。

对于情形 1,模型中的截距和斜率随着个体的不同而改变,称"变系数模型"。即参数在不同截面上是不同的,相当于有 i 个方程。对于情形 3,模型中的截距和斜率在不同截面上是相同的，称"混合估计模型"，用普通最小二乘法估计可以给出 α 和 β 的一致有效估计。对于情形2，模型中的斜率在不同截面上是相同的，但截距不同，称"变截距模型"。

三、面板数据模型的检验

对于样本数据究竟属于哪种模型，在实际应用中可以采用 F 检验来进行判别。此时先对 α_i 和 β_i 做以下两种假设。

假设1：斜率在不同的截面样本点上相同，但截距不同。模型为：

$$y_{it} = \alpha_i + x_{itk}\beta' + \mu_{it} \tag{12.3}$$

假设2：斜率和截距在不同的截面样本点上都相同。模型为：

$$y_{it} = \alpha + x_{itk}\beta' + \mu_{it} \tag{12.4}$$

然后对模型的设定进行检验，采用协方差分析法，通过两个 F 检验来完成。分别构造假设1和假设2的检验统计量，具体如下。

$$F_1 = \frac{(S_2 - S_1)/[(N-1)K]}{S_1/[NT - N(K+1)]} \sim F[(N-1)K, NT - N(K+1)] \tag{12.5}$$

$$F_2 = \frac{(S_3 - S_1)/[(N-1)(K+1)]}{S_1/[NT - N(K+1)]} \sim F[(N-1)(K+1), NT - N(K+1)] \tag{12.6}$$

式中，S_1、S_2、S_3 分别代表模型（12.2）、模型（12.3）、模型（12.4），即变系数模型、变截距模型、混合估计模型的残差平方和，N 代表截面样本点的个数，T 代表时期数，K 代表解释变量的个数。

检验假设2，若 $F_2 < F_\alpha$，则不能拒绝假设2，用模型（12.4）（混合估计模型）拟合样本；否则，拒绝假设2，继续检验假设1，找出非齐次的来源。若 $F_1 < F_\alpha$，则不能拒绝假设1，用模型（12.3）（变截距模型）拟合样本；否则，拒绝假设1，用模型（12.2）（变系数模型）拟合样本。对于模型（12.3），α_i 概括了影响 y_{it} 的全部观测不到的且在时间上恒定的因素，称非观测效应，如果 α_i 与 x_{itk} 相关，即 $\text{cov}(\alpha_i, x_{itk}) \neq 0$，则为固定效应；如果 α_i 与 x_{itk} 不相关，即 $\text{cov}(\alpha_i, x_{itk}) = 0$，则为随机效应。判别选择固定效应还是随机效应的主要方法有两个：一是当不能确定样本随机来自总体，或截面来自全部成员时，选择固定效应；二是根据豪斯曼（Hausman）检验值来判别。

第二节

静态面板数据模型的估计

一、实验要求

学习静态面板数据的处理，掌握静态面板数据模型，学会构建变系数模型、变截距模型和混合估计模型,能够对变截距模型的随机效应和固定效应进行检验,学会静态面板数据模型的估计(静态面板数据模型、动态面板数据模型主要是从模型操作层面区分的,一般情况下,面板数据模型默认为静态面板数据模型,所以,除非明确指出为动态面板数据模型,否则本书中的面板数据模型默认为静态面板数据模型)。

二、建模思路与实验数据

金融是现代经济发展的核心,数字金融发展扩大了金融覆盖范围,降低了融资成本,有利于要素流动,能够促进产业结构调整。同时,市场化也有利于要素优化配置,促进产业结构调整;政府干预也影响着要素流向,从而影响着产业结构。所以,本节拟构建数字金融对产业结构调整影响的实证模型,选用2011—2020年中部地区数字金融与产业结构调整相关数据(表12-1),其中,产业结构、数字金融、市场化、政府干预分别用产业结构泰尔指数、数字普惠金融指数、非国有规模以上企业资产总计占比、财政支出/GDP表示。

表12-1 2011—2020年中部地区数字金融与产业结构调整相关数据

地区	年份	产业结构	数字金融	市场化	政府干预	地区	年份	产业结构	数字金融	市场化	政府干预
山西	2011	0.3561	33.41	36.86	21.70	吉林	2011	0.2083	24.51	45.19	28.47
	2012	0.3044	92.98	38.93	23.62		2012	0.2159	87.23	45.07	28.48
	2013	0.2599	144.22	37.53	25.28		2013	0.2208	138.36	47.49	29.11
	2014	0.2633	167.66	36.48	25.51		2014	0.2294	165.62	47.28	29.23
	2015	0.2001	206.30	34.26	28.92		2015	0.2316	208.20	49.88	32.11
	2016	0.1813	224.81	34.17	28.70		2016	0.2520	217.07	49.03	34.39
	2017	0.2092	259.95	34.26	25.93		2017	0.2590	254.76	47.62	34.11
	2018	0.2046	283.65	34.91	26.84		2018	0.2510	276.08	45.99	33.67
	2019	0.1970	308.73	35.16	27.77		2019	0.2368	292.77	42.54	33.54
	2020	0.1452	325.73	33.16	28.66		2020	0.2163	308.26	43.20	33.67
内蒙古	2011	0.2994	28.89	44.24	31.60	黑龙江	2011	0.2698	33.58	31.91	28.12
	2012	0.2638	91.68	46.66	32.72		2012	0.2224	87.91	34.49	28.79
	2013	0.2395	146.59	47.35	32.36		2013	0.1899	141.40	36.02	28.43
	2014	0.2272	172.56	48.00	31.91		2014	0.1540	167.80	36.72	28.22
	2015	0.2226	214.55	47.76	32.84		2015	0.1079	209.93	38.64	34.39
	2016	0.2206	229.93	48.33	32.73		2016	0.0969	221.89	39.76	35.54
	2017	0.2231	258.50	42.66	30.41		2017	0.0570	256.78	39.58	37.69
	2018	0.2183	271.57	46.18	29.93		2018	0.0595	274.73	40.13	36.40
	2019	0.2199	293.89	45.26	29.63		2019	0.0548	292.87	38.18	37.00
	2020	1.3382	309.39	43.74	30.54		2020	0.0413	306.08	39.42	39.97

续表

地区	年份	产业结构	数字金融	市场化	政府干预	地区	年份	产业结构	数字金融	市场化	政府干预
安徽	2011	0.2307	33.07	48.83	20.28	河南	2016	0.2066	223.12	75.49	18.52
	2012	0.2093	96.63	50.47	21.60		2017	0.1211	266.92	74.50	18.33
	2013	0.1873	150.83	53.11	21.13		2018	0.1091	296.76	70.19	18.46
	2014	0.1699	180.59	55.14	20.71		2019	0.1010	322.12	67.43	18.92
	2015	0.1517	211.28	56.44	21.98		2020	0.0810	340.81	66.80	19.12
	2016	0.1488	228.78	57.88	20.99	湖北	2011	0.3105	39.82	43.18	16.12
	2017	0.1513	271.60	58.24	20.91		2012	0.3079	101.42	51.11	16.64
	2018	0.1609	303.83	59.48	19.32		2013	0.2794	164.76	51.48	17.23
	2019	0.1560	330.29	60.85	20.06		2014	0.2533	190.14	55.06	17.47
	2020	0.0936	350.16	62.68	19.64		2015	0.2328	226.75	55.52	20.21
江西	2011	0.1848	29.74	58.49	21.88		2016	0.2118	239.86	54.93	19.26
	2012	0.1649	91.93	61.73	23.57		2017	0.2020	285.28	53.60	18.27
	2013	0.1547	146.13	62.98	24.27		2018	0.2015	319.48	56.22	17.27
	2014	0.1454	175.69	67.63	24.78		2019	0.1879	344.40	54.37	17.54
	2015	0.1289	208.35	70.50	26.30		2020	0.1027	358.64	55.66	19.63
	2016	0.1216	223.76	72.61	25.11	湖南	2011	0.2364	32.68	53.00	18.61
	2017	0.0914	267.17	69.91	25.29		2012	0.2386	93.71	56.01	19.42
	2018	0.0809	296.23	70.59	24.95		2013	0.2457	147.71	58.20	19.92
	2019	0.0678	319.13	71.18	25.89		2014	0.2528	167.27	59.77	19.39
	2020	0.0531	340.61	72.00	25.89		2015	0.2582	206.38	60.44	20.07
河南	2011	0.2307	28.40	60.30	16.14		2016	0.2523	217.69	61.06	20.55
	2012	0.2164	83.68	65.50	17.29		2017	0.2499	261.12	62.21	20.31
	2013	0.1958	142.08	70.53	17.65		2018	0.2482	286.81	62.13	20.59
	2014	0.2116	166.65	73.05	17.44		2019	0.2308	310.85	65.75	20.14
	2015	0.2023	205.34	74.46	18.33		2020	0.0823	332.03	67.26	20.23

注：数字普惠金融指数源于北京大学数字普惠金融研究中心，产业结构泰尔指数由笔者测算，其余数据根据《中国统计年鉴》中相关数据整理。变量单位改变会影响系数值的相对大小，但不影响本质，为使回归分析更简便，对表中的市场化和政府干预两项数据进行了去除百分号处理。

三、实验内容

1. 基础准备
2. 创建 Pool 对象
3. 模型检验
4. 模型估计

四、实验步骤

(一) 基础准备

1. 数据准备

面板数据模型的数据是三维的，而实际收集到的数据是二维的，所以必须对收集到的数据进行堆积，有两种堆积方式：一是按截面堆积；二是按时间堆积。我们一般是按年度收集各截面的数据，因而收集的数据实际上是按时间堆积的。但由于面板数据模型假定参数的时间齐性，因此应该按截面堆积。为实验方便，表 12-1 中的数据是已经按截面堆积好的数据。

2. 创建工作文件

与一般时间序列一样，应先创建工作文件。本例中，用命令方式创建 2011—2020 年的工作文件（输入命令：create a 2011 2020）。

(二) 创建 Pool 对象

工作文件创建好后，在工作文件窗口或 EViews 主菜单窗口执行【Object】→【New Object】命令，弹出"New Object"对话框（图 12-1），在"Type of object"选项中选择"Pool"，单击"OK"按钮，弹出"Pool"对话框（12-2）。

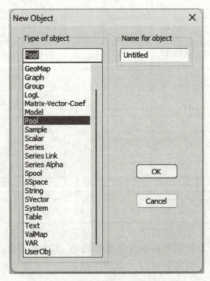

图 12-1 "New Object"对话框

1. 定义截面

在"Pool"对话框中输入截面名称，不同截面名称之间用空格隔开或者另起一行，如本例中用中部各省的简拼作为截面名称（注意，对于简拼相同的省份，应加以区别）。

2. 定义序列变量

截面名称输入完成后，执行"Pool"对话框中的【View】→【Spreadsheet（stacked data）】命令（图 12-3），弹出"Series List"对话框（图 12-4）。

图 12-2 "Pool"对话框

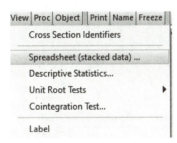

图 12-3 序列输入操作

图 12-4 "Series List"对话框

与一般模型不同，面板数据的变量序列还对应于截面，即变量系数可能因截面不同而发生变化。EViews 规定了变量的形式，在变量名称后加一个半角的"?"。本例中，我们将产业结构、数字金融、市场化、政府干预分别命名为：INDS、DIGF、MAR、GOV。所以在"Series List"对话框中输入：inds? digf? mar? gov?。变量之间用空格隔开或者另起一行。

变量名称输入完毕后，单击"OK"按钮，弹出序列组窗口（图 12-5），在"Pool"的序列组中，数据单元格默认为不可操作状态，单击组窗口的"Edit＋/－"按钮，单元格变为可操作状态，核对序列组格式，确认其与原数据格式一致后，将原数据复制粘贴到序列组中，完成数据输入工作。

（三）模型检验

单击图 12-5 的序列组窗口上的"Estimate"，弹出模型估计界面"Pool Estimation"（图 12-6）。

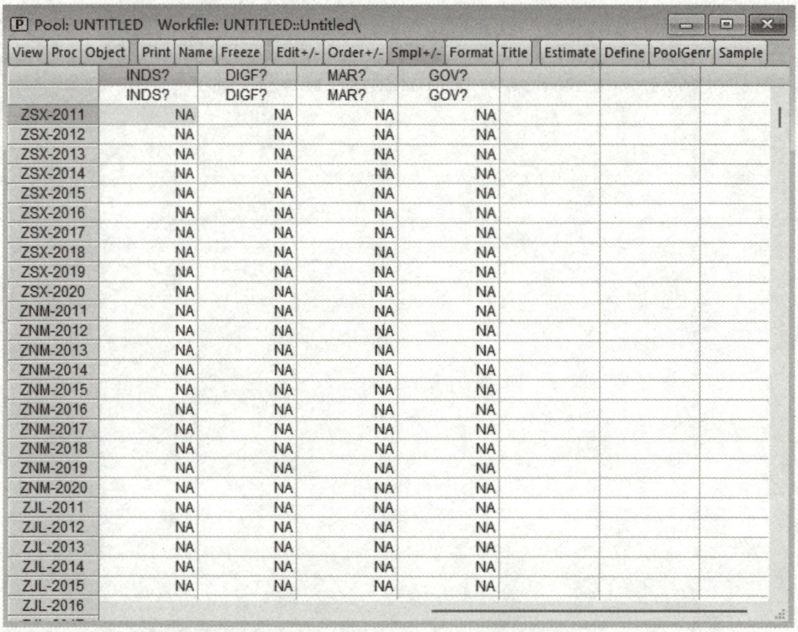

	INDS?	DIGF?	MAR?	GOV?
	INDS?	DIGF?	MAR?	GOV?
ZSX-2011	NA	NA	NA	NA
ZSX-2012	NA	NA	NA	NA
ZSX-2013	NA	NA	NA	NA
ZSX-2014	NA	NA	NA	NA
ZSX-2015	NA	NA	NA	NA
ZSX-2016	NA	NA	NA	NA
ZSX-2017	NA	NA	NA	NA
ZSX-2018	NA	NA	NA	NA
ZSX-2019	NA	NA	NA	NA
ZSX-2020	NA	NA	NA	NA
ZNM-2011	NA	NA	NA	NA
ZNM-2012	NA	NA	NA	NA
ZNM-2013	NA	NA	NA	NA
ZNM-2014	NA	NA	NA	NA
ZNM-2015	NA	NA	NA	NA
ZNM-2016	NA	NA	NA	NA
ZNM-2017	NA	NA	NA	NA
ZNM-2018	NA	NA	NA	NA
ZNM-2019	NA	NA	NA	NA
ZNM-2020	NA	NA	NA	NA
ZJL-2011	NA	NA	NA	NA
ZJL-2012	NA	NA	NA	NA
ZJL-2013	NA	NA	NA	NA
ZJL-2014	NA	NA	NA	NA
ZJL-2015	NA	NA	NA	NA
ZJL-2016				

图 12-5 序列组窗口

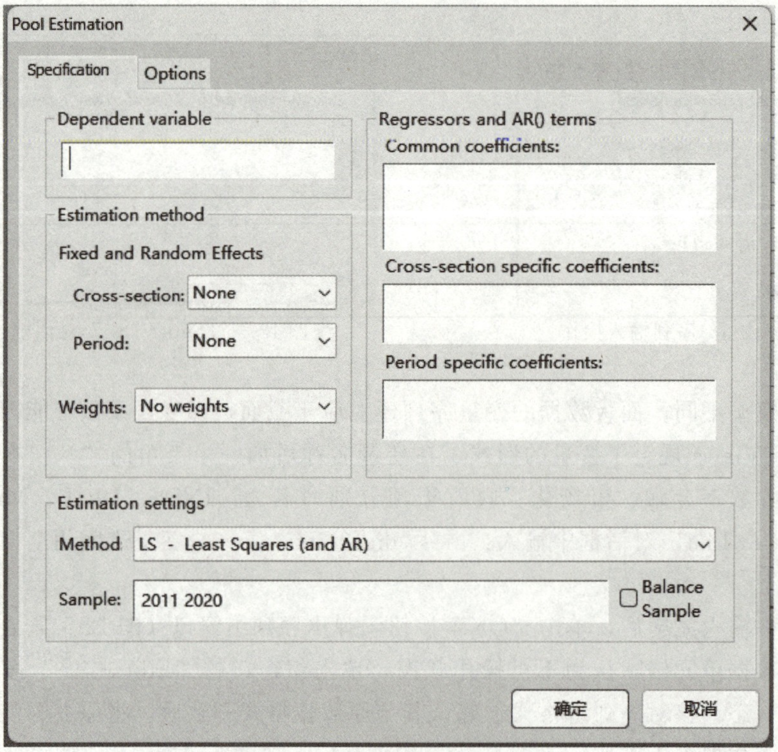

图 12-6 “Pool Estimation”界面

该界面的“Specification”选项组主要包括以下四个部分。

①“Dependent variable”输入框。用于输入被解释变量，注意：变量名称后应带“?”。

②“Estimation method”选项卡。用于设定估计方法，包括固定效应与随机效应设

定、权数设定两部分。

a. "Fixed and Random Effects"：固定效应与随机效应设定。包括 Cross-section（截面）和 Period（时间）两种方式。如果假定参数的时间齐性（参数不随时间变化，而随截面变化），则选择截面；如果假定参数的截面齐性，则选择时间。一般假定参数的时间齐性，所以选择截面，其下拉列表中有 "None"（无）、"Fixed"（固定效应）、"Random"（随机效应）三种选择。其中，"None" 用于估计混合估计模型，"Fixed" 用于估计变截距模型和变系数模型，"Random" 只能用于估计变截距模型。

b. "Weights"：权数设定。包括以下几种选择："No weights"，不加权；"Cross-section Weights"，截面加权 GLS 估计，参数时间齐性，存在截面异方差时用；"Cross-section SUR"，截面加权 SUR 估计，参数时间齐性，存在截面异方差和同期相关时用，若选择此项，要求时期数≥截面数；"Period Weights"，时期加权 GLS 估计，参数截面齐性，存在时期异方差时用；"Period SUR"，时期加权 SUR 估计，参数截面齐性，存在时期异方差和同期相关时用，若选此项，要求截面数≥时期数。

③ "Regressors and AR（）terms" 选项卡。用于设定模型中的解释变量。共有以下三个输入框。

"Common coefficients"：不同截面的系数（斜率）相同，用于混合估计模型和变截距模型。

"Cross-section specific coefficients"：不同截面的系数（斜率）不同，用于变系数模型。

"Period specific coefficients"：不同时期的系数不同，用于截面齐性的变系数模型。

④ "Estimation settings" 选项卡。用于选择估计方法和样本范围。"Method" 下拉列表中包括普通最小二乘法和两阶段最小二乘法。样本范围一般为系统默认设置。

本例中，分别对混合估计模型、变截距模型、变系数模型进行估计，得到各自的残差平方和，计算出两个检验统计量 F_1 和 F_2，然后进行 F 检验，确定模型形式。

在 "Dependent variable" 中输入被解释变量 "inds?"；在 "Cross-section" 和 "Period" 中都选 "None"，在 "Weights" 中选 "No weights"；在 "Common coefficients" 中输入解释变量 "c digf? mar? gov?"，其他设置选择默认，得到混合估计模型的估计结果（图 12-7）。

单击图 12-7 中的 "Estimate"，在弹出的 "Pool Estimation" 界面中改变部分设定（在 "Cross-section" 中选择 "Fixed"，其他不变），得到变截距模型的估计结果（图 12-8）。

在变截距模型的基础上，继续打开 "Pool Estimation" 界面，将 "Common coefficients" 中的解释变量名剪切并粘贴到 "Cross-section specific coefficients" 中，单击 "确定" 按钮，得到如图 12-9 所示的变系数模型的估计结果（由于结果较长，略去了中间部分）。

由三个模型的估计结果可知，$S_3=1.573483$，$S_2=1.168578$，$S_1=0.727825$，可以计算出两个检验统计量。由于自由度较大，在一般 F 分布表中不能查到相应的临界值。利用 Excel 中的函数命令（或 EViews）可以求出相应 P 值。为方便观察，用表 12-2 表示检验结果。

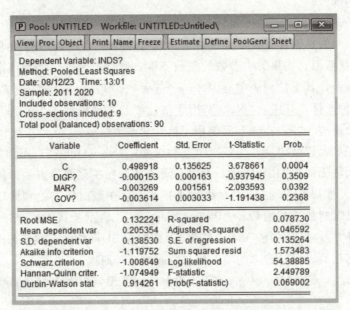

图 12-7 混合估计模型的估计结果

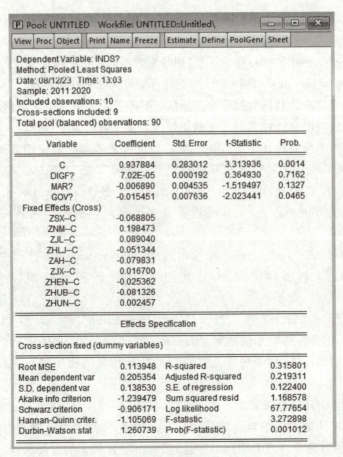

图 12-8 变截距模型的估计结果

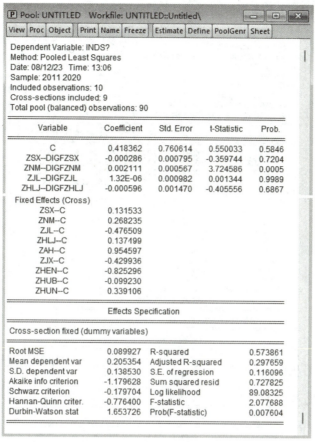

图 12-9 变系数模型的估计结果

表 12-2 面板数据模型的 F 检验

检验类别	F 统计量	P 值	结论
F_2 检验	1.960702	0.014239	拒绝混合估计模型
F_1 检验	1.362545	0.171959	不拒绝变截距模型

由 F 检验可知，应该选择变截距模型进行估计。为进一步分析，还应确定是选择固定效应还是随机效应。由于本例中所有年份的成员保持不变，因此应该选用固定效应。考虑到数字金融的地区差异，我们选择用截面加权法对变截距模型进行估计。

（四）模型估计

在估计结果界面，单击"Estimate"，在弹出的"Pool Estimation"界面进行设定，与前面的变截距模型设定基本相同，只不过在权数"Weights"中选择"Cross-section Weights"。设定完成后，单击"确定"按钮，输出结果如图 12-10 所示。

由估计结果可以看出，数字金融、市场化、政府干预的系数均为负数，说明这三个变量对产业结构调整产生有利影响（产业结构泰尔指数越趋近于 0，说明产业结构越合理）。从显著性来看，数字金融、政府干预对产业结构调整的影响高度显著，而市场化的系数不显著，说明市场机制还未在产业结构调整中充分发挥作用。

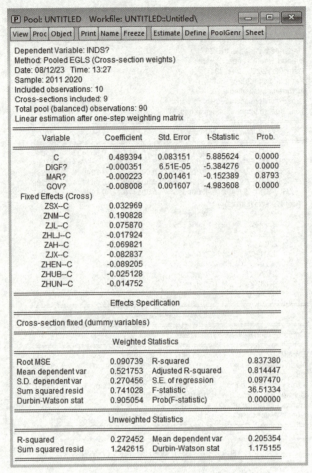

图 12-10 截面加权的变截距模型的估计结果

第三节

动态面板数据模型的估计

一、实验要求

初步了解动态面板数据的形式，理解动态面板数据模型的估计方法和思想，学会用 EViews 软件估计动态面板数据模型。

二、建模思路与实验数据

党的二十大报告提出，构建新一代信息技术、人工智能、生物技术、新能源、新材料、高端装备、绿色环保等一批新的增长引擎。其中，信息技术快速发展并与金融融合，对高质量发展产生了什么样的影响？本节拟建立数字金融对高质量发展影响的动态面板数据模型，选择市场化、信息化作为控制变量。其中,高质量发展是根据新发展理念建立综合评价体系(共涵盖 39 个细化指标)的,运用主成分分析法确定各指标权重后计算出高质量发展指数;数字金融、市场化、信息化分别用数字普惠金融指数、非国有规模以上企业资产总计占比、互联网宽带接入端口表示。实验选用 2011—2020 年中国 30 个省份的面板数据(表 12-3)。

表 12-3 2011—2020 年中国 30 个省份数字金融与高质量发展相关数据

地区	年份	高质量发展	数字金融	市场化/(%)	信息化/万个	地区	年份	高质量发展	数字金融	市场化/(%)	信息化/万个
北京	2011	55.64	79.41	23.50	801.8	河南	2011	35.94	28.40	60.30	1104.1
	2012	56.08	150.65	24.52	1076.8		2012	37.09	83.68	65.50	1435.7
	2013	57.67	215.62	26.02	1186.8		2013	38.75	142.08	70.53	1747.0
	2014	58.58	235.36	27.29	1159.9		2014	39.44	166.65	73.05	2016.4
	2015	60.03	276.38	26.70	1580.5		2015	40.18	205.34	74.46	3241.9
	2016	61.73	286.37	26.95	1784.0		2016	40.71	223.12	75.49	4345.8
	2017	63.23	329.94	27.95	1818.0		2017	41.49	266.92	74.50	4475.8
	2018	63.75	368.54	29.01	2059.9		2018	41.87	296.76	70.19	4780.8
	2019	65.93	399.00	27.37	2060.1		2019	42.26	322.12	67.43	4752.8
	2020	68.58	417.88	27.53	2084.1		2020	43.20	340.81	66.80	4934.5
天津	2011	46.94	60.58	50.63	367.9	湖北	2011	36.78	39.82	43.18	746.1
	2012	47.97	122.96	52.38	461.7		2012	37.45	101.42	51.11	1023.5
	2013	49.63	175.26	52.86	353.9		2013	39.91	164.76	51.48	1153.2
	2014	51.01	200.16	51.93	397.7		2014	40.90	190.14	55.06	1266.1
	2015	52.14	237.53	51.90	470.2		2015	42.06	226.75	55.52	2061.1
	2016	52.43	245.84	52.75	724.3		2016	43.05	239.86	54.93	2594.7
	2017	54.64	284.03	45.87	795.3		2017	43.99	285.28	53.60	2605.5
	2018	51.66	316.88	49.25	897.4		2018	44.31	319.48	56.22	2961.3
	2019	53.06	344.11	60.26	1092.6		2019	44.65	344.40	54.37	3062.3
	2020	54.50	361.46	60.55	1254.6		2020	45.56	358.64	55.66	3221.4
河北	2011	36.31	32.42	54.50	1150.4	湖南	2011	36.17	32.68	53.00	780.3
	2012	36.52	89.32	56.39	1756.0		2012	37.26	93.71	56.01	1070.2
	2013	37.90	144.98	58.22	2049.3		2013	38.94	147.71	58.20	1219.6
	2014	38.71	160.76	61.21	2204.7		2014	39.29	167.27	59.77	1498.3
	2015	39.31	199.53	61.41	2948.5		2015	39.82	206.38	60.44	1931.8
	2016	40.19	214.36	61.17	3841.1		2016	40.46	217.69	61.06	2395.3
	2017	40.53	258.17	61.31	4126.9		2017	40.94	261.12	62.21	2436.0
	2018	41.35	282.77	60.61	4192.4		2018	41.87	286.81	62.13	2821.1
	2019	42.58	305.06	62.08	4345.8		2019	42.47	310.85	65.75	2997.9
	2020	43.92	322.70	62.77	4598.2		2020	43.40	332.03	67.26	3242.4

续表

地区	年份	高质量发展	数字金融	市场化/(%)	信息化/万个	地区	年份	高质量发展	数字金融	市场化/(%)	信息化/万个
山西	2011	36.44	33.41	36.86	639.2	广东	2011	40.83	69.48	76.52	2519.4
	2012	36.79	92.98	38.93	737.4		2012	42.04	127.06	76.19	3158.1
	2013	38.72	144.22	37.53	881.7		2013	42.58	184.76	77.12	3325.2
	2014	40.08	167.66	36.48	996.8		2014	41.54	201.53	77.94	3597.7
	2015	39.70	206.30	34.26	1345.9		2015	43.52	240.95	77.79	4765.5
	2016	39.93	224.81	34.17	1582.9		2016	44.56	248.00	78.34	6515.6
	2017	41.11	259.95	34.26	1840.1		2017	45.04	296.17	78.04	6482.3
	2018	41.97	283.65	34.91	1989.2		2018	46.23	331.92	78.24	8149.1
	2019	41.78	308.73	35.16	2148.2		2019	46.55	360.61	79.58	8538.0
	2020	42.42	325.73	33.16	2322.3		2020	47.56	379.53	80.28	8653.2
内蒙古	2011	36.96	28.89	44.24	409.3	广西	2011	36.95	33.89	55.01	590.2
	2012	38.26	91.68	46.66	548.7		2012	38.17	89.35	54.63	848.0
	2013	39.27	146.59	47.35	677.2		2013	39.89	141.46	55.83	978.8
	2014	40.27	172.56	48.00	739.9		2014	41.36	166.12	56.47	1126.2
	2015	40.89	214.55	47.76	916.0		2015	42.26	207.23	56.19	1530.9
	2016	40.85	229.93	48.33	1200.7		2016	43.39	223.32	56.57	2094.9
	2017	41.00	258.50	42.66	1294.1		2017	43.79	261.94	55.47	2216.4
	2018	39.45	271.57	46.18	1358.4		2018	44.00	289.25	55.28	2760.1
	2019	39.27	293.89	45.26	1372.7		2019	44.13	309.91	51.83	3023.0
	2020	39.63	309.39	43.74	1441.3		2020	43.55	325.17	50.93	3356.2
辽宁	2011	40.40	43.29	50.78	981.3	海南	2011	41.61	45.56	65.81	127.6
	2012	40.89	103.53	53.53	1267.5		2012	44.35	102.94	66.83	168.9
	2013	43.16	160.07	55.48	1631.4		2013	45.80	158.26	70.19	198.6
	2014	43.61	187.61	54.67	2083.5		2014	45.22	179.62	67.05	223.9
	2015	43.71	226.40	51.63	2710.8		2015	45.87	230.33	58.39	398.4
	2016	43.44	231.41	48.52	3239.5		2016	46.14	231.56	59.42	522.9
	2017	44.03	267.18	48.11	3118.8		2017	46.89	275.64	60.71	571.6
	2018	45.41	290.95	51.65	3240.3		2018	48.50	309.72	62.09	726.1
	2019	45.84	311.01	53.25	3270.7		2019	50.22	328.75	62.97	794.1
	2020	46.58	326.29	52.84	3305.2		2020	54.54	344.05	54.97	852.3

续表

地区	年份	高质量发展	数字金融	市场化/(%)	信息化/万个	地区	年份	高质量发展	数字金融	市场化/(%)	信息化/万个
吉林	2011	40.23	24.51	45.19	498.8	重庆	2011	38.36	41.89	48.76	482.7
	2012	40.97	87.23	45.07	635.6		2012	39.77	100.02	50.68	648.8
	2013	42.47	138.36	47.49	695.0		2013	42.22	159.86	52.89	778.8
	2014	42.90	165.62	47.28	806.0		2014	43.11	184.71	54.02	963.4
	2015	42.84	208.20	49.88	987.2		2015	44.10	221.84	54.57	1349.4
	2016	44.60	217.07	49.03	1560.7		2016	45.15	233.89	56.60	1643.6
	2017	44.09	254.76	47.62	1761.1		2017	45.62	276.31	57.37	1935.2
	2018	44.25	276.08	45.99	1526.7		2018	46.02	301.53	60.90	2245.7
	2019	45.24	292.77	42.54	1686.6		2019	45.38	325.47	59.42	2318.2
	2020	46.00	308.26	43.20	1651.2		2020	46.48	344.76	60.15	2368.8
黑龙江	2011	37.51	33.58	31.91	640.6	四川	2011	36.43	40.16	49.49	979.1
	2012	38.77	87.91	34.49	771.7		2012	36.94	100.13	51.26	1316.3
	2013	40.65	141.40	36.02	865.2		2013	38.92	153.04	52.11	1775.7
	2014	41.53	167.80	36.72	1044.0		2014	39.24	173.82	50.41	2200.4
	2015	41.98	209.93	38.64	1308.8		2015	39.28	215.48	50.27	3117.9
	2016	43.16	221.89	39.76	1964.9		2016	40.46	225.41	51.62	3709.6
	2017	43.58	256.78	39.58	1937.2		2017	40.75	267.80	51.57	4702.8
	2018	44.19	274.73	40.13	2113.2		2018	41.55	294.30	52.99	5400.5
	2019	44.57	292.87	38.18	2181.1		2019	42.79	317.11	50.69	5864.0
	2020	45.11	306.08	39.42	2127.5		2020	43.26	334.82	51.91	6284.7
上海	2011	52.70	80.19	53.99	706.4	贵州	2011	34.34	18.47	27.96	427.0
	2012	52.98	150.77	54.65	1491.5		2012	34.88	75.87	32.14	466.8
	2013	54.07	222.14	54.35	1374.6		2013	36.64	121.22	36.92	494.2
	2014	53.82	239.53	54.26	1404.5		2014	37.77	154.62	37.40	580.6
	2015	54.63	278.11	53.26	1464.8		2015	39.57	193.29	40.45	875.8
	2016	56.55	282.22	52.70	1595.7		2016	40.90	209.45	39.12	1113.9
	2017	59.07	336.65	51.05	1810.2		2017	41.65	251.46	38.64	1325.6
	2018	59.45	377.73	52.93	1871.8		2018	42.59	276.91	38.75	1535.4
	2019	59.61	410.28	51.58	2028.6		2019	43.43	293.51	36.15	1759.9
	2020	60.63	431.93	55.50	2322.0		2020	44.73	307.94	35.75	1744.5

续表

地区	年份	高质量发展	数字金融	市场化/(%)	信息化/万个	地区	年份	高质量发展	数字金融	市场化/(%)	信息化/万个
江苏	2011	41.25	62.08	83.04	2064.2	云南	2011	35.38	24.91	33.47	443.8
	2012	42.64	122.03	82.22	2892.4		2012	35.96	84.43	35.13	663.7
	2013	43.70	180.98	82.00	3063.2		2013	38.21	137.90	35.49	736.9
	2014	44.01	204.16	82.46	3503.3		2014	38.87	164.05	32.72	741.3
	2015	44.54	244.01	82.48	4697.3		2015	39.88	203.76	31.25	1151.1
	2016	45.55	253.75	82.96	5676.8		2016	40.98	217.34	30.21	1674.4
	2017	45.99	297.69	81.88	6531.7		2017	41.60	256.27	29.91	1661.8
	2018	46.34	334.02	81.56	7131.5		2018	42.58	285.79	31.44	1962.6
	2019	46.93	361.93	81.63	7249.0		2019	42.99	303.46	32.59	2091.1
	2020	47.57	381.61	82.23	7224.9		2020	43.24	318.48	30.88	2218.0
浙江	2011	43.13	77.39	85.80	1458.2	陕西	2011	39.40	40.96	23.52	621.2
	2012	43.77	146.35	85.38	2250.4		2012	40.68	98.24	23.94	803.6
	2013	44.53	205.77	85.06	2447.4		2013	41.55	148.37	26.29	940.9
	2014	45.33	224.45	84.44	2632.6		2014	42.73	178.73	27.87	1070.4
	2015	45.76	264.85	84.06	4768.9		2015	43.42	216.12	29.29	1539.3
	2016	46.74	268.10	83.61	4720.6		2016	44.86	229.37	31.23	2083.1
	2017	47.40	318.05	83.62	5455.1		2017	45.35	266.85	32.30	1993.2
	2018	47.76	357.45	83.24	5971.0		2018	45.50	295.95	34.09	2239.6
	2019	48.28	387.49	83.77	6284.4		2019	46.16	322.89	30.78	2322.7
	2020	49.24	406.88	85.15	6031.5		2020	47.23	342.04	33.46	2576.5
安徽	2011	36.51	33.07	48.83	732.8	甘肃	2011	34.94	18.84	17.33	251.4
	2012	37.33	96.63	50.47	1063.8		2012	35.87	76.29	21.49	430.8
	2013	39.00	150.83	53.11	1124.6		2013	38.72	128.39	22.75	460.3
	2014	39.85	180.59	55.14	1175.7		2014	38.22	159.76	24.78	473.2
	2015	40.06	211.28	56.44	2211.5		2015	39.80	199.78	26.06	820.5
	2016	41.23	228.78	57.88	2527.3		2016	42.15	204.11	26.57	946.0
	2017	41.66	271.60	58.24	2872.2		2017	42.30	243.78	26.30	1099.9
	2018	42.21	303.83	59.48	3374.0		2018	41.80	266.82	27.55	1128.0
	2019	42.28	330.29	60.85	3481.3		2019	43.23	289.14	27.52	1405.7
	2020	43.53	350.16	62.68	3543.7		2020	44.32	305.50	29.10	1460.6

续表

地区	年份	高质量发展	数字金融	市场化/(%)	信息化/万个	地区	年份	高质量发展	数字金融	市场化/(%)	信息化/万个
福建	2011	41.27	61.76	78.22	910.3	青海	2011	36.11	18.33	31.19	62.0
	2012	42.28	123.21	77.31	1439.8		2012	35.20	61.47	34.74	105.6
	2013	44.09	183.10	76.35	1439.4		2013	37.40	118.01	33.64	117.8
	2014	44.80	202.59	74.40	1618.7		2014	38.46	145.93	32.49	134.2
	2015	45.52	245.21	75.15	2335.3		2015	40.18	195.15	30.26	208.1
	2016	46.49	252.67	75.56	2482.3		2016	41.91	200.38	30.06	262.2
	2017	46.62	299.28	74.57	2861.8		2017	42.88	240.20	27.50	310.5
	2018	46.83	334.44	74.81	3245.0		2018	43.27	263.12	29.72	355.4
	2019	47.62	360.51	75.88	3232.1		2019	44.66	282.65	26.72	382.3
	2020	48.46	380.13	73.30	3370.0		2020	44.92	298.23	27.18	412.8
江西	2011	37.43	29.74	58.49	562.0	宁夏	2011	35.13	31.31	38.75	79.0
	2012	39.09	91.93	61.73	719.3		2012	35.67	87.13	45.20	122.1
	2013	40.51	146.13	62.98	868.6		2013	38.08	136.74	50.74	150.3
	2014	41.26	175.69	67.63	975.1		2014	39.59	165.26	51.88	180.3
	2015	41.80	208.35	70.50	1693.2		2015	41.61	214.70	53.79	200.8
	2016	43.17	223.76	72.61	2055.0		2016	42.50	212.36	53.62	307.1
	2017	43.69	267.17	69.91	1985.9		2017	43.17	255.59	57.39	415.0
	2018	44.12	296.23	70.59	2032.7		2018	42.49	272.92	58.31	498.2
	2019	44.60	319.13	71.18	2369.5		2019	42.83	292.31	58.17	520.0
	2020	46.38	340.61	72.00	2532.9		2020	44.04	310.02	55.25	550.0
山东	2011	38.24	38.55	67.66	1756.4	山东	2011	36.88	20.34	30.03	319.1
	2012	39.01	100.35	69.13	2144.9		2012	37.13	82.45	33.07	548.1
	2013	40.43	159.30	70.97	2537.0		2013	38.34	143.40	36.69	628.6
	2014	41.16	181.88	72.52	2949.1		2014	39.60	163.67	39.20	734.3
	2015	42.20	220.66	72.03	4003.4		2015	40.98	205.49	39.74	1023.8
	2016	42.49	232.57	72.24	4680.0		2016	43.65	208.72	40.18	1323.9
	2017	43.46	272.06	71.16	5596.9		2017	42.70	248.69	39.07	1407.4
	2018	43.95	301.13	68.86	6312.3		2018	42.96	271.84	41.39	1678.6
	2019	43.99	327.36	69.52	6915.2		2019	43.72	294.34	41.31	1819.0
	2020	45.59	347.81	68.85	6756.8		2020	45.35	308.35	41.53	1943.8

资料来源：数字普惠金融指数源于北京大学数字普惠金融研究中心，高质量发展指数由笔者测算，其余数据根据《中国统计年鉴》中相关数据整理得到。

三、实验内容

1. 动态面板数据模型的形式
2. 动态面板数据模型的估计方法
3. 基础准备
4. 模型估计

四、实验过程

（一）动态面板数据模型的形式

动态面板数据模型引入被解释变量的滞后项，以揭示现象的动态变化。其一般形式为：

$$y_{it} = \alpha y_{it-1} + X_{it}\beta' + \mu_{it} + \nu_{it} \tag{12.7}$$

式中，y_{it} 为被解释变量，X_{it} 为解释变量，误差项包括个体效应 μ_{it} 和异质性冲击 ν_{it}。

（二）动态面板数据模型的估计方法

由于引入了滞后项，可能会引起内生性问题，造成 OLS 估计有偏和不一致，因此常常需要使用基于工具变量的广义矩估计方法。其基本思想为：如果模型设定正确，则存在一些为 0 的条件矩，利用矩条件可以估计模型参数。

（三）基础准备

与静态面板一样，回归前应该整理好数据，如将所用数据按截面堆积。表 12-3 中已经是整理好的数据，可以直接使用。

（四）模型估计

1. 建立工作文件

由于要同时输入时间和截面信息，因此用菜单方式创建工作文件更为方便，以表 12-3 的数据为例，执行工具栏中的【File】→【New】→【Workfile】命令，弹出 "Workfile Create"（工作文件创建）对话框（图 12-11）。

设定数据类型：在 "Workfie structure type" 下拉列表中选择 "Balanced Panel"（平衡面板）；在 "Start date"（数据开始）中填入 2011；在 "End date"（数据结束）中填入 2020；在 "Number of cross sections"（截面数）中填入 30，单击 "OK" 按钮。

2. 定义变量序列并输入数据

用 "data" 命令生成序列组（输入命令：data equa digf mar inf），命令执行后弹出序列组窗口（图 12-12），核对格式后，将所用数据复制粘贴到序列组中。

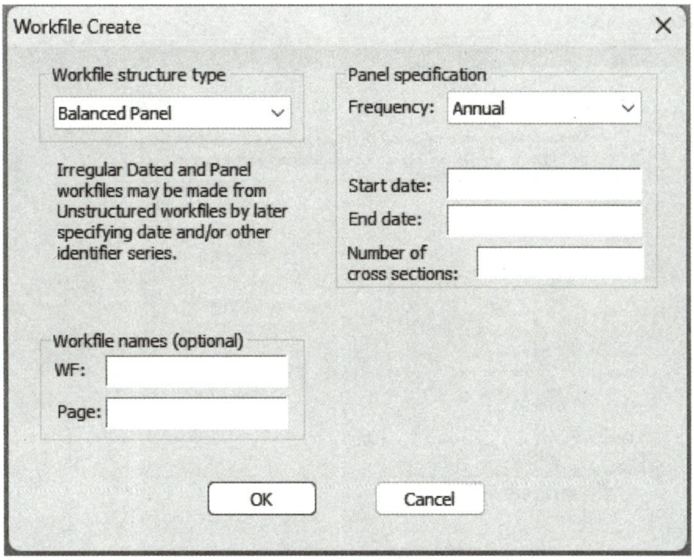

第十二章　面板数据模型*

图 12-11　"Workfile Create"对话框

3. 建立模型

在主菜单或工作文件窗口执行【Object】→【New Object】命令，在弹出的对话框中选择"Equation"，弹出"Equation Estimation"对话框（图 12-13）。

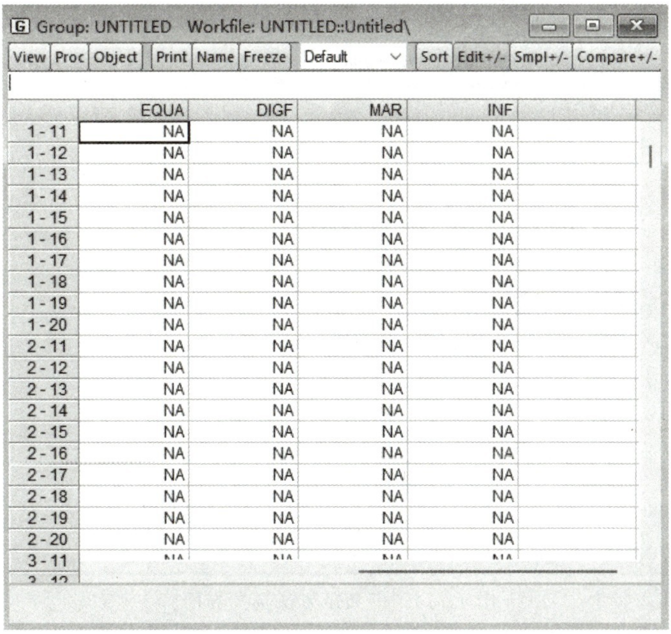

图 12-12　序列组窗口

单击"Method"下拉箭头，选择"GMM/DPD-Generalized Method of Moments/Dynamic Panel Data"，出现图 12-14 所示的界面，其中"Dynamic Panel Wizard"按钮为动态面板数据建立向导。单击该按钮，弹出欢迎界面（图略），单击"下一页"按钮，出现被解释变量输入对话框（图 12-15），本例中输入"equa"。然后单击"下一页"按钮，弹出解释变量输入对话框（图 12-16），输入解释变量，本例为"digf mar inf"。

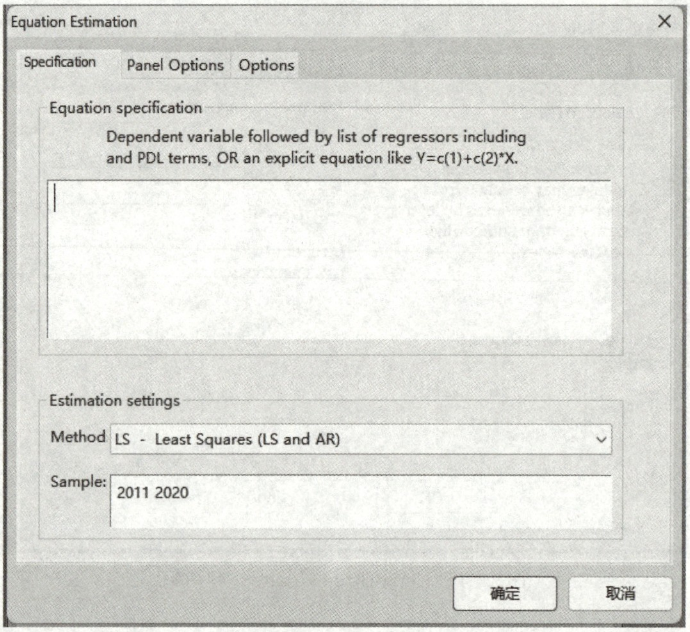

图 12-13 "Equation Estimation" 对话框

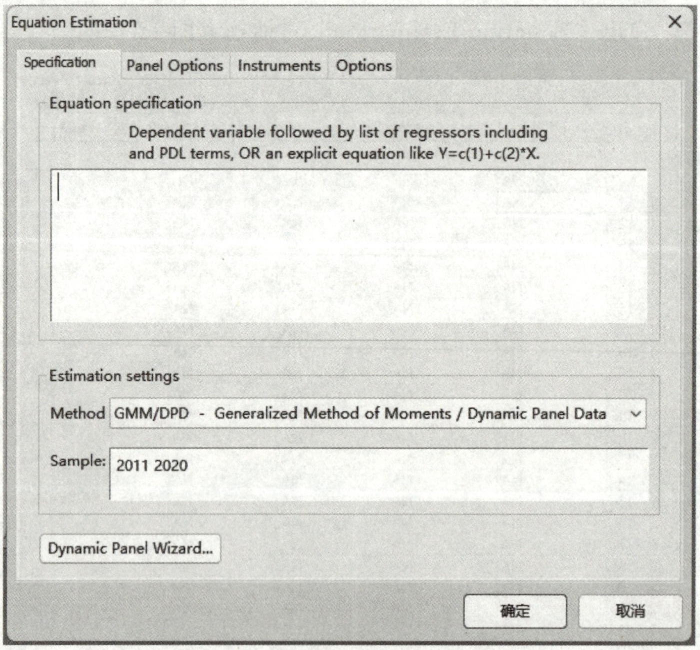

图 12-14 广义矩方法选择界面

单击"下一页"按钮，弹出图 12-17 所示的界面。系统默认选择"Differences"（差分法），当数据缺少得比较多时，可选择"Orthogonal deviations"（正交变换法）。

连续单击"下一页"按钮，即选择默认设置（主要涉及工具变量的设置，系统默认将高阶滞后项作为工具变量，如需更改，可在相应界面中修改），出现最后的估计确认对话框（图 12-18）（如需更改，可单击左下方的"Dynamic Panel Wizrd"，按照前述步骤调整），确认无误后，单击"确定"按钮，得到回归结果（图 12-19）。

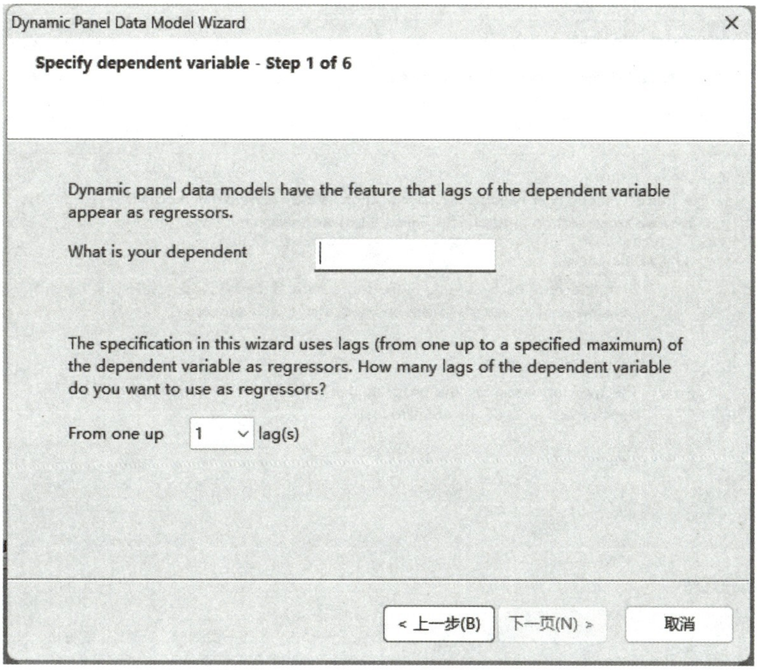

图 12-15 被解释变量输入对话框

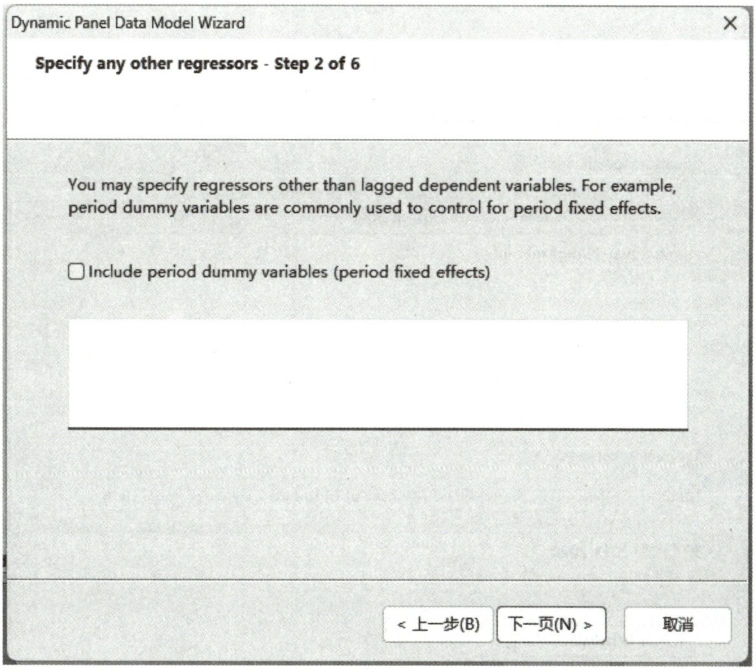

图 12-16 解释变量输入对话框

图 12-19 给出了最后的估计结果，由于不是用 OLS 方法估计，因此估计结果中没有拟合优度和 F 统计量，而是采用 J 统计量进行了 Sargan 检验。其检验思路为：原假设为模型过度约束正确，通过 J 统计量进行检验（J 服从自由度为 $ir-k-1$ 的卡方分布，ir 为工具变量的秩，k 为解释变量个数）。如果拒绝原假设，说明模型设定有误。

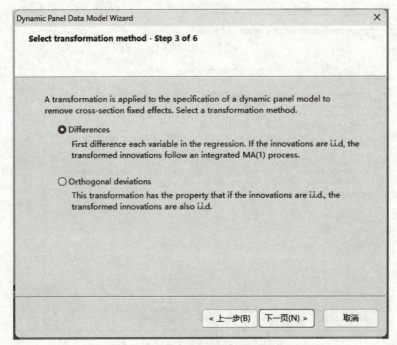

图 12-17　转换方法选择界面

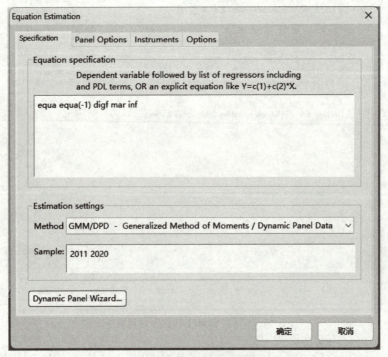

图 12-18　估计确认对话框

本例的回归结果中，J 统计量为 29.66710，P 值为 0.281632，表明不能拒绝原假设，说明模型设定有效。

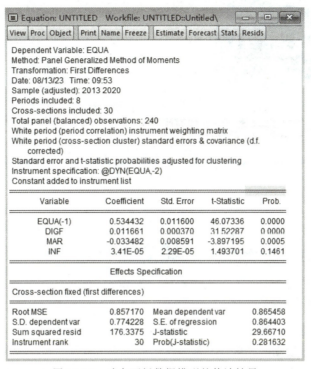

图 12-19　动态面板数据模型的估计结果

面板数据模型综合了时间序列数据和截面数据的特点，增加了样本容量，在实践中有着广泛的应用。面板数据模型需要通过两个 F 检验确定模型的形式，确定是变系数模型、变截距模型还是混合估计模型。对于静态面板数据模型，可以利用 EViews 软件，在"pool"对象中完成操作。进一步地，还可以利用 EViews 软件进行动态面板数据模型的估计。

思考题

1. 面板数据模型在估计前为什么要将数据按截面堆积？这样处理暗含的假定是什么？
2. 面板数据模型包括哪些形式？如何进行检验？
3. 什么情况下选择固定效应？什么情况下选择随机效应？

第十三章

二元选择模型*

第一节 知识准备

在实际经济问题中,被解释变量也可能是属性因素。比如,通过一系列解释变量的观测值观察人们对某项活动的态度,某件事情的成功或失败等。当研究此类问题时,应如何建立模型呢?这时就需要建立二元选择模型或多元选择模型,统称离散选择模型。这里主要介绍二元选择模型中的 Tobit(线性概率)模型、Logit 模型和 Probit 模型。

一、Tobit 模型

Tobit 模型的形式为:

$$y_i = \alpha + \beta x_i + \mu_i \tag{13.1}$$

式中,y_i 为二元选择变量,x_i 为定量解释变量,μ_i 为随机误差项。该模型因由 James Tobin 于 1958 年提出而得名。该模型可用于研究利息税、机动车的费改税等问题。
设

$$y_i = \begin{cases} 1 & \text{(若是第一种选择)} \\ 0 & \text{(若是第二种选择)} \end{cases}$$

对 y_i 取期望,可得:

$$E(y_i) = \alpha + \beta x_i \tag{13.2}$$

因为 y_i 只能取两个值,0 或 1,所以服从两点分布,则:

$$E(y_i) = 1 \times p_i + 0 \times (1 - p_i) = p_i \tag{13.3}$$

由式(13.2)和式(13.3),可得:

$$E(y_i) = p_i = \alpha + \beta x_i \tag{13.4}$$

y_i 的样本值是 0 或 1,而预测值是概率。
Tobit 模型误差的分布为:

$$\mu_i = y_i - \alpha - \beta x_i = \begin{cases} 1 - \alpha - \beta x_i, & y_i = 1 \\ -\alpha - \beta x_i, & y_i = 0 \end{cases} \tag{13.5}$$

$$E(\mu_i)=(1-\alpha-\beta x_i)p_i+(-\alpha-\beta x_i)(1-p_i)=p_i-\alpha-\beta x_i \quad (13.6)$$

由式(13.2)、式(13.3)、式(13.4),可得:

$$E(\mu_i)=p_i-\alpha-\beta x_i=0 \quad (13.7)$$

$$\begin{aligned}E(\mu_i^2)&=(1-\alpha-\beta x_i)^2 p_i+(-\alpha-\beta x_i)^2(1-p_i)\\&=p_i(1-p_i)\\&=E(y_i)[1-E(y_i)]\end{aligned} \quad (13.8)$$

式(13.7)、式(13.8)说明,误差项的期望为零,方差具有异方差。当 p_i 接近 0 或 1 时, μ_i 具有较小的方差;当 p_i 接近 1/2 时, μ_i 具有较大的方差。所以,Tobit 模型的 OLS 估计量具有无偏性和一致性,但不具有有效性。

如果得到式(13.4) 的参数估计值,如 $E(y_i)=p_i=-0.2+0.05x_i$,这就说明 x_i 每增加一个单位,采用第一种选择的概率增加 0.05。当预测值落在 [0,1] 区间,即 $x_i \in$ [4,24]时,没有什么问题;当预测值落在 [0,1] 区间之外时,就会暴露出该模型的严重缺点。Tobit 模型常写成如下形式:

$$p_i=\begin{cases}1 & \alpha+\beta x_i \geqslant 1\\ \alpha+\beta x_i, & 0<\alpha+\beta x_i<1\\ 0, & \alpha+\beta x_i \leqslant 0\end{cases} \quad (13.9)$$

因为概率的取值范围是 [0,1],所以此时必须强令预测值(概率值)等于 0 或 1。但这样做是有问题的。假设预测某个事件发生的概率等于 1,但是实际中该事件根本不会发生。反之,预测某个事件发生的概率等于 0,但是实际中该事件却发生了。虽然估计过程是无偏的,但是,由估计过程得出的预测结果却是有偏的。

由于 Tobit 模型具有上述缺点,人们希望能找到一种变换方法,满足:①使 x_i 对应的所有预测值(概率值)都落在 (0,1) 区间;②对于所有的 x_i,当 x_i 增加时,希望 y_i 也单调增加或单调减少。显然,累积概率分布函数 $F(Z_i)$、Logistic 分布函数能满足这样的要求,二者的曲线分别如图 13-1、图 13-2 所示。

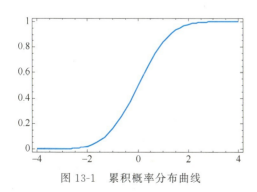

图 13-1 累积概率分布曲线

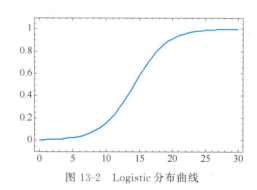

图 13-2 Logistic 分布曲线

二、Logit 模型

Logit 模型是基于 Logistic 概率分布函数构建的,Logistic 概率分布函数的形式为:

$$p_i = F(y_i) = F(\alpha + \beta x_i) = \frac{1}{1+e^{-(\alpha+\beta x_i)}} \tag{13.10}$$

对于给定的 x_i，p_i 表示相应个体做出某种选择的概率。

对式(13.10)做变换，可得：

$$p_i(1+e^{-y_i}) = 1 \tag{13.11}$$

对式(13.11)两端同时除以 p_i 并减1，可得：

$$e^{-y_i} = \frac{1-p_i}{p_i} \tag{13.12}$$

对式(13.12)取倒数后，再取对数，

$$y_i = \log\left(\frac{p_i}{1-p_i}\right) = \alpha + \beta x_i \tag{13.13}$$

由式(13.13)可知，回归模型中的被解释变量是某个选择机会比的对数。Logit 模型的一个重要优点是把在 [0，1] 区间内的预测概率的问题转化为在实数轴上预测一个事件发生的机会比问题。Logistic 分布曲线的斜率在 $p_i = 0.5$ 时最大，在累积分布两个尾端斜率逐渐减小。说明在 $p_i = 0.5$ 时，解释变量 x_i 的变化对概率的变化影响较大，而在 p_i 接近 0 或 1 时，x_i 的变化对概率的变化影响较小。

对于 Logit 模型，用极大似然估计法来估计参数是一个很好的选择。以只有两个参数（α 和 β）的模型为例，假设被估计的模型如下：

$$p_i = \frac{1}{1+e^{-(\alpha+\beta x_i)}} = \frac{1}{1+e^{-y_i}} \tag{13.14}$$

在样本中，p_i 是观测不到的。相对于 x_i 的值，只能得到被解释变量 y_i 取值为 0 或 1 的信息。极大似然估计的出发点就是寻找样本观测值最有可能发生的条件下的 α 和 β 的估计值。从样本看，如果第一种选择发生了 n 次，第二种选择发生了 $N-n$ 次。假定第一种选择的概率是 p_i，第二种选择的概率是 $(1-p_i)$。将样本数据重新排列，使前 n 个观测值为第一种选择，后 $N-n$ 个观测值为第二种选择（观测值是 0 或 1 的，但相应估计的概率各不相同），则似然函数为：

$$\begin{aligned} L(\alpha,\beta) &= p(y_1,y_2,\cdots,y_N) = p(y_1)p(y_2)\cdots p(y_N) \\ &= p_1 p_2 \cdots p_n(1-p_{n+1})\cdots(1-p_N) \\ &= \prod_{i=1}^{n} p_i \prod_{i=n+1}^{N} (1-p_i) \end{aligned} \tag{13.15}$$

对数似然函数为：

$$\log L(\alpha,\beta) = \sum_{i=1}^{n} \log p_i + \sum_{i=n+1}^{N} \log(1-p_i) \tag{13.16}$$

分别求式(13.16)对 α 和 β 的偏导数，并令其为 0，便可得到 α 和 β 的极大似然估计值（具有一致性和渐近有效性，且都是渐近正态的）。

三、Probit 模型

仍假定 $y_i = \alpha + \beta x_i + \mu_i$，累积概率分布函数为：

$$p_i = F(y_i) = \frac{1}{\sqrt{2\pi}} \int_{-\infty}^{y_i} e^{-\frac{t^2}{2}} dt \tag{13.17}$$

由式(13.17)可知，Probit 累积概率分布曲线（简称 Probit 曲线）的斜率在 $p_i=0.5$ 附近最大。对应 y_i 在实轴上的值，相应概率值永远大于 0 且小于 1。显然 Probit 模型比 Tobit 模型更合理。Probit 模型需要假定 y_i 服从正态分布。Probit 曲线和 Logit 曲线很相似（图 13-3），两条曲线都是在 $p_i=0.5$ 处有拐点，但 Logit 曲线在两个尾端要比 Probit 曲线厚。Probit 模型和 Logit 模型的概率值见表 13-1。

表 13-1　Probit 模型和 Logit 模型的概率值

y_i	Probit 模型 $p_i = \frac{1}{\sqrt{2\pi}} \int_{-\infty}^{y_i} e^{-\frac{t^2}{2}} dt$	Logit 模型 $p_i = \frac{1}{1+e^{-y_i}}$
−3.0	0.0013	0.0474
−2.0	0.0228	0.1192
−1.5	0.0668	0.1824
−1.0	0.1587	0.2689
−0.5	0.3085	0.3775
0.0	0.5000	0.5000
0.5	0.6915	0.6225
1.0	0.8413	0.7311
1.5	0.9332	0.8176
2.0	0.9772	0.8808
3.0	0.9987	0.9526

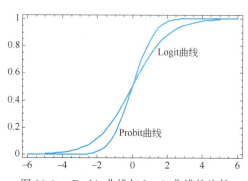

图 13-3　Probit 曲线与 Logit 曲线的比较

Logit 模型计算上比较方便，所以初学者更容易上手。但是，Probit 模型含义更明确，能直接反映出解释变量对被解释变量的边际影响，所以应用更广。

各个解释变量对 y 发生概率的边际影响为：

$$\frac{\partial pr(y_i = 1)}{\partial x} = \varphi(\beta_0 + x\beta)\beta \tag{13.18}$$

式(13.18)中，φ 为标准正态分布的概率密度。

第二节
二元选择模型的估计

一、实验要求

理解二元选择模型的概念和含义，学会构建 Logit 模型和 Probit 模型，掌握 Logit 模型和 Probit 模型的估计方法。

二、建模思路与实验数据

在实证研究中，常常会遇到被解释变量是虚拟变量的情况，对于这类情况，可以选用二元选择模型进行估计。本节实验选用某市 30 位选民的选举数据（表 13-2）。

表 13-2　某市 30 位选民的选举数据

序号	Y	INCO	AGE	MALE	序号	Y	INCO	AGE	MALE
1	0	10	18	0	16	0	33	32	1
2	1	58	48	1	17	1	46	28	1
3	1	64	51	0	18	0	12	42	0
4	0	14	19	0	19	0	30	41	0
5	0	11	22	1	20	1	40	38	1
6	0	16	23	0	21	0	35	40	1
7	1	60	44	1	22	1	18	48	0
8	0	19	26	0	23	0	14	19	0
9	1	110	37	0	24	1	50	40	0
10	1	44	68	1	25	1	72	31	0
11	0	21	28	0	26	0	38	18	0
12	0	29	25	1	27	1	55	43	1
13	0	28	27	0	28	0	50	50	1
14	1	40	45	0	29	0	22	62	0
15	0	26	32	0	30	1	85	62	0

资料来源：孙敬水. 计量经济学 [M]. 5 版. 北京：清华大学出版社，2022：216。

注：其中，Y=1 表示选甲候选人，Y=0 表示选乙候选人；INCO、AGE 分别为选民的收入和年龄；MALE 为性别，1 表示男性，0 表示女性。

三、实验内容

1. 基础准备

2. 构建和估计 Logit 模型
3. 构建和估计 Probit 模型

四、实验步骤

（一）基础准备

① 根据表 13-2 的数据特征，用命令方式建立工作文件，输入命令：create u 30。
② 定义变量序列，输入命令：data y inco age male。
③ 输入数据：将所用数据复制粘贴到序列组中。

（二）构建和估计 Logit 模型

为研究选民收入、年龄和性别对甲候选人当选的影响，构建以下模型：

$$y_i = \log\left(\frac{p_i}{1-p_i}\right) = \beta_0 + \beta_1 \text{inco}_i + \beta_2 \text{age}_i + \beta_3 \text{male}_i + \mu_i \tag{13.19}$$

在主菜单窗口执行【Quick】→【Estimate Equation】命令，弹出"Equation Estimation"对话框（图 13-4）。

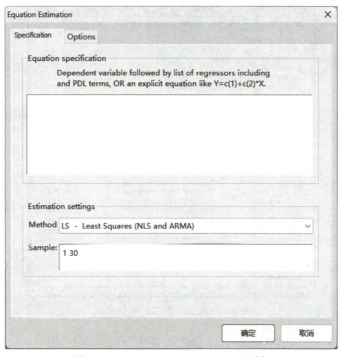

图 13-4 "Equation Estimation"对话框

在"Equation Estimation"对话框中，单击"Method"下拉箭头，选择"BINARY-Binary choice（Logit，Probit，Extreme Value）"，如图 13-5 所示。在"Equation specification"中输入方程表达式，本例为：y c inco age male；在"Binary estimation method"中选择"Logit"（系统默认为"Probit"）。

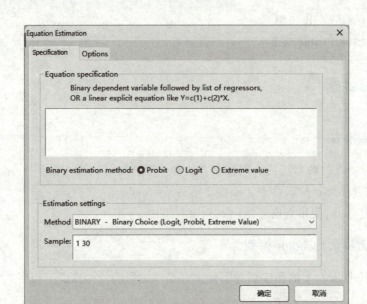

图 13-5　模型设置

设置完毕后，单击“确定”按钮，软件将给出估计结果，如图 13-6 所示。

Dependent Variable: Y
Method: ML - Binary Logit (Newton-Raphson / Marquardt steps)
Date: 08/18/23　Time: 10:51
Sample: 1 30
Included observations: 30
Convergence achieved after 7 iterations
Coefficient covariance computed using observed Hessian

Variable	Coefficient	Std. Error	z-Statistic	Prob.
C	-8.964652	3.232416	-2.773359	0.0055
INCO	0.122033	0.061626	1.980234	0.0477
AGE	0.127922	0.063107	2.027045	0.0427
MALE	-1.028054	1.542285	-0.666579	0.5050

McFadden R-squared	0.602044	Mean dependent var	0.466667
S.D. dependent var	0.507416	S.E. of regression	0.315650
Akaike info criterion	0.816580	Sum squared resid	2.590512
Schwarz criterion	1.003407	Log likelihood	-8.248706
Hannan-Quinn criter.	0.876348	Deviance	16.49741
Restr. deviance	41.45540	Restr. log likelihood	-20.72770
LR statistic	24.95799	Avg. log likelihood	-0.274957
Prob(LR statistic)	0.000016		

Obs with Dep=0	16	Total obs	30
Obs with Dep=1	14		

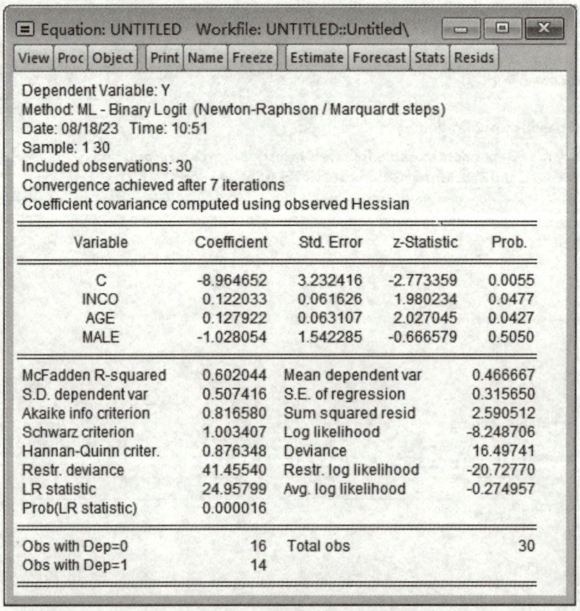

图 13-6　Logit 模型的估计结果

图 13-6 给出了 Logit 模型的估计结果，伪 R 方（McFadden R-squared）为 0.602044。结果显示，收入、年龄均在 5%的水平上显著，对甲候选人当选产生正向影响；性别的影响为负，但不显著。

（三）构建和估计 Probit 模型

$$\text{prob}(y_i=1)=\phi(\beta_0+\beta_1\text{inco}_i+\beta_2\text{age}_i+\beta_3\text{male}_i+\mu_i) \tag{13.20}$$

式(13.20)中，ϕ 为标准正态分布累积函数。Probit 模型的操作程序与 Logit 模型基本相同，只不过要在“Binary estimation method”中选择“Probit”而已。

本例中，可以单击 Logit 估计界面上的“Estimate”，在弹出的估计方程窗口中，单击“Binary estimation”中的“Probit”，然后单击“确定”按钮，估计结果如图 13-7 所示。

Equation: UNTITLED　Workfile: UNTITLED::Untitled\

View | Proc | Object | Print | Name | Freeze | Estimate | Forecast | Stats | Resids

Dependent Variable: Y
Method: ML - Binary Probit (Newton-Raphson / Marquardt steps)
Date: 08/18/23　Time: 10:59
Sample: 1 30
Included observations: 30
Convergence achieved after 6 iterations
Coefficient covariance computed using observed Hessian

Variable	Coefficient	Std. Error	z-Statistic	Prob.
C	-5.185204	1.696597	-3.056239	0.0022
INCO	0.071281	0.033999	2.096529	0.0360
AGE	0.073116	0.033571	2.177965	0.0294
MALE	-0.697416	0.897759	-0.776840	0.4373

McFadden R-squared	0.605936	Mean dependent var	0.466667
S.D. dependent var	0.507416	S.E. of regression	0.317667
Akaike info criterion	0.811203	Sum squared resid	2.623725
Schwarz criterion	0.998030	Log likelihood	-8.168050
Hannan-Quinn criter.	0.870971	Deviance	16.33610
Restr. deviance	41.45540	Restr. log likelihood	-20.72770
LR statistic	25.11930	Avg. log likelihood	-0.272268
Prob(LR statistic)	0.000015		

Obs with Dep=0	16	Total obs	30
Obs with Dep=1	14		

图 13-7　Probit 模型的估计结果

Probit 模型的估计结果与 Logit 模型的估计结果较为相似。由于 EViews 软件不能给出边际影响，我们用 Stata 软件对 Probit 模型进行了估计，结果如图 13-8 所示。

```
Results
Iteration 5:   log likelihood = -8.1680501
Iteration 6:   log likelihood = -8.1680498

Probit regression                               Number of obs   =        30
                                                LR chi2(3)      =     25.12
                                                Prob > chi2     =    0.0000
Log likelihood = -8.1680498                     Pseudo R2       =    0.6059

------------------------------------------------------------------------------
           y |      Coef.   Std. Err.      z    P>|z|     [95% Conf. Interval]
-------------+----------------------------------------------------------------
        inco |   .0712805   .0339993     2.10   0.036     .0046431    .1379179
         age |   .0731161   .0335709     2.18   0.029     .0073185    .1389138
        male |  -.6974156   .8977593    -0.78   0.437    -2.456991     1.06216
       _cons |  -5.185204   1.696597    -3.06   0.002    -8.510472   -1.859936
------------------------------------------------------------------------------

. mfx

Marginal effects after probit
      y  = Pr(y) (predict)
         =  .48653257
------------------------------------------------------------------------------
variable |      dy/dx    Std. Err.     z    P>|z|  [    95% C.I.   ]      X
---------+--------------------------------------------------------------------
    inco |   .0284206      .01368    2.08   0.038   .001611   .05523   38.3333
     age |   .0291525       .0133    2.19   0.028   .003076  .055229     36.9
   male* |  -.2712924      .33649   -0.81   0.420  -.930802  .388218       .4
------------------------------------------------------------------------------
(*) dy/dx is for discrete change of dummy variable from 0 to 1
```

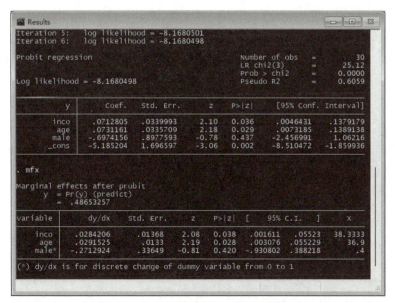

图 13-8　Probit 估计结果（含边际影响）

小结

当某一现象或活动的决策存在两种选择时,通常采用二元选择模型,如研究是否购买商品房,是否参加财产保险,是否支持某些活动等。这些问题的特征是被研究对象在受到多种因素的影响时,其取值只有两种状态:"是"或"否"。最常用的方法是通过建立 Logit 模型和 Probit 模型进行研究,利用极大似然估计法进行估计。

 思考题

1. Tobit 模型有什么特点,为什么在实证分析中不太常用?
2. 相对而言,Probit 模型在研究属性因素时更为常见,为什么?
3. 极大似然估计法的思想是什么?与 OLS 有何区别?

第十四章

ARIMA模型与ARCH模型*

第一节 知识准备

传统回归模型主要借助函数关系来分析事物之间的联系。现实中，由于很多现象的影响因素非常复杂或是难以收集到其相关数据，因此运用传统回归模型往往难以满足研究需要。于是，利用时间序列本身数据研究其变化规律的方法显示出优势，典型的模型有差分自回归移动平均（Autoregressive Integrated Moving Average，ARIMA）模型、自回归条件异方差（Autoregressive Conditional Heteroskedasticity，ARCH）模型。

一、ARIMA 模型

（一）ARIMA 模型的基本原理

ARIMA 模型包含 AR、I、MA 三部分。其中，I 表示单整，暗含的要求是建模的序列必须是平稳的，如果是非平稳序列，就要先通过差分将其转化成平稳序列，再对该差分序列建立模型。可见，ARIMA 模型实际上是 AR 模型和 MA 模型的组合，其更一般的形式为 ARIMA(p,d,q)（p,d,q 分别表示自回归、单整、移动平均项的阶数），如序列 y_t 是 d 阶单整的，则对 $y_{(d)t}$ 建立模型，具体表达式为：

$$y_{(d)t}=c+\alpha_1 y_{(d)t-1}+\cdots+\alpha_p y_{(d)t-p}+\varepsilon_t+\theta_1\varepsilon_{t-1}+\cdots+\theta_q\varepsilon_{t-q} \tag{14.1}$$

（二）ARIMA(p,d,q) 模型的识别

1. 阶数 d 的识别

通过对原序列进行单位根检验来识别参数 d。如果 d 阶差分后序列平稳，则对该差分后的序列建立 ARIMA 模型。如果 d 阶差分后无平稳序列或序列虽然平稳但对差分后的序列进行研究已经没有意义，则不用再建立 ARIMA 模型。

2. 阶数 p 的识别

一个 AR（1）（括号内为滞后期数）过程可以表示为：

$$y_t = c + \alpha y_{t-1} + \varepsilon_t$$
$$y_t = c + c\alpha + \alpha^2 y_{t-2} + \alpha\varepsilon_{t-1} + \varepsilon_t \tag{14.2}$$

由式(14.2)可以看出，y_t，y_{t-2} 是通过 y_{t-1} 相关的。而偏自相关函数（PACF）正好反映了这种关系。可以证明，AR(p) 过程的 PACF 值在滞后 p 期后为零，因此，常常利用 PACF 图来判别 AR 项的阶数（滞后期数）。

3. 阶数 q 的识别

自相关函数（ACF）定义为：

$$\rho_j = \frac{\text{cov}(y_t, y_{t-j})}{\sqrt{\text{var}(y_i)\text{var}(y_{t-i})}}, \quad j = 0, \pm 1, \pm 2, \cdots \tag{14.3}$$

一个 MA（1）过程可以表示为：

$$y_t = c + \varepsilon_t + \theta_1 \varepsilon_{t-1} \tag{14.4}$$

根据式(14.3)可推导出 MA（1）的 ACF 为：

$$\rho_j = \frac{\theta_1}{(1+\theta_1^2)}, \quad j = 1$$
$$\rho_j = 0, \quad j > 1 \tag{14.5}$$

可以证明，MA（q）过程的 ACF 值在 q 期后为零，因此，常常借助 ACF 图来判别 MA 项的阶数。

实践中，常常通过 PACF 图和 ACF 图来初步判断确定 p 和 q，通过试设模型比较，选择 AIC 和 SC 值最小、$\overline{R}^2$ 最大的模型；或者依据"简约原则"选择（选择滞后期数较小的），进一步检验，排除残差序列存在相关性的模型。

二、ARCH 模型

（一）ARCH 模型的原理和形式

实证研究中常常用到高频数据，这类数据具有较大的波动性，如股票、期货价格等，而且这种波动大多呈现出集聚现象，即一个大（小）的波动后面常常会跟着另一个大（小）的波动，这种现象被称为 ARCH 效应，会导致模型随机误差项存在异方差性和自相关性。ARCH 模型的基本思想是基于以前的信息，认为被解释变量的方差随时间变化（条件异方差），且是过去误差平方的线性组合（自回归）。ARCH 模型为金融理论分析和验证、金融市场预测提供了有力的帮助。ARCH(p) 模型的一般形式为：

$$y_t = \phi x + \mu_t, \quad \mu_t \sim N(0, \sigma_t^2)$$
$$\sigma_t^2 = \alpha_0 + \alpha_1 \mu_{t-1}^2 + \cdots + \alpha_p \mu_{t-p}^2 \tag{14.6}$$

式(14.6)给出的是一个均值方程和方差方程，其中，y、x、μ、σ^2、p 别为被解释变量、解释变量、随机误差项、条件方差、滞后期数。

当存在 ARCH 效应时，如果按式(14.6)建立模型，就要估计很多参数，因而发展出了广义自回归条件异方差（Generalized ARCH，GARCH）模型，其中常用且形式简单的是 GARCH（1，1）模型，其形式为：

$$y_t = \phi x + \mu_t, \quad \mu_t \sim N(0, \sigma_t^2)$$
$$\sigma_t^2 = \alpha_0 + \alpha_1 \mu_{t-1}^2 + \beta_1 \sigma_{t-1}^2 \tag{14.7}$$

与式(14.6)相比，式(14.7)的方差方程中多了一个条件方差项，它相当于替代了方差方程中的很多滞后项，大大方便了估计，因此在实证中，GARCH 模型逐步替代了 ARCH 模型。

为了更好地反映风险因素，恩格尔等人提出了 GARCH-M 模型，其具体形式为：

$$y_t = \phi x + \gamma \sigma_t^2 + \mu_t, \quad \mu_t \sim N(0, \sigma_t^2)$$
$$\sigma_t^2 = \alpha_0 + \alpha_1 \mu_{t-1}^2 + \beta_1 \sigma_{t-1}^2 \tag{14.8}$$

GARCH-M 模型在均值方程中加入了衡量风险的条件方差项。

从 ARCH 模型的整体应用情况来看，GARCH 模型应用更广泛，且已发展成一个族系，有 TGARCH 模型（门限 GARCH 模型）、EGARCH 模型（指数 GARCH 模型）、PGARCH 模型（非对称 GARCH 模型）等，其原理与一般的 GARCH 模型类似（方差方程设定有所区别），操作方法大体相同。所以，在后面的实验中，主要对 GARCH 模型、GARCH-M 模型进行介绍。

（二）构建 ARCH 模型的步骤

1. 建立均值方程

均值方程是构建 ARCH 模型的第一步。均值方程本质上是一个自回归模型，关键在于确定滞后期数，这就需要利用时间序列检验等知识。比如建立变量 y 的均值方程，基于理论分析和检验已确定滞后期数为 4，就相当于 y 对 y 的滞后 4 期进行回归，可以利用命令方式方便地实现，如输入命令：ls y c y(-4)。

2. ARCH 效应检验

若均值方程的残差存在 ARCH 效应，则可以引入方差方程，建立 ARCH 模型。也就是说，ARCH 效应检验是构建 ARCH 模型的前提，其检验方法主要有以下三种。

① 残差序列时序图检验：提取均值方程回归的残差序列，绘制残差序列时序图，如果呈现出"集群现象"，说明存在 ARCH 效应。

② 残差自相关函数检验：提取均值方程回归的残差平方序列，利用自相关函数（ACF）图进行检验。其基本准则是：如果 ACF 值在第 1 期后立刻衰减为 0，说明原序列不存在 ARCH 效应；如果 ACF 值由第 1 期开始出现缓慢衰减态势，即"拖尾"现象，说明存在 ARCH 效应。同时，利用 Q 统计量可以方便地进行检验，原假设是残差平方序列不存在自相关。如果相应的 P 值小于显著水平，则拒绝原假设，说明存在 ARCH 效应。

③ ARCH LM 检验：主要利用 F 统计量、χ^2 统计量进行检验，检验原理与自相关函数检验相同，如果拒绝原假设，则说明存在 ARCH 效应。

第二节
ARIMA 模型的估计

一、实验要求

理解 ARIMA 模型的原理，学会 ARIMA 模型的识别，掌握 ARIMA 模型的估计方法。

二、建模思路与实验数据

经济发展数据往往具有明显的长期趋势，因而利用其自身动态变化进行研究，既有助于发现其特征，也有助于预测。本节实验选用 1978—2022 年中国国内生产总值（GDP）数据（表 14-1）。

表 14-1 1978—2022 年中国 GDP 数据 单位：亿元

年份	GDP	年份	GDP	年份	GDP
1978	3678.7	1993	35576.0	2008	318067.6
1979	4100.5	1994	48410.3	2009	347650.3
1980	4587.6	1995	61050.4	2010	408505.4
1981	4935.8	1996	71541.5	2011	484109.3
1982	5373.4	1997	79415.8	2012	539039.9
1983	6020.9	1998	84790.8	2013	596344.5
1984	7278.5	1999	90095.1	2014	646548.0
1985	9108.1	2000	99799.0	2015	692093.7
1986	10390.3	2001	110388.4	2016	745980.5
1987	12198.0	2002	121326.7	2017	828982.8
1988	15210.5	2003	137146.7	2018	915774.3
1989	17250.5	2004	161355.6	2019	990708.4
1990	18969.3	2005	187657.5	2020	1025628.4
1991	21997.2	2006	219597.5	2021	1145282.9
1992	27140.3	2007	270499.4	2022	1205017.0

资料来源：国家统计局数据（https://data.stats.gov.cn/easyquery.htm？cn=C01）。

三、实验内容

1. 基础准备
2. ARIMA 模型的识别
3. ARIMA 模型的估计

4. ARIMA 模型的检验

四、实验步骤

（一）基础准备

用命令方式或菜单方式建立 1978—2022 年的工作文件，定义变量序列（GDP）并输入数据（输入命令：data gdp）。

（二）ARIMA 模型的识别

1. 平稳性检验

打开 GDP 序列，在序列窗口执行【Viwe】→【Unit Root Test】→【Standard Unit Root Test】命令，进行单位根检验，结果如图 14-1、图 14-2、图 14-3 所示。

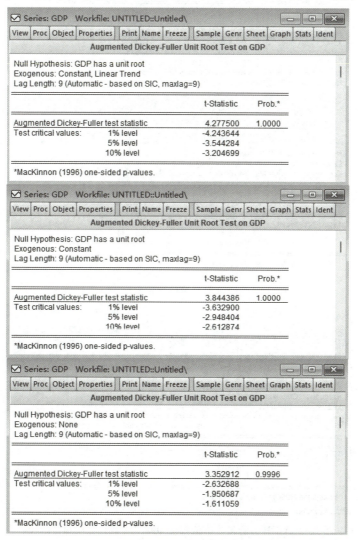

图 14-1　GDP 单位根检验结果（三种形式）

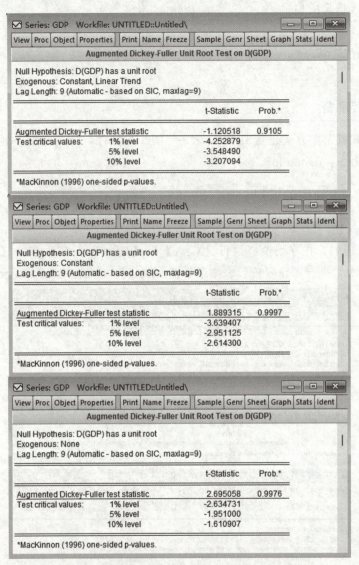

图 14-2 GDP 一阶差分单位根检验结果（三种形式）

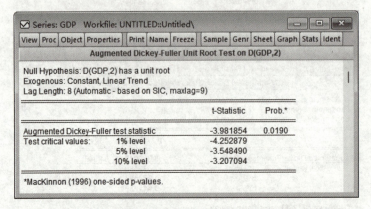

图 14-3 GDP 二阶差分单位根检验结果（带趋势项和常数项）

检验结果显示，GDP 及其一阶差分均有单位根，为非平稳序列；而二级差分没有单位根，为平稳序列。

2. p、q 的识别

由平稳性检验可知，序列 GDP 是二阶单整的，即 $d=2$，因此，应以 GDP 二阶差分为基础建立 ARIMA 模型。本例中，给 GDP 二阶差分起名为 GDP2，在命令窗口输入命令：genr gdp2=d(gdp,2)，执行命令后生成新序列 GDP2。

在工作文件中打开 GDP2 序列，在序列窗口（图 14-4）执行【View】→【Correlogram】命令，弹出"Correlogram Specification"对话框（图 14-5）。

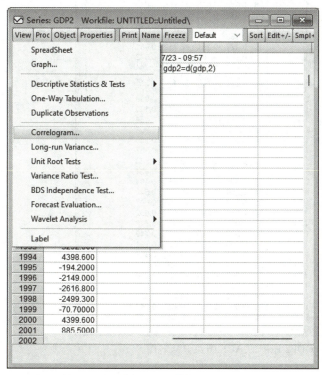

图 14-4　序列窗口

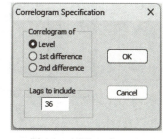

图 14-5　"Correlogram Specification"对话框

"Correlogram Specification"对话框用于生成序列的 ACF 图和 PACF 图，"Correlogram of"中有三个选项，"Level"表示原序列（系统默认），如果想看序列的一阶差分或二阶差分，可以选择"1st difference"或"2nd difference"。在"Lags to include"中可以输入需要观察的滞后期数，系统默认为 36。本例中，选择"Level"，滞后期数选择 36，单击"OK"按钮，生成 GDP2 序列的 ACF 图和 PACF 图（图 14-6）。

由图 14-6 可以看出，ACF 图在 1 期后、PACF 图在 2 期后出现"截尾"，初步判断 p、q 分别为 2、1，所以建立 ARIMA（2，2，1）模型。

(三) ARIMA 模型的估计

1. 菜单方式

在 EViews 主窗口菜单栏中执行【Quik】→【Equation Estimation】命令，出现

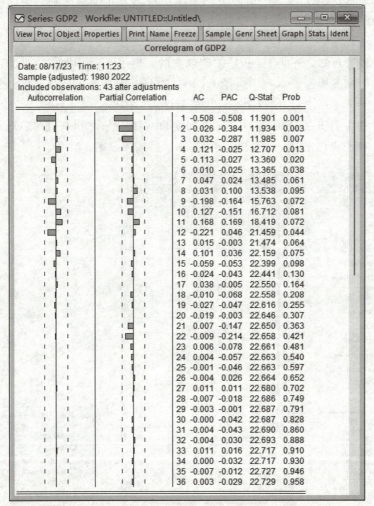

图 14-6　GDP2 序列的 ACF 图及 PACF 图

"Equation Estimation"对话框，输入回归方程表达式，格式为：被解释变量 c ar(p) ma(q)，c 表示常数项，ar 项、ma 项的括号内依次输入滞后期数。本例中输入命令：gdp2 c ar(1) ar(2) ma(1)，"Method"选择系统默认的 LS 方法，如图 14-7 所示。单击"确定"按钮，输出回归结果（图 14-8）。

2. 命令方式

熟悉 ARIMA 模型的原理后，用命令方式操作更为简便，命令格式为：ls 被解释变量名 c ar(p) ma(q)。其中，ls 表示最小二乘法，其余的与菜单方式相同。若 $p>1$，$q>1$，则在括号内依次输入阶数并用空格隔开。若是二阶自回归，则输入"ar(1)　ar(2)"，依次类推。本例中，p、q 分别为 2、1，故输入命令：ls gdp2 c ar(1) ar(2) ma(1)。执行命令后得到回归结果（图 14-8）。

（四）ARIMA 模型的检验

ARIMA 模型的检验主要是对 ARIMA 模型的回归残差进行检验，常用的方法是对残

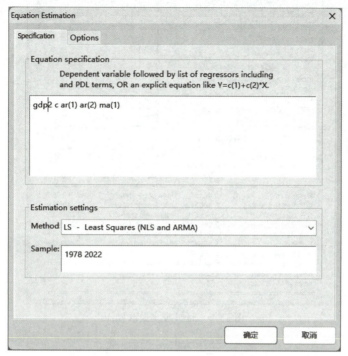

图 14-7　“Equation Estimation”对话框

Equation: UNTITLED　Workfile: UNTITLED::Untitled\

View | Proc | Object | Print | Name | Freeze | Estimate | Forecast | Stats | Resids

Dependent Variable: GDP2
Method: ARMA Maximum Likelihood (OPG - BHHH)
Date: 08/17/23 Time: 11:33
Sample: 1980 2022
Included observations: 43
Convergence achieved after 46 iterations
Coefficient covariance computed using outer product of gradients

Variable	Coefficient	Std. Error	t-Statistic	Prob.
C	1868.981	908.0045	2.058339	0.0465
AR(1)	-0.348860	0.211526	-1.649249	0.1073
AR(2)	-0.165283	0.284960	-0.580021	0.5653
MA(1)	-0.557805	0.272648	-2.045881	0.0477
SIGMASQ	2.00E+08	49834231	4.008717	0.0003

R-squared	0.461949	Mean dependent var	1379.356
Adjusted R-squared	0.405312	S.D. dependent var	19496.85
S.E. of regression	15035.19	Akaike info criterion	22.20549
Sum squared resid	8.59E+09	Schwarz criterion	22.41028
Log likelihood	-472.4180	Hannan-Quinn criter.	22.28101
F-statistic	8.156323	Durbin-Watson stat	2.022033
Prob(F-statistic)	0.000075		

Inverted AR Roots	-.17+.37i	-.17-.37i
Inverted MA Roots	.56	

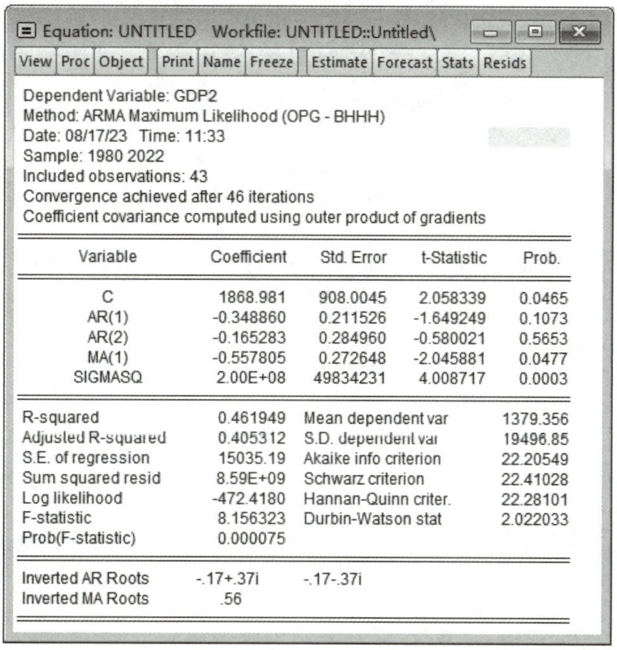

图 14-8　ARIMA 模型回归结果

差序列进行自相关检验。在图 14-8 的回归结果界面中，执行【Proc】→【Make Residual Series】命令（图 14-9），弹出“Make Residuals”对话框，系统自动为残差序列起名为“resid01”，如果想重命名，可以在“Name for resid series”中输入新名称（图 14-10），设置完成后单击“OK”按钮，将生成残差序列并打开残差序列窗口（图 14-11）。

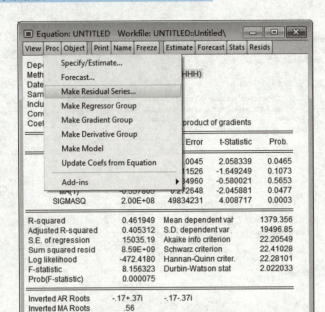

图 14-9　回归残差提取界面

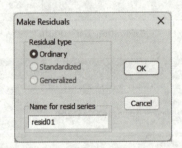

图 14-10　"Make Residuals"对话框

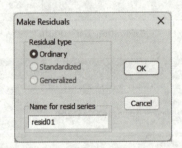

图 14-11　残差序列窗口

在残差序列窗口中执行【Correlogram】命令，对残差序列进行自相关检验，结果如图 14-12 所示。检验结果表明，残差已无自相关，说明模型设定合理，最终的回归结果如图 14-8 所示，具体表示为：

$$\hat{gdp2}_t = 1868.981 - 0.348860gdp2_{t-1} - 0.165283gdp2_{t-2} - 0.557805\varepsilon_{t-1} \quad (14.9)$$

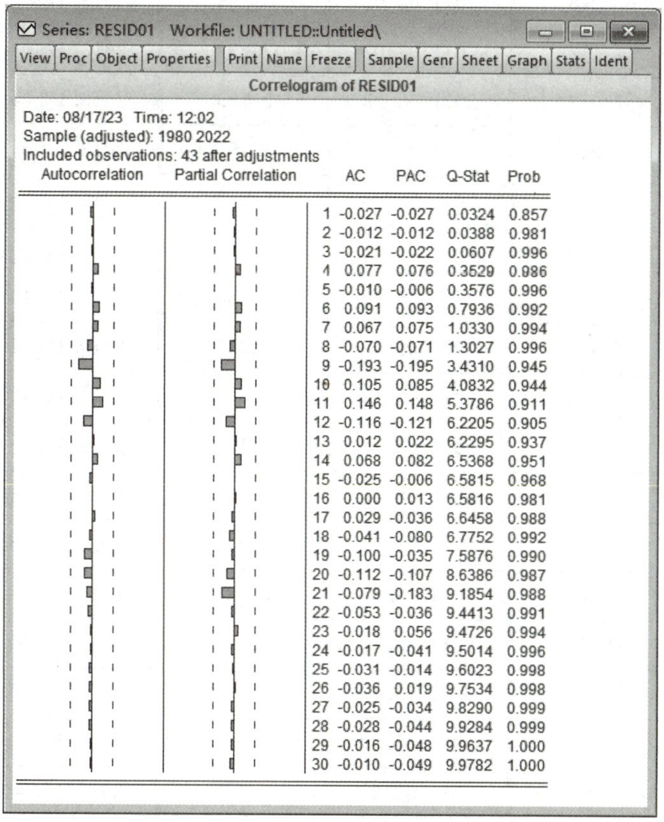

	AC	PAC	Q-Stat	Prob
1	-0.027	-0.027	0.0324	0.857
2	-0.012	-0.012	0.0388	0.981
3	-0.021	-0.022	0.0607	0.996
4	0.077	0.076	0.3529	0.986
5	-0.010	-0.006	0.3576	0.996
6	0.091	0.093	0.7936	0.992
7	0.067	0.075	1.0330	0.994
8	-0.070	-0.071	1.3027	0.996
9	-0.193	-0.195	3.4310	0.945
10	0.105	0.085	4.0832	0.944
11	0.146	0.148	5.3786	0.911
12	-0.116	-0.121	6.2205	0.905
13	0.012	0.022	6.2295	0.937
14	0.068	0.082	6.5368	0.951
15	-0.025	-0.006	6.5815	0.968
16	0.000	0.013	6.5816	0.981
17	0.029	-0.036	6.6458	0.988
18	-0.041	-0.080	6.7752	0.992
19	-0.100	-0.035	7.5876	0.990
20	-0.112	-0.107	8.6386	0.987
21	-0.079	-0.183	9.1854	0.988
22	-0.053	-0.036	9.4413	0.991
23	-0.018	0.056	9.4726	0.994
24	-0.017	-0.041	9.5014	0.996
25	-0.031	-0.014	9.6023	0.998
26	-0.036	0.019	9.7534	0.998
27	-0.025	-0.034	9.8290	0.999
28	-0.028	-0.044	9.9284	0.999
29	-0.016	-0.048	9.9637	1.000
30	-0.010	-0.049	9.9782	1.000

图 14-12　残差序列自相关检验结果

第三节　GARCH 模型的估计

一、实验要求

理解 GARCH 模型的原理，学会 ARCH 效应的检验，掌握 GARCH 模型、GARCH-M 模型的估计方法。

二、实验数据

股票等金融数据具有较大的波动性，利用这些数据本身的特征进行研究很有必要。本节选取 2010.01.04—2013.12.31（1042 天）的某股票的收盘价数据（表 14-2），构建 GARCH 模型。

表 14-2 2010.01.04—2013.12.31 某股票收盘价（部分）　　　　单位：元/股

日期	收盘价	日期	收盘价	日期	收盘价
2010.01.04	7.298	2011.08.01	5.294	2013.12.02	6.883
2010.01.05	7.172	2011.08.02	5.232	2013.12.03	6.778
2010.01.06	7.048	2011.08.03	5.189	2013.12.04	6.808
2010.01.07	6.972	2011.08.04	5.199	2013.12.05	6.723
2010.01.08	6.956	2011.08.05	5.017	2013.12.06	6.653
2010.01.11	6.956	2011.08.08	4.925	2013.12.09	6.602
2010.01.12	6.91	2011.08.09	4.934	2013.12.10	6.653
2010.01.13	6.451	2011.08.10	4.952	2013.12.11	6.427
2010.01.14	6.454	2011.08.11	5.057	2013.12.12	6.367
2010.01.15	6.596	2011.08.12	5.122	2013.12.13	6.282
2010.01.18	6.608	2011.08.15	5.272	2013.12.16	6.382
2010.01.19	6.842	2011.08.16	5.248	2013.12.17	6.367
2010.01.20	6.581	2011.08.17	5.248	2013.12.18	6.387
2010.01.21	6.981	2011.08.18	5.149	2013.12.19	6.257
2010.01.22	7.104	2011.08.19	5.109	2013.12.20	5.962
2010.01.25	6.83	2011.08.22	5.054	2013.12.23	5.982
2010.01.26	6.787	2011.08.23	5.122	2013.12.24	5.857
2010.01.27	6.744	2011.08.24	5.045	2013.12.25	5.867
2010.01.28	6.694	2011.08.25	5.337	2013.12.26	5.731
2010.01.29	6.679	2011.08.26	5.349	2013.12.27	5.882
…	…	2011.08.29	5.146	2013.12.30	5.877
		2011.08.30	5.134	2013.12.31	6.132
		2011.08.31	5.186		
		…	…		

资料来源：国泰安数据库。

三、实验内容

1. 基础准备
2. ARCH 效应的检验
3. GARCH 模型的估计

4. GARCH-M 模型的估计

四、实验步骤

(一) 基础准备

用命令方式或菜单方式建立时间范围为 2010.01.04—2013.12.31 的工作文件，定义变量序列并输入数据（输入命令：data price）。打开 PRICE 序列，检验序列的自相关性，结果如图 14-13 所示。

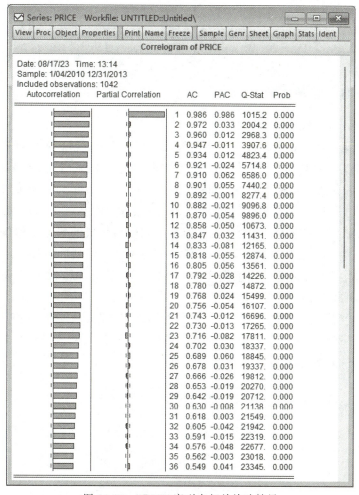

图 14-13　PRICE 序列自相关检验结果

由自相关检验中的 PACF 图可以看出，PRICE 序列滞后 1 期迅速"截尾"，大致可以判断存在一阶自相关，因此对 PRICE 序列建立一阶自回归（AR）模型：

$$\text{price}_t = c + \beta \text{price}_{t-1} + \varepsilon_t \tag{14.10}$$

用菜单方式或命令方式［命令为：ls price c price(-1)］对式(14.10)进行回归，得到 AR 模型的回归结果（图 14-14）。

Equation: UNTITLED   Workfile: UNTITLED::Untitled\

View | Proc | Object | Print | Name | Freeze | Estimate | Forecast | Stats | Resids

Dependent Variable: PRICE
Method: Least Squares
Date: 08/17/23   Time: 13:30
Sample (adjusted): 1/05/2010 12/31/2013
Included observations: 1041 after adjustments

Variable	Coefficient	Std. Error	t-Statistic	Prob.
C	0.072514	0.025413	2.853386	0.0044
PRICE(-1)	0.986389	0.004647	212.2528	0.0000

R-squared	0.977457	Mean dependent var	5.408852
Adjusted R-squared	0.977436	S.D. dependent var	0.796170
S.E. of regression	0.119596	Akaike info criterion	-1.407469
Sum squared resid	14.86113	Schwarz criterion	-1.397963
Log likelihood	734.5875	Hannan-Quinn criter.	-1.403863
F-statistic	45051.24	Durbin-Watson stat	2.028579
Prob(F-statistic)	0.000000		

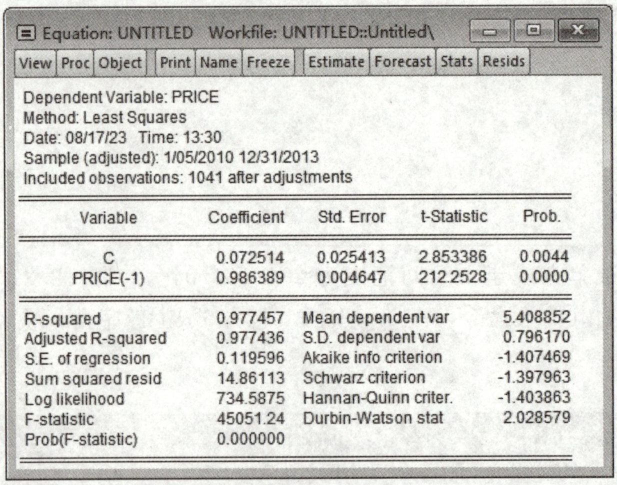

图 14-14　AR 模型的回归结果

（二）ARCH 效应的检验

1. 残差序列时序图检验

AR 模型事实上就是 GARCH 模型中的均值方程，需要在该模型的回归结果界面提取回归的残差序列。具体操作是：在均值方程回归窗口执行【Proc】→【Make Residual Series】命令，打开如图 14-15 所示的“Make Residuals”对话框，生成回归模型的残差序列。该对话框上方为残差类型选项，包括 Ordinary（原始残差）、Standardized（标准化残差）、Generalized（广义残差）三个选项，但自回归模型生成的残差序列仅限于 Ordinary 选项。下方为残差序列名称文本框，可以在其中输入残差序列的名称，系统默认名称为“resid01”。单击“OK”按钮，在工作文件中生成一个名为 resid01 的残差序列，同时打开该序列窗口（图 14-16）。

用命令方式生成残差序列更为简便。进行均值方程回归后，在命令窗口输入并执行命令：genr e1＝resid，生成一个名为 e1 的残差序列，不过这时残差序列并未打开，需要双击工作文件窗口中的残差序列名 e1 来打开该序列。

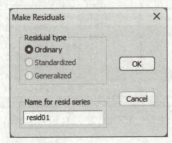

图 14-15　“Make Residuals”对话框

残差序列打开后（图 14-16），在序列窗口执行【View】→【Graph】命令，在“Graph Options”对话框完成相关设置，单击“OK”按钮，生成如图 14-17 所示的残差时序图。观察该图，可以发现，小波动后连续出现小波动，大波动后伴随着大波动，因此，初步判断原序列可能存在 ARCH 效应。

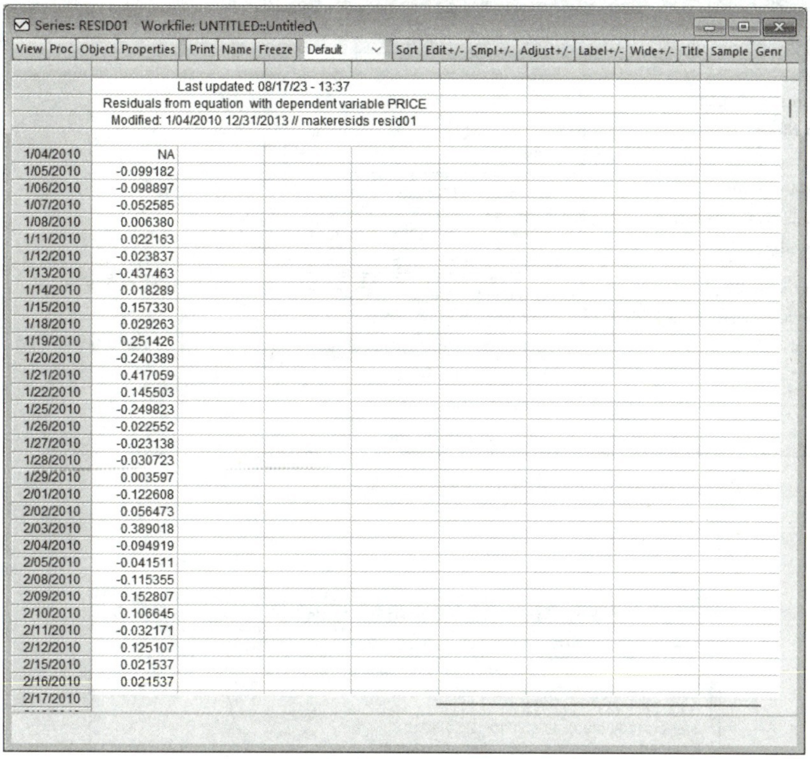

图 14-16　残差序列窗口

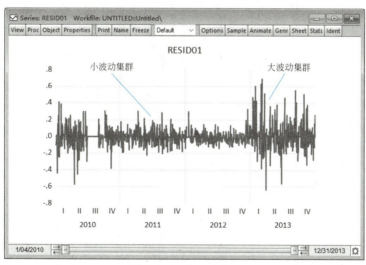

图 14-17　残差时序图

2. 残差平方自相关检验

在均值方程回归窗口，执行【View】→【Residual Diagnostics】→【Correlogram Squared Residuals】命令（图 14-18），打开"Lag Specification"对话框（图 14-19），输入残差平方序列的滞后期数，系统默认为 36，单击"OK"按钮，显示如图 14-20 所示的检验结果。

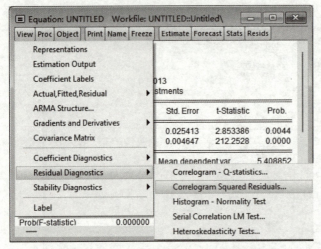

图 14-18 残差平方自相关检验操作界面

图 14-19 "Lag Specification" 对话框

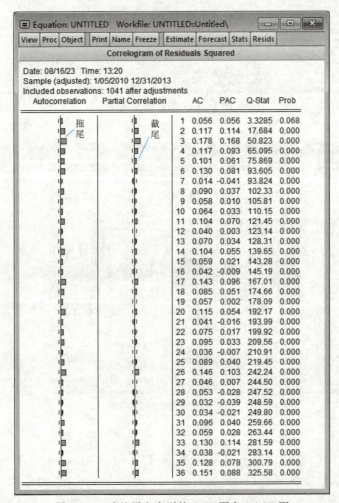

图 14-20 残差平方序列的 ACF 图和 PACF 图

图 14-20 中的 ACF 图出现"拖尾"现象,说明原序列存在 ARCH 效应。同时,PACF 图出现了 4 阶"截尾"现象(滞后 4 期之后,偏相关系数位于临界值以内),表明 ARCH LM 检验的滞后期数应选择 4。

进一步可以利用残差平方序列的 Q 统计量检验,由 P 值可以看出,除第 1 期显著性较低之外,其余各期均高度显著,说明可以拒绝残差平方序列不存在自相关的假设,因此可以判断原序列存在 ARCH 效应。

3. ARCH LM 检验

在均值方程回归窗口,执行【View】→【Residual Diagnostics】→【Heteroskedasticity Test】命令(图 14-21),打开如图 14-22 所示的"Heteroskedasticity Tests"对话框,在 Test type 中选择"ARCH",在"Number of lags"中输入滞后期数,本例中,由于前面的偏相关系数 4 期后出现"截尾",因此选择滞后期数为 4,然后单击"OK"按钮,检验结果如图 14-23 所示。

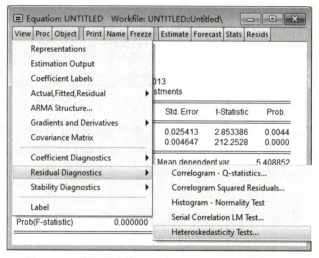

图 14-21 残差平方序列的 ARCH LM 检验操作界面

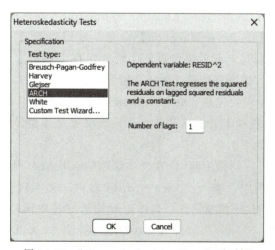

图 14-22 "Heteroskedasticity Tests"对话框

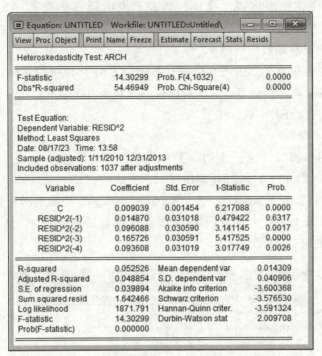

图 14-23 残差平方序列的 ARCH LM 检验结果

本例中，ARCH LM 检验的 F 统计量和 χ^2 统计量分别为 14.30299、54.46949，对应的 P 值均远小于显著水平，说明可以拒绝原假设，原序列存在 ARCH 效应，这与前面的检验结果一致。

（三）GARCH 模型的估计

1. 估计界面介绍

在均值方程估计窗口，执行【Estimate】命令，打开"Equation Estimation"对话框，在"Method"下拉列表中选择"ARCH-Autoregressive Conditional Heteroskedasticity"（图 14-24），出现如图 14-25 所示的"Equation Estimation"对话框。或者在 EViews 主菜单中执行【Quick】→【Estimate Equation】命令，也可以打开"Equation Estimation"对话框。两种方式的区别是，前者操作界面中已经保存了均值方程回归的信息，更为简便；而后者需要重新输入被解释变量、解释变量等信息。

图 14-25 的对话框中主要包括"Specification"和"Options"两个选项卡，对话框刚打开时"Specification"选项卡处于活动状态，该选项也是模型设置的主要操作界面，一些主要的设置单元介绍如下。

① "Mean equation"（均值方程），在文本框内输入均值方程信息，格式为：被解释变量 c 解释变量，如本例中，输入：price c price(−1)。文本框右边还有一个"ARCH-M"选项框，用于 ARCH-M 模型估计，具体是对均值方程中风险的度量方式进行设定，下拉列表中有四个选项："None"（没有 GARCH 项）、"Std. Dev"（残差的标准差）、"Variance"（残差的方差）、"Log（Var）"（残差方差的自然对数）。系统默认选项为"None"，由于本例是 ARCH 模型估计，因此选择默认选项"None"。

第十四章 ARIMA模型与ARCH模型*

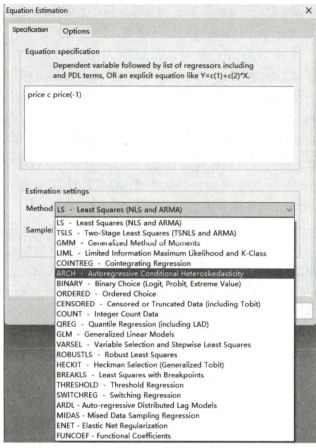

图 14-24　ARCH 模型估计操作界面

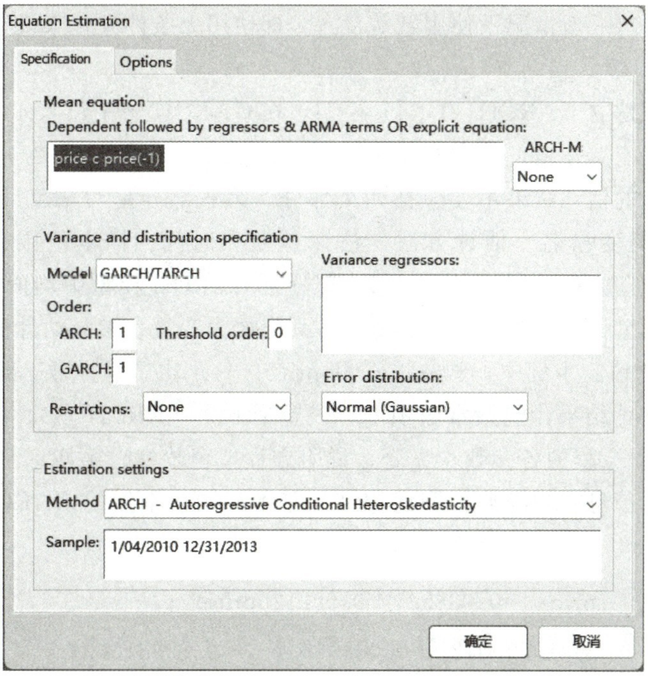

图 14-25　"Equation Estimation" 对话框

② "Variance and distribution specification"（方差方程）主要用于 GARCH 模型的设置。

"Model"下拉列表中提供了多种 GARCH 模型，其中，"GRACH/TARCH"为系统默认选项，用于一般的 GARCH 模型，其他为 GARCH 模型的变形或扩展，有"EGARCH"（指数 GARCH 模型）、"PGARCH"（非对称 GARCH 模型）、"Component ARCH（1，1）"（合成 ARCH 模型）、"FIGARCH"（长记忆 FIGARCH 模型）、"FIE-GARCH（1，1）"等。

"Order"选项用于设定方差方程中 ARCH 项、GARCH 项、Threshold order 项（非对称项）的滞后期数，用户可以根据需要设定。系统默认 ARCH 项、GARCH 项的滞后期数均为 1，Threshold order 项为 0，如果要估计非对称 GARCH 模型，需要在"Threshold order"中输入非零的数字。

"Variance regressors"文本框用于设置方差方程中的其他外生变量。由于 ARCH 项、GARCH 项和 Threshold order 项均已在"Order"选项中设定，因此此文本框无需输入内容。也就是说，如果增加其他外生变量，应在此输入；如果没有增加，则保持空白。

"Error distribution"选项用于选择随机误差项的分布形式，包括"Normal（Gaussian）"（正态分布）、"Student's t"（t 分布）、"Generalized Error（GED）"（广义误差分布）、"Student's t with fixed df"（固定自由度的 t 分布）、"GED with fixed parameter"（固定参数的 GED 分布）。系统默认随机误差项的分布形式为"Normal（Gaussian）"。当用户选择"Normal（Gaussian）""Student's t""Generalized Error（GED）"时，系统会将随机误差项的分布假定参与 GARCH 模型估计；选择"Student's t with fixed df""GED with fixed parameter"时，系统会打开"Parameter"文本框，用户需要输入相关参数。

单击图 14-25 所示对话框中的"Option"选项卡，出现如图 14-26 所示的界面。该选项卡主要用于确定 GARCH 模型估计的迭代算法，以及是否使用后推技术确定模型估计所需要的初始值等（一般情况下使用默认设置，即使用无条件方差来设置初始方差值）。

2. 输出估计结果

根据分析，拟建立 GARCH（1，4）模型，在 GARCH 项中输入 4，其他使用系统默认设置，单击"确定"按钮，输出 GARCH 模型的估计结果（图 14-27）。

GARCH 模型的估计结果主要包括四个部分。第一部分是 GARCH 模型估计的基本情况，包括被解释变量名、估计方法、估计日期和时间、样本范围、迭代收敛次数、GARCH 模型中方差方程的表达式等。第二部分是 GARCH 模型中均值方程的估计结果，参数界面与经典模型回归的参数界面类似，各列依次为变量、参数估计值、估计量的标准差、Z 统计量及 P 值。本例中，常数项 C 和 price（-1）均显著。第三部分是 GARCH 模型中方差方程的估计结果，包括常数项 C、残差平方项（ARCH 项）、方差项（GARCH 项）。本例中，方差方程的各参数均显著，说明方程拟合较好。第四部分是 GARCH 模型估计的相关统计量信息，与经典模型回归结果基本相同。本例的 GARCH 模型的估计结果可以表示为：

$$\widehat{price}_t = 0.038941 + 0.992125 price_{t-1}$$
$$\hat{\sigma}_t^2 = 0.000121 + 0.068563 \mu_{t-1}^2 + 0.899816 \sigma_{t-1}^2 -$$
$$0.511996 \sigma_{t-2}^2 + 0.914603 \sigma_{t-3}^2 - 0.377751 \sigma_{t-4}^2 \quad (14.11)$$

第十四章 ARIMA模型与ARCH模型*

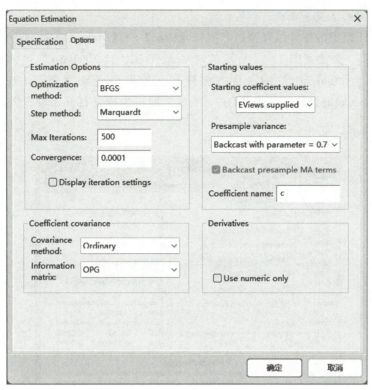

图 14-26 "Equation Estimation"对话框中的"Options"选项卡设置

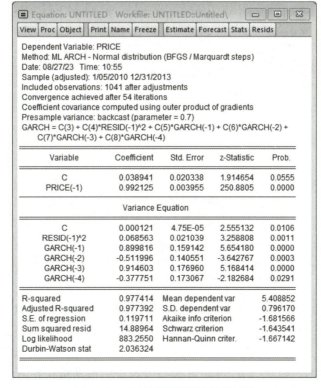

图 14-27 GARCH 模型的估计结果

3. 条件方差的生成和分析

在 GARCH 模型的估计结果窗口，执行【Proc】→【Make GARCH Variance Series】命令（图 14-28），弹出如图 14-29 所示的"Make GARCH Variance"对话框，系统会自动生成一个名为"garch01"的条件方差序列，如果要更改序列名，在"Conditional Variance"中输入新的名称，单击"OK"按钮，即可生成并打开条件方差序列，然后生成条件方差图。

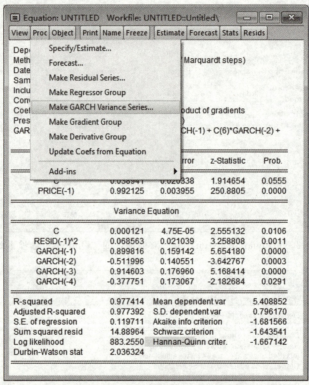

图 14-28　条件方差生成操作界面

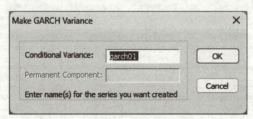

图 14-29　"Make GARCH Variance"对话框

生成条件方差图的更简便的方法是，在 GARCH 模型的估计结果窗口，执行【View】→【Grach Graphs】→【Conditional Variance】命令（图 14-30），即可直接生成条件方差图（图 14-31）。

由图 14-31 可知，2011—2012 年，该股票收盘价的波动维持在低位水平，但从 2013 年开始，该股票收盘价的波动率迅速攀升，表明此阶段的投资风险增加。

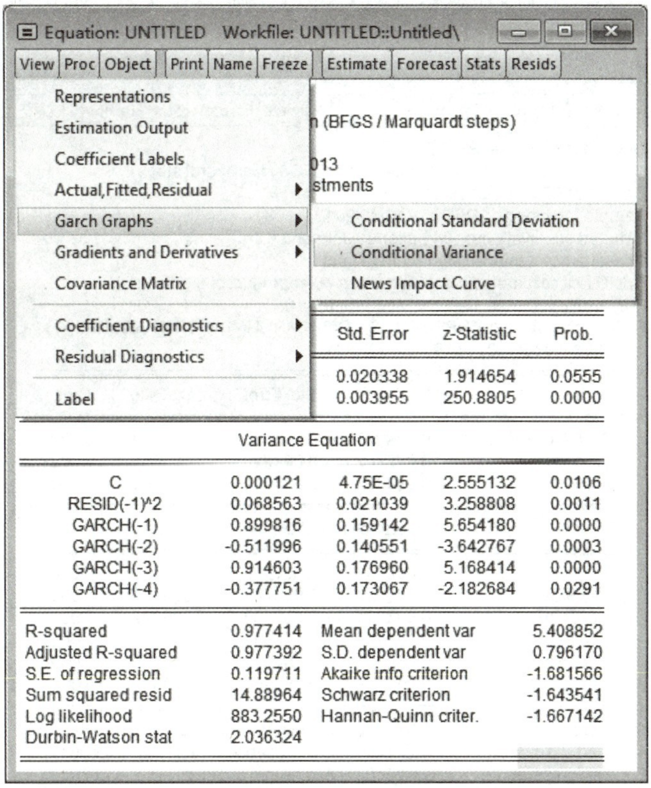

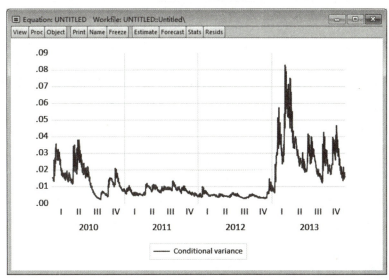

图 14-30 条件方差图操作界面

图 14-31 条件方差图

（四）GARCH-M 模型的估计

GARCH-M 模型的估计与一般 GARCH 模型的估计非常类似，所不同的是在 "Equation Estimation" 对话框（图 14-25）中，均值方程最右边的 "ARCH-M" 需要选择，本例中选择"Variance",其他选择默认设置,单击"确定"按钮,输出结果(图 14-32)。

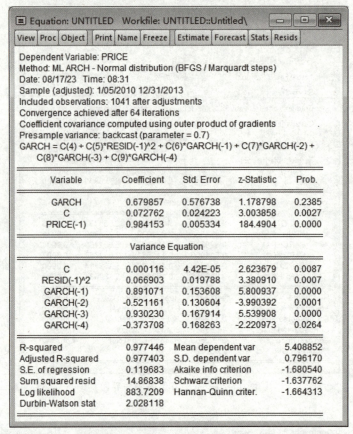

图 14-32 GARCH-M 模型的估计结果

GARCH-M 模型的估计结果与 GARCH 模型的大体相同,区别是 GARCH-M 模型中含有 GARCH 项(用以测度投资收益与风险的关系)。本例中,GARCH 项的系数为 0.679857,说明投资收益与风险之间正相关,符合经济理论,不过该系数不显著,这可能与样本区间中国股市特殊的波动行情有关。综合看来,GARCH-M 模型的拟合情况良好,模型的最终估计结果可以表示为:

$$\hat{\text{price}}_t = 0.072762 + 0.984153 \text{price}_{t-1} + 0.679857 \sigma_t^2$$
$$\hat{\sigma}_t^2 = 0.000116 + 0.066903 \mu_{t-1}^2 + 0.891071 \sigma_{t-1}^2 - 0.521161 \sigma_{t-2}^2 +$$
$$0.930230 \sigma_{t-3}^2 - 0.373708 \sigma_{t-4}^2 \tag{14.12}$$

小结

在时间序列分析中,常常需要借助时间序列本身的特征研究其发展规律和特征,尤其是高频时间序列数据,需要利用大量的数据研究其动态发展趋势并进行预测。实践中,差分自回归移动平均(ARIMA)模型、广义自回归条件异方差(GARMA)模型有着广泛的应用。

思考题

1. 构建 ARIMA 模型的基本原理是什么？
2. 如何对 ARIMA 模型的阶数进行识别？
3. 如何理解 ARCH 效应？
4. ARCH 模型与 GARCH 模型的联系与区别是什么？